Tratado de Ogam
A Magia Celta Revelada

VOLUME 1 - ORÁCULO OGAM

Dados Internacionais de Catalogação na Publicação (CIP)
(Câmara Brasileira do Livro)

B 627
Black, Lady Mirian
   Tratado de Ogam - A Magia Celta Revelada, Volume 1 - Oráculo Ogam; ilustrações Bianca de Triana Franco, Nahya Black Pagliarini e Érico Vinícius; 1a. ed. - São Paulo: Ogma Books, 2020.

   Bibliografia
   ISBN 978-65-00001-42-6

   Título original da 1a. ed. publicada em 2017: Ogam - A Magia Celta Revelada
   ISBN 978-85-93697-00-5

1. Ogam - Artes Divinatórias   2. Celtas – Religião   3. Magia

CDD 133.43

Índices para catálogo sistemático:
1. Ogam: artes divinatórias   133.2424
2. Celtas: religião   133.43
3. Magia: Ocultismo   133.43

Lady Mirian Black

Tratado de Ogam
A Magia Celta Revelada

VOLUME 1 - ORÁCULO OGAM

© Copyright 2020
Ogma Books

Capa
Nathalia Gomes

Ilustrações de Aberturas e Cartas Ogam
Bianca de Triana Franco

Ilustração "Árvore Celta da Vida"
Nahya Black Pagliarini / Bianca de Triana Franco

Ilustração "Deus Ogma"
Erico Vinicius

Revisão
Ana Leila Black de Castro

Diagramação / Projeto Gráfico
Bianca de Triana Franco / Ogma Books

Esta obra está devidamente protegida pela Lei dos Direitos Autorais e legislação conexa. Proibida a reprodução total ou parcial, por qualquer forma ou meio seja eletrônico, mecânico, impresso, áudio, inclusive por processos xerográficos, sob pena de responder civil e criminalmente.

Todos os direitos reservados à:
OGMA BOOKS
Rua dos Gerânios, 60, Vargem Grande Paulista-SP, CEP 06730-000
www.ogmabooks.com.br | sab@ogmabooks.com.br

Árvore Celta da Vida, Nahya Black Pagliarini e Bianca de Triana Franco.

𝔇𝔢𝔡𝔦𝔠𝔬...

"A você, Grande Guerreiro, que livremente uniu-se a mim no Caminho. Você era toda Ordem; eu, o puro Caos!

Nobre Coração que, ao contrário de todos os homens, jamais temeu a mim. Por mais que me amasse, nunca hesitou em me enfrentar, pelo que honrarei seu nome em todos os tempos.

Fizemos provar do aço de nossas espadas, a dor nos consumiu até os ossos; destruímos nossos mundos, devastamos nossos corações...

E quando não mais havia esperança para nós, de uma réstia de luz o amor renasceu e criamos um universo completamente novo.

Renova seus votos comigo... Prometo que seus dias serão difíceis, densas tempestades se anunciam, você será contínua e insistentemente testado como tem sido até então. Contudo, prometo, também, que a vida ao meu lado continuará inusitada, totalmente inconvencional e você não se arrependerá um segundo sequer, nem nesta, nem nas próximas existências!"

Para Thiago, dedico esta obra e o meu amor eterno.

Para Ruryk e Nahya, com todo o meu amor e admiração. Vocês são meus amores, meus tesouros!

Agradecimentos

Aos meus ancestrais, cuja força me conduz; à minha mãe Ana Leila pela oportuna e imprescindível colaboração, às bruxas do meu clã Viviane, Ana Carolina e Nicolle; a Jorge Pagliarini pelas boas histórias, a Thais Helena pelo amor e cuidado.

Ao meu editor, Thiago, que apesar de ser extremamente exigente para comigo, embora não mais do que eu, sempre esteve ao meu lado, contribuindo ativamente para a construção desta obra, a quem eu admiro, respeito e amo demais.

Ao meu bruxinho Ruryk, por sua compreensão, infinitos amor e carinho e pela contribuição para as obras através de ótimas ideias de projetos de capa e criação, além de encantamentos únicos.

À minha fadinha-bruxa Nahya, pelo amor e carinho, e por sua prestimosa colaboração criativa, em especial a linda e encantada ilustração da Árvore Celta da Vida.

Aos queridos amigos, na verdade, irmãos na Arte, que chegaram a pouco nessa existência, mas que nos são caros desde sempre: Chantal Cidônio, Filha de Gaia; Pedro Pavan, Filho de Dagda; Juliana Rosa Andrade Sousa e família, e Cecília Toledo F. Leite: nosso reencontro tem sido muito importante para nós, aqueceu meu coração!

Mais uma vez, ao meu querido amigo Hélio Rosa de Miranda, que como sempre, me ajudou demais.

Às Fadas das Artes Bianca de Triana Franco e Nathália Gomes pelos belíssimos trabalhos, comprometimento, paciência (muita) e carinho.

Aos meus guardiões caninos Sitka, Kitsunê, Yuki e do Outro Mundo que sempre nos protegem e guiam.

Por fim, o que dizer de toda a abençoada orientação, esclarecimentos, conhecimentos que me foram legados pelos deuses através dos Guardiões, das Fadas e das Árvores Sagradas, sem os quais eu não seria capaz de desvendar os intrincados mistérios ocultos no Ogam em forma de código sagrado? Jamais terei como agradecer tamanha dádiva, conquanto procure caminhar dignamente de forma a honrar a Grande Mãe e o Grande Espírito, todos os habitantes do Outro Mundo e minhas ancestrais.

Prefácio

Este é um Tratado sobre a Magia Celta revelada através do Ogam, um conhecimento sagrado praticamente esquecido e adormecido por longo tempo, conquanto venha sendo alvo de estudos acadêmicos do ponto de vista linguístico, arqueológico e histórico há cerca de dois séculos, os quais constam desse volume para enriquecer o conhecimento dos leitores.

Contudo, o foco desta obra é a prática da Magia Celta por meio do Ogam em suas múltiplas aplicações, e para tanto, entendo que aqueles que almejam alcançar este conhecimento precisam sentir mais do que pensar, pois sentindo, acreditarão; acreditando, a crença tornar-se-á uma realidade possível; tornando-se possível, tomará forma no mundo físico, isto é, se concretizará!

Esse é o poder que torna a Magia fascinante e surpreendente: o de transformar o mundo e a realidade positivamente ao nosso redor, e essa transformação acontece sempre e invariavelmente a partir de nós mesmos.

Saliento que algumas palavras aparecerão ao longo de toda a obra escritas com diferentes grafias, como Ogam e Ogham; Beth, Beith, Beithe, Beithi; Trefocul e Trefhocul, Forfeda e Forfedha, etc, e os leitores que já mantiveram contato com meu trabalho sabem que isto se dá porque utilizo os nomes de acordo com os inúmeros autores pesquisados, os quais, no caso em questão, trazem grafias tanto no Irlandês Primitivo, quanto no Irlandês Antigo e Moderno, além de eventualmente aparecerem palavras grafadas em gaélico (escocês) e em galês (País de Gales), todas corretas.

Portanto, sinta-se à vontade para adotar os nomes das Ogams, por exemplo, que mais lhe agradem, afinal, não gosto de me prender à forma, priorizo o conteúdo.

Na verdade, essa é a segunda edição da obra inédita no Brasil escrita por mim e publicada pela Ogma Books em 2017 "Ogam - A Magia Celta Revelada". Todavia, meus estudos sobre o Ogam e a Magia Celta são muito vastos, há muito conteúdo a ser passado para o público esotérico, levando-me a ampliar a obra. Consequentemente, foi necessário dividi-la em quatro volumes:

Volume 1: Oráculo Ogam

Inicialmente, traz um estudo acadêmico abordando o surgimento das línguas no mundo, as muitas teorias acerca da função para a qual o Ogam teria sido criado, sua estrutura e as fontes documentais que fundamentam minha pesquisa e parte da obra.

Aborda, ainda, o significado dos vinte e cinco símbolos ogâmicos para uso oracular, ensinando como criar seu próprio Ogam, com diversos métodos de leitura e interpretação como a leitura com uma, duas e três Ogams, leitura no Rhotogam e o método mais completo, a Árvore Celta da Vida, uma forma de visão e orientação para todas as áreas de sua vida no futuro, além de identificar habilidades a serem melhor aplicadas, dificuldades a serem superadas e como fazê-lo. O Ogam como oráculo o ajudará a conhecer seu futuro, e conhecendo o que está por vir, estará apto a mudar o rumo da sua história.

Volume 2: Mapa Ogâmico

O Mapa Ogâmico é um método fantástico de autoconhecimento, despertar e domínio sobre todos os potenciais desejáveis e necessários à conquista dos sonhos e à realização dos objetivos, através da sabedoria milenar que é o Ogam. Aprenda a calcular seu Mapa Ogâmico, que é, na verdade, o seu mapa do tesouro. Desvende-o e encontre suas riquezas.

Volume 3: Magia e Sigilos Ogâmicos

Conheça o uso das vinte e cinco Ogams como talismãs para atrair tudo o que desejar: qualidades, habilidades, proteção, amor, saúde, prosperidade, sabedoria, superação de vícios, hábitos, obstáculos, etc, além de encantamentos, feitiços, rituais ogâmicos. Conheça os Sigilos Ogâmicos e os Ogams Mágicos contidos no antigo Livro de Ballymote, aprendendo seus poderosos usos mágicos.

Volume 4: Ogam Healing, Terapias e Essências Ogâmicas

Conheça a aplicação do Ogam para gerar potentes energias curadoras e restauradoras, capazes de proporcionarem o reequilíbrio sistêmico, eliminando todos os desequilíbrios (vulgo doenças) a partir de suas causas reais – espiritual, emocional, mental/psicológico e/ou física, restituindo e ensinando-o a manter a saúde plena e perfeita. Aprenda a fabricar as encantadas e poderosas "Essências Ogâmicas" ou "Essências das Árvores Sagradas", através da Medicina Ogâmica da Floresta, para obter reequilíbrio interno e saúde plena e perfeita. O Ogam é, sem dúvida, um novo antigo método de cura para todos os males.

Espero que minha obra possa fazer jus à magnífica sabedoria dos celtas; espero ter conseguido traduzir em palavras e levar aos leitores todo o esplendor de sua Magia através do Ogam, assim honrando os deuses, os guardiões, os seres encantados e minhas ancestrais com AUDÁCIA E FIDELIDADE[1]!

L.M.Black

---

[1] Divisa do brasão do Clã Black da Escócia, conforme ilustração.

Índice

Introdução   19

Parte 1 – Introdução aos Estudos Linguísticos Gerais   21

   Capítulo 1 – Breve história do surgimento da linguagem e das línguas no mundo   23
      1.1 – As línguas célticas   26

Parte 2 – Os Povos Celtas   29

   Capítulo 2 – Quem eram os povos Celtas?   31
      2.1 – Surgimento dos povos celtas   32

Parte 3 - Ogam: o que é, sua origem e seus criadores segundo a Linguística, a Arqueologia e a Mitologia   35

   Capítulo 3 - Dois mitos sobre a criação do Ogam   37
      3.1 - Ogma – O Deus da Eloquência e da Poesia, criador do Ogam   37
      3.2 - Fénius Farsaid e a criação do Ogam na Torre de Nimrod   38

   Capítulo 4 – Ogam: O que é e qual a sua origem   40
      4.1 – O Ogam foi criado para a língua irlandesa   40
      4.2 – O Ogam era uma forma de comunicação sagrada e secreta   45
      4.3 – O Ogam era um horóscopo celta   47

4.4 – O Ogam foi criado a partir da Runas germânicas	48
4.5 – O Ogam serviu de base e inspiração para as Runas	51
4.6 – O Ogam era uma forma de criptografia	52
4.7 – O Ogam era um sistema numérico	53
4.8 – O Ogam foi criado como sistema mnemônico	54
4.9 – A escrita ogâmica teve origem no período Neolítico	55
4.10 – Escrita ogâmica na América em 321 a.C.	57
4.11 – O Ogam foi criado para a língua basca	59
4.12 – O Ogam foi criado a partir do hebraico	59
4.13 – Outras teorias sobre a origem do Ogam	60
4.14 – Conclusão – A teoria de L.M.Black	61

Capítulo 5 - O Ogam nas sagas irlandesas   62

Capítulo 6 - As fontes utilizadas nesta obra   65
    6.1 – Auraicept na n-Éces   65
    6.2 – O Livro de Ballymote e o Diagrama do Físico   66
    6.3 – Bríatharogaim   68

Capítulo 7 – Os monumentos de pedras com inscrições ogâmicas   70

Capítulo 8 – A estrutura do Ogam ou Beithe-Luis-Fern   72

Parte 4 – Ogam – Um Grande Oráculo   77

Capítulo 9 – Criando seu Ogam   79
    9.1 - Tipografias ogâmicas para criar seu Ogam   80
    9.2 - Como confeccionar o seu Ogam   82

Capítulo 10 - A *glannad* para confeccionar e consagrar seu Ogam   84
    10.1 - Glannad com água   85
    10.2 - Glannad com tocha   85
    10.3 - Glannad com o caldeirão ou com vela   86

Capítulo 11 - O Talismã de Fedelm   87
    11.1 – Como calcular sua Ogam da Essência   88

Capítulo 12 – Ritual de Consagração do Ogam e do Talismã de Fedelm   90
    12.1 – Ritual de Consagração do Talismã de Fedelm para quem já consagrou o Ogam   94

Capítulo 13 – Oráculo Ogam – breves considerações   95

Capítulo 14 - Classificação das Ogams 98
    14.1 - *Chieftain trees* – Árvores nobres 99
    14.2 - *Peasant trees* – Árvores camponesas 99
    14.3 - *Shrub trees* – Árvores arbustivas 100
    14.4 - *Herb trees* – Ervas/plantas trepadeiras 100
    14.5 – Como as quatro classificações estão distribuídas no Oráculo Ogam 101

Capítulo 15 – Métodos de Leitura e Interpretação do Ogam 103
    15.1 – Considerações iniciais 103
    15.2 – Oraculista, Vidente de Ogam e Ogam Seer® - Quem são e quem pode usar essas designações 103
    15.3 - Consulta rápida 104
    15.4 – Consulta estendida 105

Capítulo 16 – Método de Leitura e Interpretação Rhotogam – A Roda Ogam 108

Capítulo 17 – A Árvore Celta da Vida – Método de Leitura Completa com o Ogam 110
    17.1 – Os galhos da Árvore Celta da Vida e seus significados 112
    17.2 – Como fazer a leitura e interpretação da Árvore Celta da Vida 112

Capítulo 18 – Significados Divinatórios das Ogams 124
    18.1 – Ogams do Aicme Beithe 125
        Beithe – "A Beleza dos Sonhos e do Sonhador" 126
        Luis – "A Proteção Encantada dos Dragões e das Serpentes" 130
        Fern – "O Escudo e A Espada" 135
        Sail – "A Bebida Preciosa" 140
        Nin – "A Árvore dos Mundos" 144
    18.2 – Aicme Huath 149
        Huath – "O Presente das Fadas" 150
        Dur – "Mestres da Magia" 154
        Tinne – "Beleza e Força" 157
        Coll – "O Trono do Sábio" 161
        Quert – "A Dádiva do Amor" 165
    18.3 – Aicme Muin 168
        Muin – "O Insecável – Caldeirão de Dagdá" 169
        Gort – "Mór Muman – a Deusa Solar" 173
        nGetal – "Mensageira dos Deuses" 177
        Straif – "A Forja de Heróis" 182
        Ruis – "O Corvo das Batalhas" 186

  18.4 – Aicme Ailm   191
    Ailm – "O Despertar dos Dons"   192
    Onn – "Céu e Terra"   196
    Ur – "Poder Absoluto"   201
    Edad – "Liberdade Plena"   205
    Ida – "Equilíbrio Universal"   210
  18.5 – Aicme na Forfid   214
    Ebad – "Animais Sagrados"   215
    Oir – "A Ilha das Riquezas"   219
    Uillean – "A Fonte da Juventude"   222
    Pin – "A Montanha das Fadas"   225
    Emancoll – "A Chama Divina"   229

Anexo 1 – O Baralho de Ogam – O Oráculo Celta das Árvores   233

Bibliografia   239

Índice das Principais Ilustrações

Árvore Celta da Vida, Nahya Black Pagliarini/Bianca de Trian Franco   07

Mapa "Origem da PIE"   25

Mapa "Línguas Célticas"   26

Deus Ogma, Érico Vinícius   36

Ogam Vertical   73

Black Beithe-Luis-Fern, LMBlack/Bianca de Triana Franco   75

Espiral para consagração do Ogam e Talismã de Fedelm, Bianca de Triana Franco   92

Disposição das cartas/peças de Ogam para Consagração, Nathália Gomes   92

Rhotogam – Ogam da Roda   108

Árvore Celta da Vida, Nahya Black Pagliarini/Bianca de Trian Franco   110

Introdução

Antes de falar sobre o Ogam propriamente dito, gostaria de explanar brevemente sobre a evolução das línguas e seus consequentes alfabetos no mundo, considerando-se que os alfabetos ou sistemas de escrita são criados a partir de e para uma língua existente.

Além disso, o Ogam especificamente foi utilizado na Grã-Bretanha e principalmente na Irlanda como sistema de escrita comum somente a partir do século 3 ou 4 até o século 9 ou 10 dessa Era, conforme demonstram as diversas inscrições ogâmicas existentes em pedras que serviram como monumentos, lápides e adornos em catedrais.

Tais inscrições ogâmicas muitas vezes foram mescladas com inscrições rúnicas e latinas. Os monges cristãos da Irlanda e Grã-Bretanha criaram manuscritos sobre o Ogam, provavelmente servindo-se de fontes como instruções recebidas dos últimos druidas sobreviventes.

Estes manuscritos, que são as fontes desta obra e estão elencados adiante, remetem a outros mais antigos que se perderam pela ação do tempo, e seu enfoque principal foi o Ogam enquanto gramática.

Portanto, como será visto, não há uma fonte histórica e/ou arqueológica capaz de comprovar quando exatamente o Ogam teria sido criado, e por qual povo celta - se das ilhas ou do continente europeu.

No entanto, o conhecimento sobre o Ogam como oráculo, como fonte de autoconhecimento, aprimoramento pessoal e seu uso na Magia Celta perpetuou-se no tempo através de tradições familiares, sendo este o cerne desta obra.

Coruja Celta, Bianca de Triana Franco.

Parte 1

Introdução aos Estudos Linguísticos Gerais

Capítulo 1

Breve História do Surgimento da Linguagem e das Línguas no Mundo[2]

Os seres humanos desenvolveram a capacidade de falar há milhares de anos. Por volta de 10.000 a.C., os humanos organizaram-se em grupos com o objetivo de proteção mútua, e além de caçar e coletar frutos, passaram a cultivar a terra em algumas culturas, a criar gado em outras, deixando de serem nômades para se fixarem, embora alguns povos tenham continuado a viver como nômades.

A linguagem igualmente evoluiu, e com o tempo, começou a divergir de um grupo para outro. Surgiram, então, o que hoje os linguistas chamam de "famílias linguísticas". Existem muitas famílias de línguas no mundo.

Seguem as seis maiores em número de pessoas que as utilizam[3], segundo o site Ethnologue[4]:

a) Indo-Europeia com 448 línguas vivas e 3.240.000.000 de pessoas falam essas línguas;

b) Sino-Tibetana com 455 línguas vivas e 1.390.000.000 de pessoas falam essas línguas;

c) Nigeriana-Congolesa com 1.542 línguas vivas e 520.000.000 de pessoas falam essas línguas;

d) Afro-Asiática com 377 línguas vivas e 499.00.000 de pessoas falam essas línguas;

---
2 Muitos artigos científicos e alguns não-científicos, além de outras fontes, foram utilizados como base para esse capítulo. Todos podem ser consultados na Bibliografia Referenciada ao final do livro.
3 Veja a lista completa de línguas no mundo no site www.ethnologue.com
4 "Ethnologue Languages of the World", estudo realizado em 2019, vide Bibliografia.

e) Austronesiana com 1.257 línguas vivas e 326.000.000 de pessoas falam essas línguas;

f) Trans-Nova Guineana com 482 línguas vivas e 4.000.000 de pessoas falam essas línguas.

Cada família de línguas é dividida em grupos e cada grupo é integrado por inúmeros idiomas e dialetos, vivos e extintos. Os grupos de línguas que integram a família indo-europeia, daqui em diante abreviada para IE, da qual a língua portuguesa faz parte são:

Grupo Itálico: latim, catalão, francês, português[5], italiano, castelhano, romeno, etc.

a.1) Grupo Céltico: bretão, gaélico, etc.

a.2) Grupo Germânico: inglês, alemão, dinamarquês, sueco, gótico (extinta), etc.

a.3) Grupo Eslavo: bósnio, russo, croata, ucraniano, etc.

a.4) Grupo Iraniano: persa, tadjique, etc.

a.5) Grupo Indo-Ariano: hindi (falado na Índia), nepalês, cingalês, romani (falado pelos ciganos), etc.

a.6) Outras línguas chamadas "isoladas" dentro da família IE:
- grego
- armênio
- albanês

Atualmente, existem duas teses que procuram explicar onde e quando as línguas IE teriam surgido. Os linguistas afirmam que há uma língua-mãe, a qual denominaram Proto-Indo-Europeia ou PIE, e seria a ancestral comum a todas as línguas que integram a família IE.

A primeira teoria, conhecida como "Teoria das Estepes" e que até 1980 era a predominante entre os linguistas e arqueólogos apenas com algumas variações, defende que os primeiros faladores da língua PIE teriam vivido nas estepes ao norte dos mares Negro e Cáspio, isto é, nas estepes da Ucrânia e da Rússia, por volta de 6.500 a.C., e eram criadores de gado.

---

[5] A Língua Portuguesa falada no Brasil é uma adaptação da Língua Portuguesa de Portugal, cuja classificação mais específica segundo o Ethnologue é: Indo-Europeia, Itálica, Românica, Ítalo-Ocidental, Ocidental, Gallo-Ibérica, Íbero-Românica, Ibérica Ocidental, Portuguesa-Galega.

Estes pastores das estepes teriam inventado a roda e passaram a se locomover pela Europa a partir de 4.000 a.C, disseminando assim sua língua, a qual originou outras línguas, as atuais e as extintas, pertencentes à família IE.

Entretanto, em 1987 o arqueólogo Colin Renfrew da Universidade de Cambridge, Inglaterra, propôs outra teoria segundo a qual a língua PIE teria tido origem entre agricultores que viviam na Anatólia (atual Turquia) por volta de 10 a 9.000 a.C., e com sua expansão a partir de 8.000 a.C., teriam difundido sua língua.

Locais das prováveis origens da PIE e data de início das difusões segundo as duas teorias discutidas atualmente.

Nenhuma dessas teorias foi refutada, entretanto, igualmente não foi cabalmente comprovada, de forma que a discussão e as pesquisas continuam.

As línguas célticas integram essa grande família IE e falarei rapidamente sobre esse ramo a seguir.

1.1 – As línguas célticas

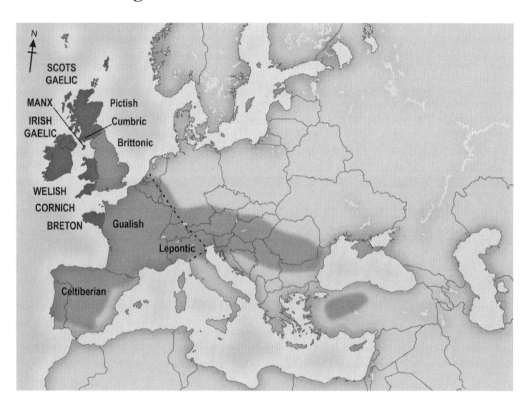

Línguas celtas[6]: o sombreado mais escuro mostra as regiões onde as línguas celtas ainda existem; o mais claro, das ilhas até a linha pontilhada no continente mostra regiões onde as línguas celtas estavam totalmente extintas em 800 d.C.

Segundo a Enciclopédia da Linguagem da Universidade de Cambridge[7], as línguas célticas estão divididas em duas classes: continental e insular.

As línguas da classe continental são:
- celtibérica (Espanha),
- gaélica (Suíça e sua variante conhecida como lepônica ao norte da Itália) e
- gálata (Turquia).

A língua gálata foi falada na Anatólia, atual Turquia até o século 5 desta Era. A lepônica voltou a pertencer ao tronco P-Céltico e a celtibérica voltou a pertencer ao tronco Q-Céltico, ocorrendo tal divisão a partir do século 7 a.C.

---
6 Ilustração de Carlos Bourdiel para o livro Bruxas Celtas, p. 35.
7 Vide Bibliografia.

As línguas da classe insular são:
- P-Céltica, também chamada de Britônica (Brythonic) ou Britânica (British) e
- Q-Céltica, também chamada de Goidélica, Godélica ou Gaélica.

Cada tronco originou outras línguas célticas. Aparentemente, a língua picta seria uma irmã da britônica, embora alguns estudiosos a classifiquem como pertencente ao tronco P-Céltico, porém derivada da britônica.

A subdivisão da classe insular é:
- Ramo P-Céltico: línguas cúmbrica (extinta), galesa (País de Gales), córnica, bretã. Tanto a bretã quanto a córnica eram faladas normalmente até o século 15 desta Era.
- Ramo Q-Céltico: línguas irlandesa ou gaélica irlandesa, gaélica escocesa, manesa ou gaélica de Man. Essas línguas são conhecidas e faladas ainda hoje como dialetos na Irlanda, Escócia e Ilha de Man respectivamente.

Outra classificação é dada por David Stifter[8], que não faz distinção entre as línguas célticas insulares e continentais por entender desnecessária, considerando-as genericamente como "línguas célticas" da seguinte forma:
- lepônica (extinta),
- gaulesa (extinta),
- gálata/nórica (extintas),
- proto-britânica (reconstruída),
- proto-godélica (reconstruída),
- celtibérica (extinta).

Segundo Stifter, as línguas proto-britânica e proto-godélica teriam originado as línguas britânica antiga e irlandesa primitiva.

A britânica antiga originou as línguas picta (extinta), cúmbrica (extinta), galesa, córnica (extinta) e bretã.

A irlandesa primitiva originou as línguas irlandesa, manesa (extinta) e a gaélica escocesa.

---

8 Artigo "The Old Celtic Languages", em Bibliografia.

Coruja Celta, Bianca de Triana Franco.

Parte 2

Os Povos Celtas

Capítulo 2

Quem Eram os Povos Celtas?[9]

Para responder essa pergunta, utilizei três fontes contemporâneas: a Arqueologia, os estudos lingüísticos e os autores clássicos.

Os autores clássicos foram, em sua maioria, escritores gregos que eram historiadores, filósofos, poetas, geógrafos, além de alguns escritores romanos e do próprio Júlio César.

A maioria dos autores clássicos manteve contato direto com os povos celtas da Europa na Antiguidade, por eles denominados "bárbaros", registrando seus costumes, aparência, organização política e social, etc.

Outra fonte de informações são as sagas celtas, passadas oralmente de geração a geração durante milênios e transcritas pelos clérigos entre os séculos nono e décimo segundo.

Quanto a estas sagas e histórias da Mitologia Celta em geral, infelizmente foram distorcidas, recebendo conotação e elementos cristãos, alterando seu conteúdo, as características dos personagens e os desfechos. Por esse motivo, os estudiosos que utilizam essas fontes literárias o fazem com muita cautela.

Ainda hoje existe uma vasta discussão acadêmica sobre quem eram os povos celtas, questionando-se se seriam um povo no sentido etnológico da palavra ou se eram povos etnologica e culturalmente distintos entre si, que apenas falavam os idiomas classificados como célticos.

Para o professor T.G.E. Powell, não há dúvidas de que durante quatro séculos, entre 500 e 100a.C. aproximadamente, os celtas foram um povo reconhecível pela maneira de viver, pela sua organização política e pela aparência física, pois com base nos relatos dos autores clássicos, o termo 'celtas' teria sido aplicado no sentido etnológico para definir um povo, sem a intenção de identificar povos distintos que falavam dialetos célticos.

O autor Ian Armit[10], mantém opinião diversa e entende que os celtas eram, na verdade, uma família linguística que foi definida no século dezessete pelo linguista galês Edward Lhuyd (1660 - 1709), com base nos trabalhos de Paul-Yves Pegron.

---

9 Esse assunto é explorado de forma bem abrangente na Parte 1 do livro Bruxas Celtas.
10 Celtic Scoltand, p. 10/17.

Lhuyd teria usado o termo "celtas" para definir essa nova família linguística, por acreditar tratar-se de um nome respeitável e razoavelmente neutro. Entretanto, o trabalho de Lhuyd tornou-se conhecido, disseminando-se amplamente, e a ideia equivocada de que todos os povos faladores das línguas célticas seriam uma grande nação de mesma cultura acabou por se estabelecer na mente do público em geral nos séculos dezoito e dezenove, gerando grande confusão.

Armit explica que as bases linguísticas que Lhuyd usou para definir o povo celta não guardam relação com o critério usado pelos autores clássicos para definirem esses mesmos povos.

Defende, ainda, não haver qualquer evidência que demonstre que os povos que falavam línguas reconhecidas como célticas mantinham laços culturais e etnológicos entre si.

Portanto, a concepção de que "celtas são povos faladores das línguas célticas" é meramente acadêmica, derivada e criada através dos estudos linguísticos de Lhuyd.

Para meus estudos e trabalhos, considerei como celtas todos os povos faladores das línguas célticas, seguindo o exemplo da maior parte dos respeitáveis acadêmicos e especialistas, cujas pesquisas embasaram minhas obras.

2.1 – Surgimento dos povos celtas

O surgimento dos povos faladores dos idiomas célticos ocorreu na Europa por volta de 800 a.C., época esta de grandes mudanças e reajustamentos.

Até então, no decorrer da Cultura dos Campos de Urnas, os arqueólogos observaram através dos enterramentos, que não havia grande disparidade entre os líderes das comunidades e seus seguidores.

A partir do século oitavo a.C. surgiram evidências de uma classe emergente, demonstrando mudanças representativas no sistema sócio-político das comunidades da Europa.

Nos túmulos desse período que se seguiu à Cultura dos Campos de Urnas, foi observado o enterramento dos corpos, que eram estendidos num carro inteiro ou entre suas partes quando este era desmontado, muitas vezes encerrados numa câmara de madeira que ficava sob uma campa[11].

Ricos tesouros da época eram depositados junto ao corpo, como uma espada de ferro e lanças, muitos vasos de cerâmica, peças de carne de vaca e de porco, ornamentos, etc. Consequentemente, tratava-se de um chefe ou rei e sua família.

Tudo indica que este povo teria sido o iniciador da economia de utilização do ferro na Europa central e sua cultura material é conhecida pelo nome do local na Áustria onde primeiro foi descoberta: a Cultura Hallstatt.

A cultura Hallstatt, ou simplesmente Hallstatt, marca o surgimento dos povos celtas na Europa, seguida pela Cultura La Tène, ambas genuinamente célticas.

---

11 Powell, T.G.E. "Os Celtas", p. 46/47.

Portanto, os povos celtas ocuparam grande parte do continente europeu a partir de 800 a.C., estendendo-se para a Grã-Bretanha, Irlanda e demais ilhas, assim como estabeleceram-se na Ásia Menor e alcançaram o Egito. Mantinham a fama de serem guerreiros destemidos e aterrorizavam seus inimigos, em especial os romanos.

O autor clássico Éforo escreveu por volta de 400 a.C., que os celtas eram um dos quatro grandes povos bárbaros da Europa. Os outros três eram os citas, os persas e os lígures.

O geógrafo Erastóstenes escreveu no século seguinte que eles estavam espalhados pela Europa ocidental e Gália Transalpina[12].

Segue a cronologia arqueológica geral da Europa antiga, somente para fins didáticos:

2300/2200 a 1600 a.C.	1600 a 1200 a.C.	1200 a 800 a.C.	800 a 450 a.C.	450 a 100 a.C.	100 a.C. a 500 d.C.
Início da Idade do Bronze	Média Idade do Bronze	Final da Idade do Bronze	Primeira Idade do Ferro (Cultura de Hallstatt)	Segunda Idade do Ferro (Cultura de La Tène)	Período da romanização dos celtas

Em cinza – período dos povos de língua céltica.

Para que não pairassem dúvidas acerca da divisão cronológica acima, os arqueólogos adaptaram a ideia da evolução para desenvolver um conceito do progresso tecnológico humano criando as três Idades da Pedra - Paleolítico, Mesolítico e Neolítico, seguidas pelas Idades do Bronze e do Ferro, e a partir disso, o nascimento das civilizações históricas.

Subsequentemente, categorizaram as evidências deixadas pelos povos antigos que compartilhavam atributos como tipos de ferramentas, métodos de construção, tipo de artesanato, estilos artísticos e ritos funerários, nominando-as "Culturas".

Durante um período de cerca de trezentos anos, os povos celtas ocuparam praticamente toda a Europa, estebeleceram-se na Ásia Menor, Egito e há indícios de que estiveram no continente americano em 1200 a.C.

Por volta de 600 dessa Era, teriam navegado e se estabelecido na América do Norte[13]. Os vikings alcançaram a América, mais especificamente o Canadá, no ano 1000, guiados por um mapa traçado a partir dos relatos dos navegantes celtas que já haviam chegado ao continente americano.

---

12 Gália Transalpina foi o nome dado pelos romanos ao território que se estendia entre os Alpes, delimitado pelo Mar Mediterrâneo, os Pirineus, o Reno e o Oceano Atlântico, e corresponde basicamente ao território hoje ocupado pela França. A Gália Cisalpina (Gallia Cisalpina, "aquém dos Alpes", em latim) correspondia ao território compreendido entre os Apeninos e os Alpes, na planície do rio Pó, que é o norte da atual Itália.
13 Vide artigo "Quem descobriu a América, afinal?", no blog ladymirianblack.blogspot.com.br

Coruja Celta, Bianca de Triana Franco.

Parte 3

Ogam:
O que é, Sua Origem e seus Criadores Segundo a Linguística, a Arqueologia e a Mitologia

O Ogam é um mistério que o curioso olha e não enxerga; o ambicioso cobiça e não encontra; o não-iniciado vê e não compreende; o mestre mostra o caminho, porém não pode guiar.
O buscador sincero não procura e não tenta entender, pois é humilde e sabe que o Ogam é tão profundo quanto os oceanos, tão vasto quanto o infinito e ele, na sua pequenez, sequer almeja alcançar. Simplesmente contempla sem qualquer ambição ou expectativa, apenas deseja contemplar... e o segredo é revelado.

Lady Mirian Black

Capítulo 3

Dois Mitos Sobre a Criação do Ogam

3.1 – Ogma: O Deus Celta da Eloquência e da Poesia, criador do Ogam

A Mitologia Celta nos ensina que o deus Ogma, também chamado de Ogma Grianaineach (da Face de Sol) ou Ogma Cermait (da Língua de Mel), um dos Túatha dé Dannan (Filhos da deusa Dana – os deuses da antiga Irlanda), inventou o Ogam, composto por vinte símbolos ou letras, usado pelas druidisas, druidas, bardos e vates para escrita sagrada e secreta apenas em rituais da religião celta antiga, até porque os celtas não mantinham o costume de escrever, a transmissão do conhecimento era oral, e como oráculo.

No entanto, não há relatos de como realizou essa criação, ao contrário da Mitologia Nórdica que descreve como o deus Odin criou as runas, ou da Mitologia Chinesa que conta como o herói Fu Hsi criou os trigramas que originaram o I Ching.

Na Gália (terras célticas na Europa continental), Ogma era chamado Ogmios, e foi descrito pelo autor grego Lucano no século 200 usando uma pele de leão sobre os ombros, portando uma clava, uma aljava e um arco:

> *"Os celtas chamam Hércules Ogmios na língua de seu país, mas a imagem que pintam dele é razoavelmente estranha. Para eles, ele é um homem velho já no fim da vida, com cabelo escasso e o pouco cabelo que lhe resta é grisalho, e com sua pele áspera e ressecada pelo Sol... Esse Hércules velho é representado puxando atrás de si uma multidão de homens, todos mantidos juntos e presos*

pelas orelhas por correntes de ouro e âmbar... O pintor perfurou a língua do deus com a corrente, de modo que parece estar puxando ao mesmo tempo todos os homens, enquanto o deus se volta para eles sorrindo."[14]

Essa descrição demonstra claramente que a força do deus Ogma ou Ogmios está na sabedoria de suas palavras, arrebatando, assim, os sinceros buscadores do conhecimento.

3.2 – Fénius Farsaid e a criação do Ogam na Torre de Nimrod[15]

Há outro mito que consta no Livro de Fénius, no início do Auraicept, sobre a invenção da língua irlandesa e do Ogam.

Fénius Farsaid era um homem culto e letrado em três línguas principais – latim, grego e hebraico. Viajou da Cítia para a Planície do Sinar com Goídel mac Ethéoir, Íar mac Nema e uma comitiva de setenta e dois homens, cujo objetivo era estudar as línguas que se misturaram na Torre de Nimrod, a qual estudiosos acreditam ser a Torre de Babel.

Descobriu que as línguas haviam se dispersado pelo mundo, e enviou seus estudiosos para investigá-las, permanecendo na torre. Ao completarem seus estudos, os estudiosos retornaram após dez anos e solicitaram que Fénius selecionasse para eles dentre todas as línguas do mundo, uma que ninguém conhecesse a não ser eles.

Segundo o Auraicept, Fénius concordou e criou não uma, mas cinco *Bérla tóbaide ou teipide,* isto é "Línguas Seletas":

a) Língua Irlandesa: Fénius intitulou-a godélica ou gaélica, em homenagem a Goídel;

b) *Íarmberla:* segundo McManus, designava palavras em irlandês não acentuadas e foi criada por Fénius em homenagem a Íar;

c) *Bérla n-etarscartha* ou Língua Partida: usada para fins de estudos etmológicos na qual os elementos de uma palavra são separados para serem devidamente explicados;

d) *Bérla Féne:* segundo McManus, era uma língua profissional, mais especificamente a Língua dos Juristas, e foi criada em homenagem a si

---

14 Trecho extraído do livro "Ogam – The Celtic Oracle of the Trees", Paul Rhys, p. 12, tradução livre da autora.
15 Baseado na interpretação de McManus em "A Guide to Ogam", p. 148/149 e no Auraicept p. 83; tradução livre da autora.

próprio, embora no Auraicept conste como "Língua Usual", aquela que servia para todos;

e) *Bérla Fortchide:* segundo McManus era *Bérla na filed* ou Língua Obscura, usada para uma forma oculta de linguagem poética, sendo *fortchide* "a grande escuridão" ou "obscuridade da poesia" conforme o Auraicept.

Essas cinco línguas seletas foram criadas juntamente com o *Beithe-Luis-Nin,* como é chamado o Ogam, isto é, com as vinte letras originais, acrescentando-se mais cinco posteriormente para acomodar sons estrangeiros.

Todo o som para o qual um sinal não foi encontrado em outros alfabetos, sinais foram encontrados para eles no *Beithe-Luis-Nin,* depois chamado de *Beithe-Luis-Fern.*

Dentre todos os estudiosos da Torre de Nimrod, havia vinte e cinco que eram os mais nobres e seus nomes foram dados às vogais e consoantes do Ogam, ou seja, segundo esse mito, os nomes das Ogams são os nomes dos vinte e cinco estudiosos mais nobres da Torre de Nimrod.

São esses os dois mitos conhecidos acerca da origem mitológica do Ogam.

Capítulo 4

Ogam: O que é e Qual sua Origem

Conforme será visto adiante, não há como falar o que é o Ogam sem tocar em sua origem e vice-versa, pois ambas as questões estão intimamente ligadas. Não bastasse isso, apesar destes temas parecerem simples, o que renderia dois conceitos igualmente simples, não são, e as respostas para essas duas perguntas têm sido focos de discussões acadêmicas infindáveis e inconclusivas desde que o linguista Edward Lhuyd (1660 – 1709) definiu as línguas "celtas", conforme exposto anteriormente.

Os manuscritos e os monumentos de pedras ogâmicos têm sido alvos de estudos mais aprofundados desde o século 18 por parte de estudiosos de diversas áreas, dentre eles arqueólogos, linguistas, antropologistas, historiadores, matemáticos, músicos, biólogos, em todo o ocidente e em parte do oriente.

Existem inúmeras teorias sobre a origem do Ogam. Algumas surgiram de forma isolada e foram rechaçadas prontamente pelo meio acadêmico, enquanto outras ganharam adeptos e ainda estão em discussão, conquanto até hoje, nenhuma tenha sido definitivamente comprovada nem descartada.

A seguir, cito diversas teorias sobre as supostas origens do Ogam e sua função, sendo as mais conhecidas e muitas delas ainda hoje consideradas como hipóteses possíveis pelos estudiosos do Ogam.

4.1 – O Ogam foi criado para a língua irlandesa tendo como base o latim, o grego e as runas germânicas

Essa teoria pertence a Damian McManus, professor de Irlandês Antigo, chefe do Departamento de Irlandês e diretor do Projeto Poesia Bárdica do Trinity College Dublin, Centro de Irlandês-Escocês e Estudos Comparativos, Irlanda.

O professor McManus escreveu muitos artigos e alguns livros excelentes sobre o Ogam. Em um deles[16], aborda de forma bastante abrangente o Ogam

---

16 "A Guide to Ogam", vide em Bibliografia.

e suas possíveis origens, bem como a função para a qual teria sido criado, além de analisar minuciosamente os manuscritos antigos e as inscrições ogâmicas dos monumentos de pedras da Irlanda especificamente.

Segundo ele, as inscrições destes monumentos foram feitas entre os séculos 3 e 4 até o 9 da nossa Era, embora este costume tenha começado a declinar na Irlanda a partir do século 7 segundo Katherine Forsyth.

Katherine Forsyth, historiadora escocesa, doutora em história e cultura dos povos celtas durante o primeiro milênio desta Era, particularmente dos pictos, especialista na língua gaélica e em Ogam, professora da Universidade de Glasgow, Escócia, realizou estudo profundo das inscrições ogâmicas dos monumentos e artefatos da Escócia, publicando diversos trabalhos acadêmicos e livros.

Dra. Forsyth relatou que na Escócia, a prática de inscrever monumentos utilizando o Ogam teve início no século 6, ganhando popularidade a partir do século 7, caindo em desuso no século 12 desta Era.

As inscrições ogâmicas surgiram no País de Gales, Cornualha e Devon, a leste da Inglaterra, também a partir do século 6.

Após o século 12, as práticas das inscrições ogâmicas em monumentos de pedras foi abandonada definitivamente.

Por outro lado, a partir do século 7 até o século 17, surgiram manuscritos sobre o Ogam, embora não escritos com caracteres ogâmicos, mas em latim, e que remetiam ao estudo do Ogam enquanto sistema de escrita, gramática.

A maior parte dos monumentos de pedras (lápides e cruzes entalhadas com a arte celta) contendo inscrições ogâmicas encontra-se na Irlanda.

A Escócia, o País de Gales, Ilha de Man e Inglaterra possuem poucos monumentos com tais inscrições, bem como há alguns exemplares na Europa continental e há indícios de inscrições ogâmicas encontradas em cavernas no continente americano[17].

Inscrições ogâmicas também foram encontradas em paredes de antigas catedrais tanto na Irlanda quanto na Escócia.

Tal prática surgiu provavelmente seguindo o costume romano de inscrever lápides funerárias em homenagem aos mortos, bem como de erigir monumentos comemorativos, já que os celtas possuíam cultura eminentemente oral e não costumavam escrever, muito menos com o Ogam que era uma escrita sagrada e secreta, somente disponível para iniciados – druidisas, druidas, bardisas, bardos, *filid*.

As inscrições ogâmicas são muito comuns nas chamadas "cruzes celtas", nas quais há ainda inscrições em latim e, por vezes, em runas anglo-saxônicas e hahalruna, como na Cruz de Hackness *(Hackness Cross)*, na Inglaterra, mo-

---

17 Essa teoria consta do final desse capítulo.

numentos estes que têm sido alvos de estudos por séculos por parte de pesquisadores, na tentativa de decifrarem o que suas inscrições de fato significam.

McManus e Forsyth relatam que a datação de tais monumentos de pedras é difícil e tem sido estimada a partir da língua utilizada, por diversos motivos[18]. Primeiramente, quando a datação pelos métodos arqueológicos pode ser feita nos raros casos das pedras estarem em seus locais originais, tal datação não provê uma data em si, mas determina se a pedra é anterior ou posterior à linha do tempo do Ogam.

O fato de muitas pedras serem removidas de seus locais originais e usadas como material de construção e como pedras para contenção do gado, ocasionou a perda de outras evidências que talvez pudessem fornecer pistas sobre a época e o contexto em que tais pedras foram entalhadas.

Há, ainda, a ação do tempo, cuja erosão e fragmentação naturais tornou parte das inscrições ilegíveis, de modo que os estudiosos transcreveram apenas o que restou delas.

Por fim, nos exemplares nos quais foi possível aplicar o método científico de datação, o período obtido como resultado corroborou com aquele do uso da língua correspondente para a mesma época.

As inscrições ogâmicas legíveis feitas em pedras e que são originárias da Irlanda foram escritas usando-se o irlandês primitivo[19].

Quanto às inscrições ogâmicas em monumentos da Escócia, há certo número delas que diferem das demais. Essas pedras foram inscritas usando-se uma língua cuja identificação e tradução ainda não foram positivamente concluídas, embora os especialistas acreditem que teriam sido feitas na língua picta ou em alguma forma de nórdico antigo, sendo essa última teoria a mais aceita atualmente.

Muitos monumentos da Escócia foram entalhados com inscrições ogâmicas e símbolos reconhecidamente pictos, e há estudiosos que defendem a tese de que tais símbolos integrariam o sistema de escrita picta, sendo similar aos hieróglifos nos quais cada figura representaria uma palavra e, ao mesmo tempo, uma letra e/ou um som/fonema.

Há, ainda, poucas peças em cerâmica, osso e mais raramente em madeira com inscrições ogâmicas, e isso se deve ao fato de que tais materiais são menos resistentes do que pedras, de forma que muitos artefatos desse tipo podem ter se deteriorado ao longo dos séculos, conquanto sirvam para demonstrar que o Ogam teria sido inscrito também nestes materiais, e que talvez tenham sido usados como meios para mensagens e/ou anotações.

---

18 Tese de Clare J. Conell, "A Parcial Reading Stones", vide em Bibliografia.
19 Conell, p. 16.

e suas possíveis origens, bem como a função para a qual teria sido criado, além de analisar minuciosamente os manuscritos antigos e as inscrições ogâmicas dos monumentos de pedras da Irlanda especificamente.

Segundo ele, as inscrições destes monumentos foram feitas entre os séculos 3 e 4 até o 9 da nossa Era, embora este costume tenha começado a declinar na Irlanda a partir do século 7 segundo Katherine Forsyth.

Katherine Forsyth, historiadora escocesa, doutora em história e cultura dos povos celtas durante o primeiro milênio desta Era, particularmente dos pictos, especialista na língua gaélica e em Ogam, professora da Universidade de Glasgow, Escócia, realizou estudo profundo das inscrições ogâmicas dos monumentos e artefatos da Escócia, publicando diversos trabalhos acadêmicos e livros.

Dra. Forsyth relatou que na Escócia, a prática de inscrever monumentos utilizando o Ogam teve início no século 6, ganhando popularidade a partir do século 7, caindo em desuso no século 12 desta Era.

As inscrições ogâmicas surgiram no País de Gales, Cornualha e Devon, a leste da Inglaterra, também a partir do século 6.

Após o século 12, as práticas das inscrições ogâmicas em monumentos de pedras foi abandonada definitivamente.

Por outro lado, a partir do século 7 até o século 17, surgiram manuscritos sobre o Ogam, embora não escritos com caracteres ogâmicos, mas em latim, e que remetiam ao estudo do Ogam enquanto sistema de escrita, gramática.

A maior parte dos monumentos de pedras (lápides e cruzes entalhadas com a arte celta) contendo inscrições ogâmicas encontra-se na Irlanda.

A Escócia, o País de Gales, Ilha de Man e Inglaterra possuem poucos monumentos com tais inscrições, bem como há alguns exemplares na Europa continental e há indícios de inscrições ogâmicas encontradas em cavernas no continente americano[17].

Inscrições ogâmicas também foram encontradas em paredes de antigas catedrais tanto na Irlanda quanto na Escócia.

Tal prática surgiu provavelmente seguindo o costume romano de inscrever lápides funerárias em homenagem aos mortos, bem como de erigir monumentos comemorativos, já que os celtas possuíam cultura eminentemente oral e não costumavam escrever, muito menos com o Ogam que era uma escrita sagrada e secreta, somente disponível para iniciados – druidisas, druidas, bardisas, bardos, *filid*.

As inscrições ogâmicas são muito comuns nas chamadas "cruzes celtas", nas quais há ainda inscrições em latim e, por vezes, em runas anglo-saxônicas e hahalruna, como na Cruz de Hackness *(Hackness Cross),* na Inglaterra, mo-

---

17   Essa teoria consta do final desse capítulo.

e suas possíveis origens, bem como a função para a qual teria sido criado, além de analisar minuciosamente os manuscritos antigos e as inscrições ogâmicas dos monumentos de pedras da Irlanda especificamente.

Segundo ele, as inscrições destes monumentos foram feitas entre os séculos 3 e 4 até o 9 da nossa Era, embora este costume tenha começado a declinar na Irlanda a partir do século 7 segundo Katherine Forsyth.

Katherine Forsyth, historiadora escocesa, doutora em história e cultura dos povos celtas durante o primeiro milênio desta Era, particularmente dos pictos, especialista na língua gaélica e em Ogam, professora da Universidade de Glasgow, Escócia, realizou estudo profundo das inscrições ogâmicas dos monumentos e artefatos da Escócia, publicando diversos trabalhos acadêmicos e livros.

Dra. Forsyth relatou que na Escócia, a prática de inscrever monumentos utilizando o Ogam teve início no século 6, ganhando popularidade a partir do século 7, caindo em desuso no século 12 desta Era.

As inscrições ogâmicas surgiram no País de Gales, Cornualha e Devon, a leste da Inglaterra, também a partir do século 6.

Após o século 12, as práticas das inscrições ogâmicas em monumentos de pedras foi abandonada definitivamente.

Por outro lado, a partir do século 7 até o século 17, surgiram manuscritos sobre o Ogam, embora não escritos com caracteres ogâmicos, mas em latim, e que remetiam ao estudo do Ogam enquanto sistema de escrita, gramática.

A maior parte dos monumentos de pedras (lápides e cruzes entalhadas com a arte celta) contendo inscrições ogâmicas encontra-se na Irlanda.

A Escócia, o País de Gales, Ilha de Man e Inglaterra possuem poucos monumentos com tais inscrições, bem como há alguns exemplares na Europa continental e há indícios de inscrições ogâmicas encontradas em cavernas no continente americano[17].

Inscrições ogâmicas também foram encontradas em paredes de antigas catedrais tanto na Irlanda quanto na Escócia.

Tal prática surgiu provavelmente seguindo o costume romano de inscrever lápides funerárias em homenagem aos mortos, bem como de erigir monumentos comemorativos, já que os celtas possuíam cultura eminentemente oral e não costumavam escrever, muito menos com o Ogam que era uma escrita sagrada e secreta, somente disponível para iniciados – druidisas, druidas, bardisas, bardos, *filid*.

As inscrições ogâmicas são muito comuns nas chamadas "cruzes celtas", nas quais há ainda inscrições em latim e, por vezes, em runas anglo-saxônicas e hahalruna, como na Cruz de Hackness *(Hackness Cross),* na Inglaterra, mo-

---

17 Essa teoria consta do final desse capítulo.

numentos estes que têm sido alvos de estudos por séculos por parte de pesquisadores, na tentativa de decifrarem o que suas inscrições de fato significam.

McManus e Forsyth relatam que a datação de tais monumentos de pedras é difícil e tem sido estimada a partir da língua utilizada, por diversos motivos[18]. Primeiramente, quando a datação pelos métodos arqueológicos pode ser feita nos raros casos das pedras estarem em seus locais originais, tal datação não provê uma data em si, mas determina se a pedra é anterior ou posterior à linha do tempo do Ogam.

O fato de muitas pedras serem removidas de seus locais originais e usadas como material de construção e como pedras para contenção do gado, ocasionou a perda de outras evidências que talvez pudessem fornecer pistas sobre a época e o contexto em que tais pedras foram entalhadas.

Há, ainda, a ação do tempo, cuja erosão e fragmentação naturais tornou parte das inscrições ilegíveis, de modo que os estudiosos transcreveram apenas o que restou delas.

Por fim, nos exemplares nos quais foi possível aplicar o método científico de datação, o período obtido como resultado corroborou com aquele do uso da língua correspondente para a mesma época.

As inscrições ogâmicas legíveis feitas em pedras e que são originárias da Irlanda foram escritas usando-se o irlandês primitivo[19].

Quanto às inscrições ogâmicas em monumentos da Escócia, há certo número delas que diferem das demais. Essas pedras foram inscritas usando-se uma língua cuja identificação e tradução ainda não foram positivamente concluídas, embora os especialistas acreditem que teriam sido feitas na língua picta ou em alguma forma de nórdico antigo, sendo essa última teoria a mais aceita atualmente.

Muitos monumentos da Escócia foram entalhados com inscrições ogâmicas e símbolos reconhecidamente pictos, e há estudiosos que defendem a tese de que tais símbolos integrariam o sistema de escrita picta, sendo similar aos hieróglifos nos quais cada figura representaria uma palavra e, ao mesmo tempo, uma letra e/ou um som/fonema.

Há, ainda, poucas peças em cerâmica, osso e mais raramente em madeira com inscrições ogâmicas, e isso se deve ao fato de que tais materiais são menos resistentes do que pedras, de forma que muitos artefatos desse tipo podem ter se deteriorado ao longo dos séculos, conquanto sirvam para demonstrar que o Ogam teria sido inscrito também nestes materiais, e que talvez tenham sido usados como meios para mensagens e/ou anotações.

---

18 Tese de Clare J. Conell, "A Parcial Reading Stones", vide em Bibliografia.
19 Conell, p. 16.

Parte 2

Os Povos Celtas

Voltando à tese de McManus, afirma que o Ogam é um sistema muito perfeito no qual não foram observadas lacunas ou imperfeições, isto é, foi utilizado ao longo de quatro ou cinco séculos exatamente da mesma forma como foi criado.

Para ele, esse fato prova que o Ogam teria derivado de outro sistema de escrita pré-existente, caso contrário, se o Ogam tivesse sido criado originalmente pelos celtas ou eventualmente pelos monges gramáticos que compilaram o Auraicept, por exemplo, todo sistema inicial contém falhas e requer ajustes ao longo do tempo, o que obrigaria o Ogam a sofrer diversos aperfeiçoamentos durante seu tempo de uso, o que não ocorreu.

McManus afirma que: "1.7 Que o Ogam é derivado de um sistema alfabético, isto é praticamente certo, e quanto ao modelo supõe-se que sejam aqueles com os quais tem maior familiaridade, o que depende imediatamente do local onde se estabeleceu a criação do sistema, e claro, da identidade de seus criadores. A fonte imediata mais provável é o latim, mas o grego e as runas germânicas tiveram também sua contribuição"[20].

Apesar disso, mais adiante, ele próprio admite que quando se trata de derivações ou empréstimos de letras e estruturas de um sistema de escrita para outro, pode-se verificar clara e facilmente esse processo.

O latim é oriundo do etrusco e o grego do fenício, e isso pode ser identificado rapidamente. Quanto às runas germânicas, admite que seu antecessor é mais complicado de ser rastreado, mas acredita que tenha conexão com os alfabetos etrusco do norte e com o latino, embora René Derolez afirme terem derivado do Ogam (essa teoria virá a seguir).

McManus prossegue na página 5 de sua obra já citada em total contradição com o que escreveu no item 1.7 acima transcrito, dizendo que o sistema Ogam não seria uma forma evoluída ou derivada de nenhum alfabeto existente pelo simples fato de que não foi criado como um sistema de escrita, mas sim fora criado para ser um código linear, ou seja, cada símbolo não é uma letra, é uma marca, um código: "O sistema, por exemplo, não é uma forma evoluída ou derivada de nenhum alfabeto escrito conhecido. Ele veio através da História numa forma fixa e com a exceção da elaboração do quinto grupo, mantem-se imutável desde o início. Esta uniformidade deve-se principalmente ao fato de que isto não é, falando rigorosamente, uma escrita alfabética. Os caracteres do sistema Ogam não são grafias; eles são partes integrantes de um código linear o qual por sua própria natureza é inflexível, e é claramente desconectado em sua origem com a escrita alfabética. É, portanto, de pouca ajuda estabelecer a identidade do protótipo alfabético do Ogam. Similarmente, a sequência sonora para a qual a escrita serve como código não

---

20 Trecho extraído da obra "A Guide to Ogam", p. 4, tradução livre da autora.

é nenhuma daquelas sequências sonoras dos modelos suspeitados [latim ou grego] nem uma variação mecanicamente demonstrável deles. A separação de vogais e consoantes, por exemplo, embora seja um lugar comum da teoria gramatical, não é uma característica de nenhum alfabeto europeu ocidental contemporâneo e, por conseguinte, é provável que seja uma inovação. Isso é verdade igualmente quanto à seleção de fonemas os quais compõem a sequência; a maioria deles são sons para os quais outras escritas empregam símbolos únicos, mas o inventário total é sem paralelos em nenhum outro lugar, assim como o são os nomes das letras"[21].

Por fim, para harmonizar suas ideias a respeito do Ogam, conclui ser, na verdade, o que chamou de 'difusão de estímulo', que é o processo pelo qual uma ideia é emprestada de fora e lhe é dada nova e independente expressão na sua forma adotada. Concluindo, McManus afirma que o Ogam foi criado pelos irlandeses para a língua irlandesa, tomando emprestado os princípios da escrita alfabética do latim, grego e rúnico, transformando-o em algo totalmente novo, com símbolos, por exemplo, ao invés das letras, gerando o Ogam[22]: "... tudo sobre Ogam sugere sua origem no irlandês. As inscrições em caracteres ogâmicos, por exemplo, não são encontradas em nenhum lugar além da Irlanda, exceto nas áreas onde sabe-se estiveram sob a influência de colonização irlandesa. A língua das inscrições ogâmicas é invariavelmente a irlandesa, assim como são os nomes dos caracteres (Beithe, Luis, Fern, etc), e há fortes razões para crer que o sistema foi criado especificamente para a língua irlandesa antiga".

A partir daí, o professor McManus realizou extenso estudo sobre cada letra ogâmica, traduzindo seus nomes para o irlandês. Seus artigos e livros sobre o Ogam são muito interessantes, conquanto defenda a ideia de que nem todos os nomes das letras ogâmicas são nomes de árvores como consta do Auraicept, e portanto, não seria verdade que cada letra ogâmica está atrelada a uma árvore, ideia essa que não passaria de criação dos monges que compilaram este manuscrito, chamando tal criação de "Ficção Arbórea".

Estudei profundamente as respeitáveis obras de Damian McManus, compreendi sua tese, contudo não posso concordar com ela. Para mim, resta claro que o professor McManus não encontrou consonância entre os nomes das letras ogâmicas e os nomes das árvores porque traduziu-as a partir do irlandês antigo.

Todavia, uma vez que o Ogam surgiu muito tempo antes do que a língua irlandesa e não foi, de forma alguma, criado para esta ao contrário do que ele

---

21 P. 5 do livro "A Guide to Ogam".
22 P. 20 do livro "A Guide to Ogam".

acredita, obviamente tornou-se impossível que os nomes das Ogams fossem nomes de árvores em irlandês, pois seria o mesmo que tentar traduzir um texto em determinada língua usando um dicionário de outra.

Apesar disso, seus estudos linguísticos, bem como os de outros dois especialistas Howard Meroney e Michel-Gérald Boutet, são extremamente importantes e não deixam de ser interessantes e úteis no estudo do Ogam como alfabeto, considerando-se que o Auraicept foi escrito em irlandês médio, e é a compilação gramatical escrita sobre o Ogam da Irlanda mais completa e antiga de que se tem notícia, não havendo nada similar no restante da Grã-Bretanha, nem no continente, até o presente momento.

4.2 – O Ogam era uma forma de comunicação sagrada e secreta, criada e utilizada somente por iniciados na religião celta antiga

R.A.S.Macalister, considerado decano dos estudos sobre Ogam no século 20, teve grande responsabilidade sobre a popularização da chamada Teoria do Gesto Manual, segundo a qual o uso do Ogam como escrita era secundário e complementar.

Essa teoria está presente em um trabalho no qual frequente e forçosamente arguiu que havia muito mais variantes do que evidências disponíveis, e seu olhar sobre a questão encontrou pouco a favor dos estudiosos irlandeses e da tese de que o Ogam foi criado para a língua irlandesa.

O professor Macalister acreditava que o Ogam teria sido criado para ser um alfabeto de sinais ou gestos manuais com o propósito dos druidas da Gália Cisalpina[23] se comunicarem secretamente por volta de 500 a.C.

Em sua tese, explica que cada dedo correspondia a uma letra ogâmica, isto é, de um a cinco, enquanto cada grupo de letras era indicado por uma direção. Portanto, para expressar qualquer letra, o comunicador precisaria esticar a quantidade de dedos que corresponderia à letra respectiva em uma das quatro direções para mostrar a qual grupo se referia.

Robert Graves explica como esta forma de comunicação criptografada funcionaria[24], embora para ele esta seria uma forma de comunicação incômoda e cansativa, motivo pelo qual, ofereceu uma alternativa mais rápida e eficiente.

Segundo Graves, a mão esquerda teria a função de um teclado no qual as letras corresponderiam às falanges. Usando um dedo da mão direita, o

---
23 Gália Cisalpina compreendia a Planície do Pó e áreas adjacentes, recebendo este nome por parte dos romanos e significava "A Gália ou os gauleses (celtas) deste lado dos Alpes", Bruxas Celtas, p. 41.
24 Capítulo 7 do livro "The White Goddess".

comunicador apontaria a falange, e consequentemente, a letra a qual se referia, conforme ilustração a seguir.

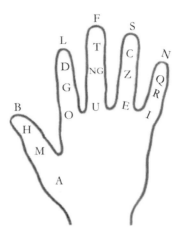

Ilustração baseada na original, contida no Capítulo 7 do livro "The White Goddess"

O Ogam teria sobrevivido por cerca de mil anos na forma manual como parte do treinamento do que o professor Macalister chamou de maçonaria druídica, e finalmente, fez a transformação para um sistema de escrita na Irlanda, após a chegada do cristianismo e a consequente ruptura das Ordens Druídicas.

Macalister embasa sua teoria no fato de que o grupo quíntuplo de Ogams pode ser explicado pela referência do emprego dos dedos da mão, numa verdadeira linguagem de sinais como a linguagem de libra que conhecemos hoje.

Fixou a origem do Ogam no continente europeu, mais especificamente na Gália[25] por volta de 500 a.C, com o que concordam especialistas como Zimmer (1909) e O'Rahilly (1946). Para esses autores, o Ogam teria sido levado da Gália para as ilhas.

Além da Teoria do Gesto Manual, o professor Macalister, assim como Thurneysen, afirmava que os Ogams contidos no Livro de Ballymote foram criados para serem aplicados em encantamentos, e cada um teria uma finalidade.

Concordo com quase todas as conclusões destes autores, com exceção de que o Ogam teria sido criado pelos celtas do continente e depois foi levado para as ilhas.

---

25 Gália era a região habitada pelos celtas da Europa continental, que compreendia o atual território da França, parte da Bélgica, parte da Alemanha, Suíça e o norte da Itália, Bruxas Celtas, p. 40.

Primeiramente, sabe-se que as instituições ou Ordens Druídicas surgiram nas ilhas e foram introduzidas na Gália posteriormente, onde com a conquista romana do último povo celta por volta de 100 desta Era, ganharam estrutura diversa daquela que originalmente lhes era dada, a ponto de surgir uma hierarquia política baseada em poder entre os druidas remanescentes, com a figura de um possível arquidruida, o que nunca existiu originalmente entre os celtas das ilhas.

Esse foi o início da decadência das Ordens Druídicas nos primeiros séculos da Era cristã, corrompidas que estavam, pois os grandes e verdadeiros mestres já se tinham ido há muito para o Outro Mundo, assassinados juntamente com os bosques de carvalhos que os romanos destruíram para minar a fé e a força dos povos celtas, tornando mais fácil sua conquista.

Talvez o Ogam tenha surgido primeiramente no continente, no entanto, acredito que é muito mais antigo do que assevera a maioria dos autores consultados, sendo minha teoria a de que o Ogam existe há milênios e provavelmente foi criado pelos mesmos povos que erigiram os monumentos de pedras como os grandes círculos – Stonehenge, alinhamentos – Carnac na França, e os túmulos – New Grange, chamados pré-célticos ou povos do Neolítico[26], conforme será esclarecido mais adiante[27], ou, segundo minha tese, teve origem até mesmo antes, a qual apresento no final desse capítulo.

4.3 – O Ogam era um horóscopo celta

Em sua obra "A Deusa Branca", Robert Graves (1895, Inglaterra – 1985), poeta, romancista e crítico, vislumbrou que o Ogam seria, além de um sistema de linguagem gestual conforme exposto acima, um horóscopo celta.

Baseou seus estudos e análises no poema "A Canção de Amergin", cantada por um bardo chefe dos invasores milesianos, assim que seus pés tocaram as terras da Irlanda no ano de 2736 (1268 a.C.).

Esse poema é descrito pelo Dr. Macalister como "uma concepção panteísta do Universo".

Graves rearranjou a ordem das rimas em forma de um calendário de treze meses segundo o Beithe-Luis-Nin (como o Ogam foi chamado inicialmente, depois passou a ser Beithe-Luis-Fern), conforme o significado de cada letra ogâmica, resultando no calendário que segue[28]:

---
26 Sobre esse assunto vide Bruxas Celtas, capítulo 18 "Os monumentos de pedras".
27 Vide no final deste capítulo a tese "O Ogam teve origem no período Neolítico".
28 Este Horóscopo pode ser visto na íntegra no capítulo 12 da obra "The White Goddess".

24-Dez. a 20-Jan.	Beth	8-Jul. a 4-Ago.	Tinne
21-Jan. a 17-Fev.	Luis	5-Ago. a 1-Set.	Coll
18-Fev. a 17-Mar.	Nion	2-Set. a 29-Set.	Muin
18-Mar. a 14-Abr.	Fearn	30-Set. a 27-Out.	Gort
15-Abr. a 12-Mai.	Saille	28-Out. a 24-Nov.	Ngetal
13-Mai. a 9-Jun.	Uath	25-Nov. a 22-Dez.	Ruis
10-Jun. a 7-Jul.	Duir	23-Dez.	Não está associado a nenhuma Ogam

Outro pesquisador, Michel-Gérald Boutet, iconógrafo canadense e estudioso de línguas antigas, dentre elas as línguas célticas, criou um sistema que chamou de Astrologia Druídica.

Nesse sistema, associou os signos do zodíaco a doze árvores e às respectivas Ogams[29], embora não sustente que o Ogam tenha sido criado com essa finalidade.

Todos os estudiosos citados apenas observaram o Ogam sob novas perspectivas, apresentando algumas aplicações possíveis para esse sistema tão completo que está longe de ser apenas um alfabeto, um método de comunicação, ter usos mágicos ou ser um horóscopo. Para mim, resta claro que o Ogam é tudo isso e muito mais, como demonstro ao longo dessa obra.

4.4 – O Ogam era um sistema de linguagem secreta e teria sido criado a partir das runas germânicas

Charles Ranke Patrick Graves[30] (1899 – 1971), jornalista, escritor inglês, autor da conhecida obra "Ireland Revisited", irmão de Robert Graves, igualmente defendia a Teoria do Gesto Manual, entretanto, de forma um pouco diferente da citada anteriormente.

Para ele, o Ogam parece ter sido originalmente um alfabeto criado para ser usado por gestos dos dedos como uma forma de comunicação criptografada, secreta, à qual só os iniciados teriam acesso e conhecimento.

Defendia que talvez posteriormente, o Ogam tenha surgido como marcas em madeira e mais tardiamente, com a ruptura das Ordens Druídicas após a in-

---

29 Este sistema pode ser melhor explorado no artigo "On the Origins of the Oghamic Writing System", p. 39.
30 Essa teoria foi citada por McManus em "A Guide to Ogam", item 2.4. p. 9.

vasão e conquista romanas, tenha caído no vulgo e passado a ser usado como inscrição em monumentos de pedras, igrejas e lápides, aderindo ao costume romano.

Nessa fase em que o Ogam passou a ser grafado, Charles Graves apontou para o fato de que o princípio da posição das marcas na base do Ogam era idêntico àquele encontrado em algumas variações secundárias das ocultas Runas germânicas.

Essas variações secundárias para as quais chamou a atenção eram promissoras. Elas foram explicadas na chamada Isruna Tract, que sistematizou a criptografia rúnica encontrada peculiarmente no Fupark comum germânico (abaixo), a divisão de vinte e quatro runas em três grupos de oito, conhecidos na tradição islandesa tardia como *aettir* (plural de *aett* "sexo, gênero familiar", ou originalmente "um grupo de oito"; Nórdico Antigo *atta*).

Runas Fupark Comum Germânico. A barra longa vertical é a Isruna, ou "apoio" onde as Hahalruna – Runas menores são escritas na horizontal, indicando as posições das Runas.

Como no Ogam, essa divisão é explorada para propósitos de posicionar a marca, e os vários métodos que indicam posição são nomeados de forma a refletir o dispositivo empregado.

Assim, Isruna (inglês arcaico *is,* germânico *isa,* o nome da runa 'i') são descritas como sendo escritas através e com a runa 'i', o grupo ao qual a relevante runa pertence, sendo indicada primeiro com 'i' curto (ou minúsculo) - i-runes, sua posição com o próximo grupo com 'I' longo (ou maiúsculo) I-runes.

As Hahalruna são descritas como segue: *Hahalruna dicuntur istae, quae in sinistra parte quotus versus sit ostendunt, et in dextera quota littera ipsius versus sit.* 'Hahalruna é o nome dado para aquelas [runas secundárias] as quais indicam o número do grupo do lado esquerdo e o número da letra daquele grupo à direita'.

Ou seja, a runa Isa ou 'I' é usada longa ou maiúscula na vertical e é chamada de Isruna, servindo como barra vertical principal onde as outras serão marcadas ou "apoiadas", enquanto as Hahalruna são as letras 'i' escritas na horizontal. As do lado esquerdo da runa Isa longa ou das Isruna mostram a que grupo pertencem, e aquelas do lado direito mostram a letra em si.

Reconhecendo a semelhança do Fupark Comum Germânico com o Ogam, Charles Graves acreditava que o Fupark teria originado a estrutura do Ogam, sendo sua fonte primária, enquanto o latim ao invés do Fupark teria sido o alfabeto-base do sistema.

Primeiro Ogam do Livro de Ballymote – "Ogam da Escada de Fionn". Observa-se a semelhança com o Fupark, ao qual, inversamente ao que Graves e outros acreditavam, serviu como base e inspiração.

Helmut Emil Richard Arntz (1912 – 2007), alemão estudioso das línguas IE e runólogo, concordava com a teoria de Charles Graves apenas parcialmente, pois asseverava que as Runas sozinhas proviam uma explanação satisfatória para muitas das características do Ogam, rejeitando apenas que o latim pudesse ter sido o protótipo do sistema ogâmico.

Arntz defendia que o Ogam teria sido criado nas terras pictas, tendo por base as Runas Comuns Germânicas, as quais, por sua vez, teriam sido criadas segundo ele no século 4. Sua teoria não foi refutada, embora não haja evidências palpáveis que a comprovem.

Wolfgang Keller[31] e Ignace Jay Gelb (1907, Áustria – 1985), especialista em História Antiga, professor de Assiriologia na Universidade de Chicago e pioneiro dos estudos científicos dos sistemas de escrita, haviam sustentado essa mesma teoria anteriormente, porém com variações.

A conclusão de Charles Graves, com a qual concordam muitos estudiosos, é que o Ogam era não mais do que um sistema de cifras ao invés de alfabeto propriamente dito, no qual cada caractere ogâmico representava uma letra em um alfabeto do tipo ordinário e não um som.

A respeito dessas teorias de que o Ogam teria sido criado a partir das Runas, historicamente resta claro que se deu exatamente o oposto e que o sistema rúnico tomou como base o ogâmico, pois embora a antiguidade da criptografia rúnica não tenha sido estabelecida com certeza até hoje, sua mais antiga evidência retroage ao século 2 d.C.

Os estudiosos das Runas observaram que poucos símbolos presentes nas inscrições rúnicas antigas que existem nas terras outrora célticas talvez devam ser interpretados como Hahalruna.

O exemplo mais confiável é a pedra Hackness em Yorkshire, a qual também traz uma inscrição em um sistema similar ao Ogam e foi datada como tendo sido entalhada no século oitavo ou nono.

---

31 Autor de "An Anglo-Saxon and Celtic Bibliography".

Além disso, embora o Ogam Picto tenha sido gravado em pedras posteriormente ao Ogam irlandês, não significa necessariamente que seja mais recente, demonstrando apenas que tornou-se conhecido mais recentemente.

De qualquer forma, considerando-se as evidências físicas, neste caso, as teorias defendidas por Keller, Gelb e Arntz estão comprometidas.

Muitos estudiosos respeitáveis da língua irlandesa rejeitaram a teoria de que o Ogam derivou das Runas Germânicas, como o ilustre professor Rudolf Thurneysen (1857, Suíça – 1940), chefe do Departamento de Estudos de Linguística Indo-Europeia e Estudos Célticos e decano da Faculdade de Letras da Universidade de Bonn, Alemanha; Eric Pratter Hamp (1920, EUA), linguista respeitado como autoridade em Línguas IE, com particular interesse em línguas célticas; e René Derolez, dentre outros. Para fins de estudos, segue a teoria de René Derolez a respeito do Ogam e das Runas.

4.5 – O Ogam serviu de base e inspiração para as Runas

René Derolez (1921, Bélgica - 2005), era especialista em Runas, línguas germânicas e anglo-saxônicas, cujo trabalho e obras publicadas foram reconhecidos e aclamados mundialmente, sendo um deles a sua tão citada obra "Runica Manuscripta".

Em sua discussão sobre criptografia rúnica, afirmou que a inspiração para a Hahalruna deriva diretamente do Ogam mais do que vice-versa. Asseverava que a criptografia rúnica em suas várias formas, portanto, era uma fonte valiosa de evidências que corroboraram para a existência do método de posição-marcação como um instrumento para a invenção de um sistema de escrita. Lehmann compartilhava dessa mesma teoria de Derolez.

Lehmann, por sua vez, relatou a passagem escrita por César, na qual afirmou que os druidas irlandeses estavam proibidos por sua religião de escreverem seus conhecimentos e ensinamentos, fato esse que explica por que lhes faltava um sistema formal de escrita[32]. Daí o motivo de o Ogam ter permanecido desconhecido durante tantos séculos, senão, milênios, tornando-se conhecido somente após a ruptura das organizações de druidisas, druidas e bardos.

Essa teoria não aponta uma provável origem para o Ogam, entretanto, defende que o Ogam é anterior às Runas, servindo-lhe, inclusive de base e estrutura, e não o contrário, como alguns estudiosos supunham. Con-

---
32 Em Connlly, 2015, p.5. 158 P. 103.

sequentemente, o Ogam seria anterior ao menos ao século 2, quando há indícios de que as Runas surgiram.

4.6 – O Ogam era uma forma de criptografia

No capítulo 3 de sua obra, o professor McManus fala dos vários sistemas de criptografia existentes e usados pelos romanos, trocando letras do alfabeto latino, por exemplo, sistemas estes também usados e relatados por Bede e pela igreja irlandesa. Portanto, o Ogam não era o único sistema criptográfico da Antiguidade, embora provavelmente fosse um deles.

Jones relata que há algumas inscrições em monumentos na Irlanda que são ininteligíveis e a explicação é que foram escritas assim intencionalmente em uma forma de Ogam secreto ou criptografia ogâmica, na sua opinião especialmente para fins mágicos.

No Auraicept[33], há o relato do Ogam como sendo a *Bérla Fortchide* que significa "Língua Obscura"; *fortchide* especificamente seria "A Grande Escuridão" ou "Obscuridade/Escuridão da Poesia" segundo Calder.

René Derolez[34] relata a existência de um manuscrito no Museu Britânico, o qual acredita que, assim como nos Ogams contidos no Livro de Ballymote, a preocupação principal dos compiladores foi com a criptografia ogâmica.

Ele afirma que o objetivo desses manuscritos foi mostrar várias formas de usar o Ogam para propósitos criptográficos, ora mudando as letras de lugar ou seus valores, ora alterando suas formas, substituindo um símbolo por outro, ou apenas indicando seu lugar no alfabeto. Alguns desses sistemas de criptografia ogâmica consistem em inserir um símbolo a cada duas vogais, ou entre todas as letras. Para Derolez, restou claro que o Ogam era, antes de tudo, uma forma de escrita criptográfica e em seus estudos, demonstrou que serviu de base e estrutura para as Runas.

Todos estes indícios mostram que o Ogam é e sempre foi infinitamente mais do que um mero alfabeto ou sistema de escrita do que quer que seja – letras ou números. Na minha opinião, indubitavelmente o Ogam foi utilizado, dentre outras coisas, para rituais e encantamentos, e consequentemente, de forma secreta ou oculta, para que os não-iniciados não tivessem acesso a esse conhecimento exclusivo das druidisas, druidas bardos e *filid*.

---

33 P. 103.
34 Veja em Bibliografia.

Esse é o entendimento de profissionais renomados do meio acadêmico como os professores Macalister, Thurneysen, Vendryes, além de pesquisadores como René Derolez e outros.

No Auraicept[35], consta que "Fenius selecionou para seus discípulos uma língua que ninguém mais podia ter, a qual deveria pertencer exclusivamente a eles". Essa passagem, no meu ponto de vista, é mais uma evidência de que o Ogam teria sido criado ou melhor, foi utilizado como uma língua secreta e sagrada pelos celtas na religião celta antiga.

4.7 - O Ogam era um sistema numérico e não um sistema de escrita

Segundo McManus, essa tese foi defendida por alguns estudiosos como Karl Menninger, que descreveu os caracteres do Ogam como símbolos numéricos feitos "sobre a linha", remetendo fortemente às varetas talhadas, enquanto Gerschel definiu pormenorizadamente esse sistema.

O professor Lucien Gerschel, especialista em Celtas e Ogam, explicou que a principal função das varetas talhadas era servir como um registro escrito de uma contagem de itens. Os itens a serem contados eram traduzidos em entalhes idênticos ou pontos marcados em madeira ou osso.

Assim, na forma mais primitiva da talha, uma conta de dezenove seria registrada como dezenove marcas idênticas dispostas em uma linha que era o veio natural do objeto.

IIIIIIIIIIIIIIIIIII
Estágio 1 – Cada marca é uma unidade no sistema de contagem

A necessidade de contar cada uma das marcas em cada uma das linhas quando a talha era consultada levou com o tempo, à prática de agrupar as marcas em intervalos regulares através de entalhes distintivos.

A escolha geral por grupos quinários e decimais leva à função feita pela contagem de dedos no desenvolvimento destes então chamados numerais primitivos.

IIIIVIIIIXIIIIVIIIIX
Estágio 2 – A cada cinco unidades, surge o símbolo V e a cada dez, o símbolo X[36]

---

35 P. 17, tradução livre da autora.
36 Sobre este sistema de contagem, o professor McManus esclarece que os símbolos 'V' e 'X' não foram inventados pelos romanos, apenas foram adotados por eles.

No caso do Ogam, o fator que difere os grupos quinários de numerais entre si é o número de marcas – de um a cinco em cada grupo, bem como sua orientação.

Para Thurneysen e Vendryes, esses numerais talhados eram a ideia por trás da escrita ogâmica. Obviamente, o Ogam como o conhecemos é uma escrita para monumentos, e estes estudiosos entendem que em algum momento, alguém o removeu das varas primitivas, tornando-se, então, símbolos talhados para a comunicação, distinguindo-se a partir daí daqueles usados com o propósito de contagem nas chamadas "varetas de mensagens".

4.8 – O Ogam foi criado como um sistema mnemônico e para assinatura

Segundo Damian McManus, alguns estudiosos optaram, ainda, pela visão de que o Ogam representava uma fusão de duas correntes: escrita alfabética e um dos mais importantes precursores da escrita, que Gelb denominou de dispositivo identificador mnemônico, com o que Brice concordava.

Trata-se de um sistema de símbolos convencionados que não representam uma linguagem escrita, funcionando antes como um auxiliar da memória ou como um instrumento para identificação, particularmente a identificação da propriedade, status, as partes de um contrato ou o trabalho de um artesão em particular. As contrapartes modernas são signos heráldicos da nobreza - brasões, insígnias militares, símbolos usados pelas profissões e ofícios, marcas no gado e outros similares.

Para preencher a lacuna entre os numerais talhados usados como auxiliares da memória para cálculos e o Ogam como escrita de comunicação, Vendryes destacou a capacidade de alguns símbolos convencionais para mensagens de comunicação do tipo críptico, e ele chamou a atenção para o uso do Ogam dessa forma como descrito na antiga literatura irlandesa.

Mais uma vez, L.Gerschel enfatizou a capacidade do Ogam como dispositivo mnemônico de identificação, mostrando o uso dos símbolos talhados basicamente para propósitos de identificação de uma pessoa e de seus bens. Seria como o precursor da assinatura moderna, servindo como um documento legal de registro que estabeleceria direitos de propriedade.

A conclusão do professor McManus é que de acordo com esta tese, o Ogam representaria a continuação de um instrumento de comunicação muito antigo já existente, reformulado posteriormente para a alfabetização.

4.9 – A escrita ogâmica teve origem no período Neolítico

Michel-Gérald Boutet[37], já citado, acredita que os caracteres ogâmicos na qualidade de sistema de escrita foram criados no período Neolítico.

Relata sobre a Cultura Vinca, Tordos ou Turdas-Vinca, que existiu por volta de 5.000 a 3.800 a.C. no sudeste e centro da Europa, embora estudos recentes tenham fixado a data de alguns artefatos dessa Cultura em 7.000 a.C., cultura essa identificada pela primeira vez e amplamente estudada pela renomada arqueóloga Marija Gimbutas, da Universidade da Califórnia, EUA.

Vinca era uma vila às margens do rio Danúbio, próxima a Belgrado, Sérvia. Esse povo, também nomeado Civilização do Danúbio, produziu estatuetas e muitos potes de cerâmica, além de serem os precursores da metalurgia do cobre e do ouro. Esses artefatos de cerâmica foram gravados com inscrições muito parecidas com as letras ogâmicas. Segundo Boutet, muitas destas peças possuem escrita não só própria da Cultura Vinca mas também símbolos ogâmicos lado a lado.

Esta civilização seria uma das mais antigas, posto ter precedido a suméria (3.500 a 2.300 a.C.), a egípcia (3.100 a 30 a.C.), a canaanita (3.200 a 2.200 a.C.) e a minoica (2.400 a 1.500 a.C.), estendendo-se pelos vales da Bulgária até a Alemanha, passando pela Hungria, Eslováquia e Áustria.

Gérald Boutet acredita que a Cultura Vinca tenha sido a cultura-mãe da hitita (1.700 a 1.200 a.C.) e da micênica (1.600 a 1.100 a.C.). Nos seus trabalhos, mostra as origens comuns de palavras utilizadas por essas civilizações, bem como símbolos muito parecidos para grafar tais palavras.

Vários estilos de figuras zoomórficas e antropomórficas são marcas registradas da Cultura Vinca, como pode-se ver a seguir:

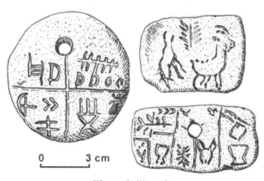

Placas da Tartaria

Essas três placas de cerâmica são conhecidas como Placas da Tartaria (Romênia), datadas como tendo sido produzidas em 5.300 a.C., gravadas

---

37 Boutet, Michel-Gérald. Artigo "On the origens of the Oghamic Writing System", p. 18

com os símbolos da Cultura Vinca. Alguns arqueólogos acreditam que seja uma proto-escrita, a forma mais antiga de escrita conhecida no mundo[38].

Observa-se que, de fato, há símbolos que poder-se-ía dizer, são ogâmicos. Muitos outros artefatos de cerâmica com símbolos idênticos aos ogâmicos foram encontrados na Bulgária, Romênia, Grécia, Macedônia, e os arqueólogos ainda não conseguiram determinar quais seriam seus significados, embora acreditem que muitas destas peças tenham sido usadas com fins religiosos, provavelmente como oferendas aos deuses e/ ou aos mortos.

Através de suas pesquisas, Marija Gimbutas, fixou a existência dessa Cultura na fase do que chamou de Europa Antiga, a qual floresceu no sudeste da Europa e a leste do Mediterrâneo entre 7000 a 3500 a.C. Para ela, a civilização minoica teria surgido a partir dos últimos vestígios dessa cultura anterior que era matrilinear, pacífica e centrada na figura de uma deusa-mãe.

Através de seus estudos, Gimbutas introduziu a Tese Kurgan, na qual defende que a escrita não teve origem entre os sumérios na Mesopotâmia em 4000 a.C. e que não teria sido criada inicialmente para fins comerciais como forma de contagem.

Para ela, todos os símbolos decorativos presentes nos artefatos da Cultura Europeia Antiga são, na verdade, símbolos desenhados a partir de uma forma de escrita mais antiga baseada na religião mais do que na economia.

Estes símbolos sobreviveram à subjugação desta cultura por outra surgida no Volga Basin, onde hoje é o sul da Rússia. Essa nova cultura foi formada por povos guerreiros e patriarcalistas que impuseram-se como classe dominante aos habitantes pacíficos da Europa Antiga, que acabaram por adotarem a língua do povo dominador.

Símbolos da Cultura Vinca

---

38 Imagens extraídas do artigo "The Vinca Culture", http://www.ancient-wisdom.com/serbiavinca.htm

4.10 – Escrita ogâmica na América em 321 a.C.

David Eccott[39] é um respeitado musicista profissional inglês. Todavia, seu interesse e estudos em Arqueologia, especialmente do continente americano, levou-o a escrever diversos artigos e a ministrar palestras por toda a Europa.

No Colorado, Estados Unidos da América, há uma caverna formada por um grupo de torres rochosas, a qual contém vários sinais inscritos em suas paredes que pareciam pertencer ao Ogam, e foi nomeada "Templo do Sol".

Especialistas refutaram essa hipótese alegando que aquelas inscrições continham particularidades que as diferiam da escrita ogâmica, descartando-as como não autênticas. No entanto, quando a tradução dos Ogams do Templo do Sol foi feita, observou-se que havia sentido linguístico e que aquelas inscrições referiam-se a um evento astronômico de alinhamento solar que observaram ter realmente ocorrido.

Além disso, certas marcas associadas às inscrições pareciam guardar afinidade com a religião do mundo antigo ou celta, que era baseada nas entradas e picos das estações.

Fotografia de David Eccott do Ogam do Templo do Sol, Colorado, EUA.[40]

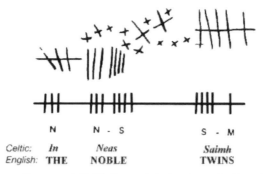

Diagrama de David Eccott, ilustração de Phillip Leonard. As inscrições significam "Os nobres gêmeos".[41]

---

39 Artigo "The Ogams of the Sun Temple".
40 Artigo "The Ogam of the Sun Temple", Figura 15A, p. 15.
41 Idem acima, Figura 15B.

Uma das anomalias que as inscrições ogâmicas da caverna Templo do Sol apresentou foi a falta de vogais, fato que, inicialmente, inviabilizava a tese de que se tratava do uso do Ogam.

Entretanto, algumas autoridades em Ogam do século 19 como Richard Brash e R.A.S.Macalister haviam reportaram a existência de inscrições ogâmicas na Irlanda sem as vogais, no mesmo local onde haviam outras com as vogais, demonstrando que o não uso de vogais nessas inscrições teria ocorrido com certa regularidade.

Outra objeção por parte dos estudiosos em aceitar que as inscrições do Templo do Sol eram ogâmicas, foi que as letras não haviam sido talhadas numa barra central ou druim, pois não foram grafadas nas bordas das pedras como normalmente ocorreu nas inscrições ogâmicas da Grã-Bretanha, mas as inscrições ora estudadas foram talhadas na superfície lisa da rocha.

Mais uma vez, foi observado que tanto na Irlanda quanto na Escócia e Inglaterra, existem exemplares de pedras com esse tipo de inscrições ogâmicas.

Por fim, após muitos estudos e considerações, Eccott concluiu que aquelas inscrições ogâmicas relatavam uma celebração que se daria no Lugnasad por conta das colheitas. Quanto à representação dos corpos celestes, mostrava Vênus, Júpiter e Saturno alinhados com Polux e Castor, levando à conclusão de que esse evento teria ocorrido na constelação de Gêmeos.

Um programa de computador revelou que essa conjunção tripla de Vênus, Júpiter e Saturno na constelação de Gêmeos ocorrera dia 08 de agosto de 471 dessa Era e foi visível do Templo do Sol.

Eccott decidiu não considerar essa data porque era muito tardia em relação aos resultados obtidos através da datação pelo rádio-carbono feita no local. O programa procurou mais possibilidades anteriores e encontrou outra conjunção como esta ocorrida em 321 a.C.

Na verdade, o programa encontrou outras dezoito conjunções triplas daqueles planetas entre 500 a.C. e 1000 dessa Era, conquanto apenas a conjunção ocorrida em 321 a.C. mostrasse os planetas alinhados na mesma ordem em que constam das inscrições do Templo do Sol e da forma como poderiam ter sido avistados de lá pelo observador que registrou o evento na época.

A conclusão de David Eccott, embora não tenha o objetivo de por fim à questão, é de que as inscrições do Templo do Sol são ogâmicas, descrevem um evento astronômico ligado à antiga religião dos povos celtas – Lugnasad e a época das colheitas, e provavelmente foi feita em 321 a.C. por pessoas faladoras das línguas celtas e praticantes dos seus rituais e crenças.

Outro pesquisador das inscrições ogâmicas existentes nos EUA é Barry Fell, que mantém um projeto de estudos sobre Ogams em diversas partes da

América, cujas imagens e artigos são bastante interessantes e podem ser consultados em seu site[42].

4.11 – O Ogam foi criado para a língua basca

O doutor em Letras Henri Guiter (1909 – 1994) da Universidade Montepellier, França, especialista na língua catalá, defendeu a tese de que o Ogam teria sido criado para a língua basca.

Guitter utilizou-se do estudo do geneticista Dr. Cavalli Sforza, que no seu artigo "Os Genes dos Povos e das Línguas" publicado na edição de novembro de 1991 pela revista Scientific American, concluiu através do fator Rh-negativo do sangue que os habitantes da Escócia e Irlanda tinham a mesma taxa de proporção de incidência do Rh-negativo que os habitantes bascos da Espanha. Este estudo ficou conhecido como "Evidência do Rh-negativo".

Em que pese existirem muitos nomes geográficos na Escócia e Irlanda que podem ser traduzidos a partir do dicionário basco, partindo-se do princípio de que houve uma migração intensa de celtas que saíram da Gália, bem como da Península Ibérica em direção à Grã-Bretanha em 800a.C. e 500a.C., não é de se estranhar que existam nomes de lugares nas ilhas que sejam de origem celtibérica.

No entanto, esse fato histórico por si só não comprova que o Ogam tenha sido criado para a língua basca, restando esta teoria inconclusiva.

4.12 – O Ogam foi criado a partir do hebraico

O pesquisador e escritor Alan Griffiths[43], da Universidade de Leiden, Holanda, analisou os nomes ligados aos caracteres usados no Ogam irlandês e nas Runas Germânicas, e acredita terem sido cunhados seguindo a tradição do alfabeto hebraico de dar nomes às letras, interpretando esses nomes como sendo significativos, da mesma forma que consta em escritos hebraicos antigos e em trabalhos rabínicos.

Sua conclusão foi que o Ogam e as Runas teriam sido criados a partir do hebraico, provavelmente tomando o próprio Auraicept como inspiração,

---

42 www.equinox-project.com.
43 "A Family of Names: Rune-names and Ogam-names and Their Relation to Alphabet letter-names".

já que essa obra cita que o Ogam teve origem na Torre de Nimrod ou Torre de Babel, fato esse que, para o autor dessa tese, atribuiria ao Auraicept e ao próprio Ogam conotações bíblicas.

Essa é uma hipótese isolada e razoavelmente recente em relação aos estudos sobre o Ogam, que não foi sequer considerada pelos acadêmicos, embora seja bastante interessante.

4.13 - Outras teses sobre a origem do Ogam

Existem outras teorias acerca da origem do Ogam, conforme consta da obra do professor McManus[44]:

a) Neill argui que a escrita ogâmica foi criada como forma de repulsa à Roma, uma expressão deliberada do sentimento anti-romano.

Somente por curiosidade, segundo Derolez, uma aversão ao "Herrenvolk" e a necessidade de demonstrar o caráter e a independência germânicos também foram sugeridos como estímulos para as Runas.

b) Carney sugere que o Ogam deve ter sido trazido à luz por necessidades políticas ou militares como cifras desenvolvidas para não serem compreendidas por aqueles que tinham conhecimento do alfabeto latino, algo como uma criptografia de guerra. Entretanto, McManus entende que a estrutura interna do alfabeto sugere a escola gramática mais do que a academia militar.

c) O renomado professor John Rhys defendia que o Ogam teria evoluído de um alfabeto antigo fenício, cujo sistema alcançou sua maturidade na Bretanha (ilhas britânicas), sendo posteriormente introduzido na Irlanda.

d) Diack defendia que o Ogam era uma reescrita das letras do alfabeto latino em outra ordem, enquanto Binchy acreditava que o Ogam era uma forma muito desajeitada, se não confusa, de representar o alfabeto latino.

---

44 Capítulo 2, "A Guide to Ogam".

4.14 – Conclusão sobre a origem do Ogam – Teoria de L.M.Black

Como pode-se observar de todos os estudos citados acima, ainda hoje existem discussões e novas pesquisas sobre a origem do Ogam, pois ninguém conseguiu provar definitivamente onde, quando, para qual função e por quem foi criado.

No entanto, de todas as hipóteses, as de Michael-Geráld Boutet e David Eccott, sendo essa última um estudo com o único objetivo de demonstrar que existem inscrições ogâmicas antigas na América, somando-se a elas os maravilhosos trabalhos de Marija Gimbutas, são minhas preferidas, e vêm ao encontro do que aprendi e tenho praticado durante toda minha vida.

Enquanto a humanidade manteve como figura central a deusa-mãe e consequentemente a mulher, período este que Gimbutas chamou de Europa Antiga, havia mais conhecimento, crescimento e equilíbrio.

A partir do momento em que os homens decidiram tomar o poder pela força, impondo a figura do deus agressivo e impiedoso, a destruição e a ignorância varreram a Terra, e até hoje a assolam.

Quanto ao Ogam, nunca tive dúvidas de que é muito mais antigo do que os estudiosos têm proposto, pois no meu entendimento, teve origem a partir da língua-mãe, não a PIE, mas a língua do continente perdido de Mu – Atlântida e Lemúria, trazida pelos primeiros habitantes da Terra há milhões de anos, linguagem essa que os celtas aprenderam a usar da mesma forma como sabiam utilizar os Círculos de Pedras como observatório astronômico e para seus rituais, embora não os construíram.

Os vinte e cinco símbolos ogâmicos são chaves que abrem portais multidimensionais, propiciando diversas possibilidades como habilidades, potenciais, curas, conhecimento, iluminação, sabedoria, visão do futuro, autoconhecimento, e tudo mais que aquele que sinceramente se dedicar ao seu estudo e prática almejar alcançar.

Capítulo 5

O Ogam nas Sagas Irlandesas[45]

O professor McManus relata que as sagas irlandesas antigas estão repletas de passagens nas quais os personagens fazem usos do Ogam de diversas formas.

Muitos estudiosos atribuem grande importância a este material na qualidade de fonte de estudos do Ogam, asseverando que apesar de serem transcrições feitas por monges e clérigos cristãos entre os séculos 9 a 12, são narrativas antigas, bem anteriores à invasão e conquista romanas, período no qual se deu a introdução do alfabeto latino nas terras célticas, e portanto, são fatos que, ao que tudo indica, ocorreram nas terras célticas há muitos séculos e devem ser considerados, com a devida cautela por conta das distorções oriundas da limitada filosofia teológica dos monges que criaram esses manuscritos.

De acordo com o *In Lebor Ogaim* ou Tratado de Ogam, a primeira inscrição ogâmica foi um aviso enviado a Lug mac Ethlenn. Eram sete letras 'b' entalhadas em um pedaço de madeira de bétula que sua mulher deveria carregar com ela para protegê-la, caso contrário, seria levada sete vezes ao Outro Mundo ou *síd*. Por esse motivo, Beithe que é a Ogam associada à árvore bétula, seria a primeira Ogam.

McManus relata como primeira forma de aparição do Ogam nas sagas, aquela em forma de lápides funerárias. Obviamente, os monges introduziram essas narrativas nas sagas para distorcer seu conteúdo, atribuindo-lhes conotação e moral cristãs, pois tal costume, como dito anteriormente, é de origem romana, motivo este que justifica a extrema cautela ao se utilizar as informações contidas nestas transcrições.

Outro uso do Ogam que consta das sagas são as inscrições ogâmicas do nome do morto em sua memória, normalmente de uma heroína ou herói, pois dessa forma teria sido devidamente pranteado e honrado.

---

45 McManus, "A Guide to Ogam", p. 153.

Esse costume igualmente é oriundo dos romanos e, mais uma vez, foi implantado nas sagas celtas pelos clérigos.

No entanto, há nas sagas muitas referências de inscrições ogâmicas indicando o uso do Ogam em encantamentos.

No *Macgnímrada,* que são os feitos do conhecido herói Cú Chulainn quando era jovem, há uma passagem em que ele se depara com um pilar de pedra encimado com um anel de ferro, descrito como "anel dos feitos heroicos", no qual constava a inscrição ogâmica: "Se qualquer homem vier neste gramado e se ele for um guerreiro portando armas, é um tabu para ele deixar o gramado sem desafiar um único combate".

Essas inscrições eram, claramente, uma *geis* ou maldição[46]. O herói arremessou a pedra e o anel em um poço próximo e a água fechou-se sobre eles.

Em outra passagem, Cú Chulainn escreveu com Ogam em um pedaço de junco/ vime e o colocou sobre o topo de um pilar de pedra, para impedir o avanço dos exércitos da rainha Mebd sobre o Ulster.

As inscrições diziam: "Ninguém deixe passar até que um homem seja encontrado para arremessar um vime feito de um galho da mesma forma que este com uma mão". Com a intenção de conter o avanço de Ailill e do exército da rainha Mebd, Cú Chulainn em outra parte da narrativa derrubou um carvalho no caminho deles, e escreveu com Ogam que ninguém deveria passar pelo carvalho até que um guerreiro saltasse sobre ele em uma carruagem/biga. Trinta cavalos falharam na tentativa e trinta bigas foram destruídas.

Existem muitas outras passagens interessantes e observa-se que nestes encantamentos, a espécie da madeira era tão importante quanto as próprias inscrições ogâmicas do encantamento em si, influenciando diretamente no bom resultado ou não do feitiço.

Além disso, existem nas sagas os usos do Ogam como oráculo. Em determinado conto, Étaín desapareceu e ninguém era capaz de encontrá-la. O druida Dallán foi consultado e "ele fez quatro varas de teixo e escreveu Ogam nelas e foi revelado a ele através das suas chaves de ciência e através do seu Ogam que Étain estava no *síd* de Brí Léith[47] e foi levada por Midir."

Em outro conto, Corc foi banido da Irlanda por ter sido acusado injustamente de tentar seduzir uma mulher casada, e foi para a Escócia. Lá chegando, encontrou seu amigo Gruibne, poeta de Fedarach, rei da Escócia. Gruibne viu inscrições ogâmicas, *ogam forgithe* ou "ogam oculto, criptográfico", no escudo de Corc, que lhe perguntou o que significavam. Gruibne explicou que

---

46 Saiba mais sobre as maldições célticas em Bruxas Celtas, Capítulo "Maldições Celtas".
47 *Síd* ou *Sidh* geralmente é o Outro Mundo celta, mas também pode ser uma fortaleza. No caso específico dessa saga, trata-se de um monte construído no Condado de Longford, Irlanda, chamado atualmente de Ardagh Hill.

era uma instrução para que se ele fosse até Fedarach de dia, ele deveria ser morto à noite, se chegasse à noite, deveria ser morto pela manhã.

Para proteger Corc, que lhe tinha salvo a vida em um incidente na Irlanda, Gruibne deu falsa conta ao rei sobre o que acontecera com Corc na Irlanda, interpretando diferentemente as inscrições, dizendo que se Corc chegasse de dia ele deveria ser dado à filha de Fedarach ao cair da tarde, e ele deveria dormir com ela pela manhã se chegasse à noite.

Estudando as sagas irlandesas, conclui-se que o Ogam sempre esteve associado à Magia entre os povos celtas, e somente os iniciados estavam aptos a fazerem uso desse poderoso instrumento mágico.

Capítulo 6

As Fontes Utilizadas Nesta Obra

6.1 – *Auraicept na n-Éces*

Auraicept na n-Éces[48], que pode ser traduzido como "A Cartilha dos Estudiosos" ou "O Livro Elementar dos Poetas", é uma compilação de manuscritos feita a partir do século 7 até o século 10 por monges cristãos.

Essa obra trata, principalmente, do Ogham ou Ogam enquanto gramática e seu uso na poesia, métrica. Está escrito em irlandês médio, mas a base pertence inteiramente ao período do irlandês antigo, e foi traduzido por George Calder para a língua inglesa.

O Auraicept foi escrito por quatro autores que McManus considera fictícios: Cenn Fáelad mac Ailella; Ferchertne Fili, o poeta legendário de Conchobar mac Nessa, o qual teria vivido na época de Jesus; Amairgein Glúngeal e Fenius Farsaid, além de outros dois autores que são mencionados - Íar mac Nema e Gaedel mac Ethiuir ou Goídel mac Ethéoir.

A versão de Calder traz o *In Lebor Ogaim* que significa "Livro de Ogams" ou "Tratado de Ogam" – "Ogam Tract", extraído do *Leabhar Bhaile na Mhóta* – "Livro de Ballymote", além do *Yellow Book of Lecan* ou "Livro Amarelo de Lecan" e o *Tre- fhocul* ou *Trefocul* contido no Livro de Leinster.

Há, ainda, o *Dúil Feda Máir*[49] ou "A Coleção das Grandes Letras" ou "A Coleção da Grande Madeira", o qual segundo a Royal Irish Academy está perdido, embora seja mencionado como fonte do Ogam por glossários irlandeses em todos estes manuscritos. No Tratado de Ogam constam as *Bríatharogaim* e o *Cíu Ollaman*[50], possivelmente uma forma antiga do tratado em métricas.

---

48 Versão de George Calder. Ver em Bibliografia. Você pode baixar a obra completa em: https://archive.org/details/auraicept-
49 P. 5416 do Auraicept.
50 P. 1204-4385 do Auraicept.

6.2 – O Livro de Ballymote e o Diagrama do Físico

O manuscrito mais conhecido que trata do Ogam como gramática e que traz mais de noventa tipos de Ogams escritos de diferentes formas é o *Leabhar Bhaile na Mhóta* ou Livro de Ballymote[51].

O manuscrito do Livro de Ballymote que existe na Royal Irish Academy é uma versão que contém elementos de genealogia, topográficos, bíblicos e hagiográficos (biografia de um santo, beato, etc), incluindo *Sex Aetates Mundi* (Seis Eras do Mundo), *Leabhar Gabhála* (O Livro das Invasões), *Leabhar na gCeart* (O Livro dos Direitos), *Dinnsheanchas*[52] (são histórias sobre lugares sagrados) e o alfabeto ogâmico, além da versão traduzida da Destruição de Tróia e a História de Felipe e Alexandre da Macedônia.

Abaixo estão os Ogams do Livro de Ballymote:

MS 23, P 12, f. 169f   MS 23, P 12, f. 169v

---

51 Imagens disponibilizadas pela Biblioteca da Royal Irish Academy, Dublin, Irlanda.
52 Sobre as Dinnsheanchas veja o capítulo "A antiga arte celta de contar histórias" na obra "Bruxas Celtas", de L.M.Black.

 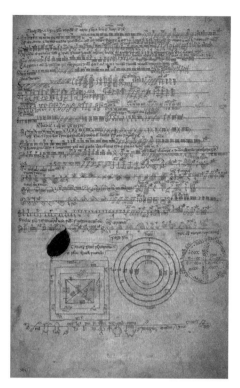

MS 23, P 12, f. 169f   MS 23, P 12, f. 169v

Observa-se das imagens que existem muitas formas de escrever o Ogam, como se fossem grafias de muitas pessoas, cada uma empregando seu estilo próprio.

O professor Macalister defendia que os Ogams contidos neste manuscrito tinham usos mágicos, embora não exista nenhuma anotação ou referência sobre isso nos documentos antigos.

Outro documento bastante interessante e pouco conhecido que alude ao Ogam em duas únicas páginas, é um manuscrito inglês do século 12, transcrito por um monge anglo-saxão chamado Byrhtferth (Byrhtferð).

Byrhtferth (970 – 1020) viveu no Mosteiro de Ramsey Abbey, em Huntingdonshire, Inglaterra. É especialmente conhecido por seu manuscrito *Enchiridium* ou Manual (Ashmoelan MS 328, British Library), um trabalho sobre o Computus[53] e a Numerologia, que deixou clara sua verdadeira obsessão por ordenar o Universo através de uma base numerológica.

O Volume 3 dessa obra aborda e instrui sobre os usos mágicos do Ogam, inclusive dos Ogams contidos no Livro de Ballymote.

---

53 Fórmula que as igrejas cristãs usam para calcular o dia da Páscoa.

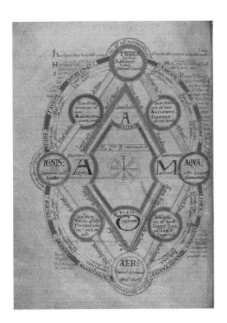 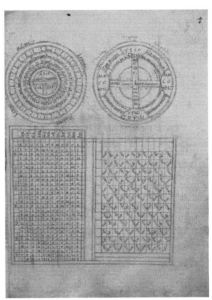

Folhas 7v e 8f do Ms Harley 3667, Biblioteca do St. John's College, University of Cambridge, Inglaterra.

6.3 - Bríatharogaim

McManus explica[54] que as *Bríatharogaim* ou "Palavras do Ogam" são como frases formadas por três conjuntos com duas palavras cada, que seriam como charadas escritas por três autores: Morann mac Moín, Mac ind Óc e Cú Chulainn.

São o equivalente às *kenningar* ou poemas rúnicos islandeses, aos quais os poemas rúnicos anglo-saxônicos são similares, mas com algumas diferenças em termos de estilo.

As Bríatharogaim teriam tido a função de circunlocuções ou enigmas propostos pelo mestre ao pupilo, assim como Gofraidh Fionn Ó Dálaigh endereçou uma série de questões aos aspirantes à poesia bárdica na obra *Immacallam in dá Thúarad*.

Através das Bríatharogaim, estes três autores descreveram cada uma das Ogams usando duas palavras-chave, e o professor McManus entende que é difícil dizer se são "muito simples" ou se são "crípticas", uma vez que estamos fora do contexto cultural da época em que tais enigmas foram criados.

Tudo indica que a função destas palavras-chave fosse conduzir o pupilo ao significado do nome da letra ogâmica, e elas poderiam ser um homônimo ou um som representado pela letra.

---

54 Artigo "Irish Letter-names and their kennings", p. 130.

Quanto à Forfeda, que é o quinto grupo de Ogams, o último autor deixou de fornecer enigmas para as quatro últimas letras.

McManus acredita que as Bríatharogaim pertençam ao período do irlandês antigo, entre os séculos 4 a 10 desta Era.

As Bríatharogaim dos dois primeiros autores aparecem no Tratado de Ogam de Calder da mesma forma como estão do Livro de Ballymote, enquanto a última foi localizada em dois manuscritos independentes.

Para o estudo linguístico das letras ogâmicas e do Ogam na qualidade de instrumento da Magia Celta, utilizei como fontes principais o Auraicept de George Calder, os trabalhos do professor Damian McManus, artigos do professor Howard Meroney e do iconógrafo e linguista Michel-Gérald Boutet, embora não concorde com as conclusões desses profissionais.

A partir do segundo volume dessa coleção, com exceção da análise linguística que consta de cada Ogam, recorri exclusivamente à minha Tradição Familiar de Magia Celta da Escócia.

Espero que minha obra esteja à altura de todos os renomados especialistas referenciados e das minhas ancestrais.

Capítulo 7

Os Monumentos de Pedras com Inscrições Ogâmicas

Conforme visto no Capítulo 4 "Ogam: o que é e qual a sua origem", existe ainda hoje controvérsias no meio acadêmico no que tange à época e lugar onde o Ogam surgiu. Contudo, pode-se afirmar que a escrita ogâmica tornou-se conhecida por volta do século 3 - McManus afirma ter sido a partir do século 4 da nossa Era, através das inscrições em monumentos de pedras, lápides e catedrais, seguindo o costume romano de erigir monumentos para homenagear vivos e mortos.

Esse costume caiu em desuso por volta do século 9 na Irlanda, e na Escócia, País de Gales e Inglaterra, por volta do século 12.

No entanto, como esclarecido anteriormente, no meu entendimento o Ogam é muito mais antigo. Consequentemente, acredito que os celtas não o tenham criado, e não me restam dúvidas de que não obstante, conheciam-no profundamente e utilizavam seu poder e sabedoria desde sempre, assim como procederam com os Círculos de Pedras.

Atendo-me exclusivamente aos povos celtas, cujo surgimento arqueológico e histórico foi fixado a partir de 1200 a.C., sabe-se que sua tradição era estritamente oral, sendo esse um dos motivos pelo qual druidisas, druidas, bardisas e bardos não deixaram registros acerca do significado dos símbolos ogâmicos.

Ademais, consideravam o Ogam tão sagrado que César relatou estarem os druidas proibidos por sua religião de usarem a escrita ogâmica, optando por empregar o grego e eventualmente o latim para se comunicarem entre si por cartas, com o intuito de evitar, inclusive, que o Ogam caísse nas mãos dos não-iniciados, das pessoas comuns, para que seu uso não se vulgarizasse.

Para mim, o Ogam era originalmente uma linguagem completa, empregada basicamente na forma de sinais e como um sistema mnemônico de sons, para que os neófitos da religião celta antiga pudessem gravar com mais facilidade e eficiência grande número de histórias, textos, poesias e informações, sendo eventualmente grafado somente nas práticas ritualísticas de Magia, e lançado como encantamentos. Esse foi outro motivo provável pelo qual os druidas não utilizavam a escrita: para que a mente não se acomodasse.

Segundo Connelly[55], a maior parte dos monumentos ogâmicos estão concentrados na Irlanda, totalizando trezentas e sessenta pedras ogâmicas. No País de Gales são trinta e cinco, na Escócia trinta e duas, na Cornualha cinco, Ilha de Man cinco, Condado de Devon duas e na Inglaterra uma pedra ogâmica. Existem, ainda, alguns poucos artefatos móveis com inscrições ogâmicas como pedaços de ossos e pedras pequenas.

Brandsbutt Stone, Escócia. Essa pedra mescla inscrições ogâmicas e símbolos pictos[56].

Pedra com inscrições ogâmicas, Poltolloch, Museu Nacional da Escócia[57].

"Bornais Bone Plaque", Escócia. Placa de osso com inscrições ogâmicas[58].

Pedra com inscrições ogâmicas e dois símbolos pictos, Ackergill, Museu Nacional da Escócia, Cat. No. X.IB.168[59].

Breastagh Sone, County Mayo, Irlanda[60].

---

55 P. 7, vide em Bibliografia.
56 Connelly, p. 41, imagem da Royal Commission on the Ancient and Historical Monuments of Scotland website.
57 Connelly, p. 4.
58 Imagem extraída do blog babelstone.blogspot.com.br/2013/06/ogham-stones-of-scotland.html, onde está disponível a localização de todos os monumentos ogâmicos da Grã-Bretanha e Irlanda, além de diversas fotos.
59 Connelly, p. 19.
60 Connelly, p. 96.

Capítulo 8

A Estrutura do Ogam ou Beithe-Luis-Fern

O nome *Beithe-Luis-Fern,* no *Auraicept Beithe Luis Nin* (as duas primeiras letras e a quinta) foi criado, como se pode observar, a partir dos nomes das letras, da mesma forma que o nome "alfabeto" deriva da primeira e segunda letras gregas "alfa" e "beta".

McManus[61] explica que no Tratado Gramatical Irlandês, as letras são nomeadas *In Beithe-luis,* mas anteriormente, como por exemplo no Auraicept, o nome do quinto caractere era incluído no título - *Beithe-luis-nin ind Ogaim.*

O termo Ogam por si só é usado genericamente para o sistema inteiro, enquanto *Beithe-luis-nin* refere-se ao *Cert-ogam* ou "Correto-Ogam". Mais tarde, o uso do nome Ogam desenvolveu o significado de "escrito" em irlandês, em oposição a "falado".

Usarei o nome "Beithe-Luis-Fern" para me referir às letras em si e "Ogam" para todo o conjunto: letras ou símbolos e seus significados.

O Beithe-Luis-Fern era formado originalmente por vinte letras ou *feda,* singular *fid,* que significa "madeira, árvore", divididas em quatro *aicmi* (plural de *aicme*), que segundo McManus significa "família, classe, grupo", os quais são nomeados a partir da primeira letra - *Aicme Beithe, Aicme hÚatha, Aicme Muine e Aicme Ailme,* também chamados de Grupo B, Grupo H, Grupo M e Grupo A.

Ainda segundo McManus, posteriormente foi acrescentado ao Ogam o quinto grupo, conhecido como *Forfeda,* passando a ser escrito como *Foirfeadha* que significa "Letras Suplementares", também chamadas de *Aicme na Forfed* – "O Grupo das Letras Suplementares", o que demonstraria sua posição secundária no sistema. Esse grupo teria sido criado para acomodar sons estrangeiros.

Fid também remete às vogais, enquanto que as consoantes são chamadas *táebmnai – táeb* = lado, *omnae* = tronco de uma árvore.

---

61 P. 3 do livro "A Guide to Ogam".

Táebomnai seria um termo baseado, aparentemente, na orientação dos símbolos consonantais em relação à haste ou linha principal, a qual posteriormente ficou conhecida em irlandês como *druim* = borda, aresta, beirada, e uma única marca de uma letra é nomeada *flesc* = ramo, no irlandês moderno *fleiscín* = hífen.

Cada *fid* é composta por pequenos entalhes que marcam uma barra normalmente vertical – o *druim,* em que pese terem sido observadas barras horizontais entalhadas em pedra, madeira e osso mais raramente.

O Ogam era escrito verticalmente nas pedras, provavelmente porque era mais fácil entalhar acompanhando o sentido do veio da pedra, sempre de baixo para cima da seguinte forma: Aicme B – riscos horizontais para a direita, Aicme H – riscos horizontais para a esquerda, Aicme M - linhas transversais oblíquas à linha principal e Aicme A - riscos que atravessavam a barra principal. O *Forfeda* é composto por símbolos mais elaborados, ao que tudo indica, por ter sido pouco utilizado.

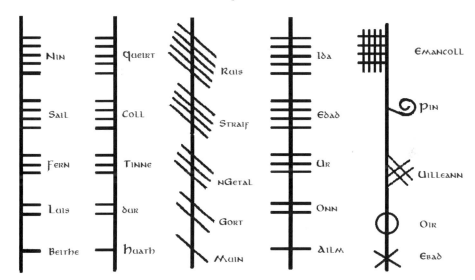

Ogam Vertical - Lady Mirian Black

O costume de usar o Beithe-Luis-Fern na horizontal teve início entre os monges gramáticos, que escreveram a respeito do Ogam, sem, no entanto, usarem as letras Ogam, apenas demonstrando que seria escrito da direita para a esquerda, deixando diversos manuscritos a partir do século 7 até o 14.

Como explicado anteriormente, muitas destas fontes se perderam devido à ação do tempo, sobre as quais somente temos conhecimento através de outros manuscritos que lhes fazem referência.

Para escrever com as letras ogâmicas na horizontal, no início e no final de cada frase era aposto um sinal, um 'v' deitado em ambas as direções, nomeado eite ❯ quando no início da frase e *eite thuathail* ❯ quando no final, além de um traço vertical de nome *spás* | ou "ponto", eventualmente usado para representar espaços entre as palavras.

McManus[62] transcreveu um trecho do Auraicept na nÉces que descreve a estrutura do Ogam e esclarece por que o Ogam era escrito originalmente na vertical: *Is ed a llín: cóic aicmi Oguim – cóicer cacha aicme – o óen a cóic cach aí, con- da deligitar a n-airde. It hé a n-airde: desdruim, túathdruim, lesdruim, tredruim, imdruim. Is amlaid im-drengar Ogum amal im-drengar crann .i. saltrad fora frém in chroinn ar tús – do lám dess remut – do lám clé fo déoid. Is íar-sin is leis – is fris – is trít – is immi.* "Estes são os números deles: [há] cinco grupos de Ogam e cada grupo [tem] cinco [letras] e cada um deles [tem] de uma a cinco [marcas], e suas orientações as distinguem. Suas orientações são: à direita da barra, à esquerda da barra, cruzando a barra, através da barra, em torno da barra. [O] Ogam é lido como uma árvore é escalada, i.e., trilhando a rota da árvore primeiramente com a mão direita e com a mão esquerda depois. Depois disso é em frente e ao encontro dela e através dela e em torno dela."

Segue a minha versão do Ogam, que chamei de Black Beithe-Luis-Fern. Para o Black Beithe-Luis-Fern, utilizei o Ogam n° 89 do Livro de Ballymote, e associei as letras ogâmicas às letras latinas, adaptando-as para a língua portuguesa, pois as obras consultadas são do exterior, e seus autores fizeram a associação das letras ogâmicas com o alfabeto latino considerando seus idiomas de origem, que no caso, era a língua inglesa. Tais associações não guardavam muita relação com a língua portuguesa, motivo pelo qual, após amplos estudos pude concluir quais letras do alfabeto latino de acordo com a língua portuguesa podem ser associados às letras ogâmicas.

---

62 P. 3 do livro "A Guide to Ogam".

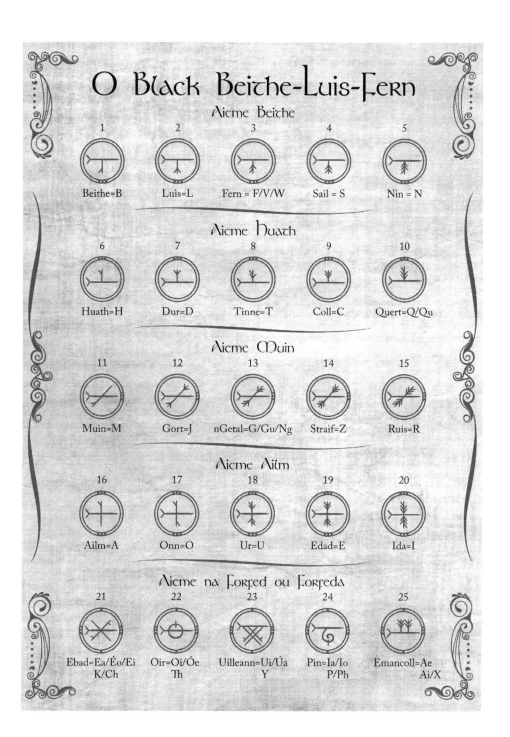

Coruja Celta, Bianca de Triana Franco.

Parte 4

Ogam:
Um Grande Oráculo

Capítulo 9

Criando seu Ogam

A consagração do Ogam deverá ser executada no Samhuinn, que no hemisfério sul ocorre durante três noites: 30 de abril, 01 e 02 de maio. Caso você prefira seguir a Roda do Norte, será em 30, 31 de outubro e 1º de novembro.

Nessa época do ano, você pode consagrar seu baralho Ogam ou Ogams que você mesmo poderá confeccionar. Caso deseje fazer seu Ogam, o período propício é a partir do Equinócio de Outono. Do Equinócio de Outono até a noite de Samhuinn, você deverá escolher o galho de árvore, os cristais e fazer sua limpeza, ou escolher qualquer outro material que lhe agrade como massa de biscuit, argila, metal, dentre outros. Nesse período, você também precisará fazer em suas peças o desenho de cada símbolo.

Se você escolher cristais, limpe-os antes de começar a trabalhar com eles, deixando-os sobre a terra durante três noites de Lua minguante. Depois, lave-os com água doce (chuva, cachoeira, rio, poço, filtrada), seque-os e mantenha-os guardados no gorsedd (altar celta) ou em local onde ninguém possa tocá-los. Nunca limpe seus cristais deixando-os de molho em água com sal grosso, pois o sal agride o retículo cristalino, minando a capacidade do cristal de transmutar energias negativas e de emanar energias positivas.

Enquanto limpa e prepara a matéria-prima para criar seu Ogam, leia atentamente o significado de todos os símbolos ogâmicos para conhecer melhor seus poderes.

O ideal é que além de conhecer o significado das Ogams como oráculo, conheça também os significados das Ogams para o Mapa Ogâmico (Volume 2 dessa coleção), na Magia (Volume 3) e para cura (Volume 4).

Em seguida, escolha a Ogam pela qual iniciará, pois não é necessário começar pelo primeiro símbolo, podendo escolhê-los aleatoriamente a cada noite (horário propicio para a confecção do oráculo, mas pode ser durante o dia se você preferir). Não esqueça que deverá observar uma limpeza/purificação que usamos na Tradição de Magia Celta do meu clã, e que ensinarei a seguir - a glannad.

Recolha-se para preparar o Ogam. Escolha uma letra/símbolo e leia seus significados novamente em todos os aspectos, dessa vez em voz alta. Medite por alguns instantes concentrando-se nas imagens, ideias, sentimentos e sensações que aquele símbolo, árvore e significado despertam em você. Não se apresse.

Quando tiver apreendido o significado do símbolo, desenhe-o na peça falando em voz alta com suas palavras o que aquela letra ogâmica significa para você.

Caso decida trabalhar com massa de biscuit ou argila, precisará confeccionar todas as Ogams de uma vez, pois esses materiais uma vez expostos ao ar, começam a secar. Crie todas as peças do Ogam de uma só vez, mas imante-as com a energia do símbolo ogâmico uma por noite, seguindo as instruções acima.

Tratando-se de madeira, cristal ou argila, se decidir envernizar suas peças depois prontas, poderá fazê-lo uma a uma ou todas de uma vez. Lembre-se que após a consagração do Ogam no Samuinn, você não poderá acrescentar nada mais às peças e nem ao local onde serão guardadas (saco de tecido, caixa etc).

No caso do baralho de Ogam, limpe-o envolvendo-o com incenso e prepare-o da mesma forma indicada acima antes da consagração, isto é, medite ao menos uma noite com cada símbolo, apreendendo seus significados.

9.1 – Tipografias ogâmicas para criar seu Ogam

No Livro de Ballymote existem cerca de noventa tipos de Ogams diferentes, que poderiam ser usados para criar seu Ogam. Entretanto, aqueles Ogams possuem usos mágicos e nem todos trazem energias leves, motivo pelo qual, sugiro que, se optar por confeccionar seu Ogam, use os símbolos do Ogam 89 do Livro de Ballymote, que é o mesmo que usei para o Black Beithe-Luis-Fern e para o baralho de Ogam, ou pode usar o Ogam simples conforme consta a seguir[63]:

---

[63] Você pode criar seu Ogam com os símbolos ao lado que são mais simples, com os símbolos que usei nas cartas Ogam - p.75, que são mais trabalhados, ou com os símbolos do Ogam Vertical mostrado na p. 73. Use sua criatividade.

BLACK BEITHE-LUIS-FERN
Lady Mirian Black

Aicme Beithe

Beithe — Luis — Fern — Sail — Nin

Aicme Huath

Huath — Dur — Tinne — Coll — Quert

Aicme Muin

Muin — Gort — nGetal — Straif — Ruis

Aicme Ailm

Ailm — Onn — Ur — Edad — Ida

Forfeda

Ebad — Oir — Uilleann — Pin — Emancoll

9.2 – Como confeccionar seu Ogam

Seu Ogam pode ser criado pintando ou entalhando os símbolos em peças de madeira, em cristais rolados, usando argila, massa cerâmica, massa de biscuit, metal, etc.

Se decidir usar cristais rolados, que ficam muito bonitos, você pode desenhar os símbolos com tinta vitral, tinta plástica ou esmalte para unhas. Sinceramente, sempre uso o esmalte, pois é mais durável e o acabamento fica perfeito.

Aguarde duas horas após pintar os símbolos com o esmalte e envernize--os com base para unhas (somente sobre os símbolos e à sua volta, não passe no cristal inteiro), evitando que descasquem pelo atrito.

Pode-se usar, ainda, tinta guache para pintar os símbolos nas pedras. Quando pinto seixos de rio, que são marrons, costumo usar tinta guache dourada ou preta, desenhando os símbolos com a ponta de um palito como aquele usado para fazer unhas, que é bem mais fácil e os símbolos ficam bem desenhados. Nesse caso, espere vinte e quatro horas para envernizar os símbolos com a base para unhas.

Depois de passar a base, aguarde vinte e quatro horas para guardar seus Ogams, para não grudarem uns nos outros.

Como gosto muito de oráculos, tenho vários Ogams. Além do baralho Ogam e dos meus Ogams em seixos de rio e cristais rolados, fiz dois Ogams em madeira. Peguei um galho seco (pedi autorização às fadas para retirá-lo do chão), cortei-o em rodelas, lixei a superfície de cada uma levemente. Em um jogo, pintei os símbolos com guache azul e no outro, entalhei. Envernizei só um deles com goma laca, apenas para dar um efeito vitrificado e o outro deixei ao natural.

Confeccionei, ainda outro conjunto com massa de biscuit preta, desenhando os símbolos com um palito. Todos ficaram maravilhosos!

Existem inúmeras outras formas de fazer o Ogam. Você pode usar pequenos gravetos entalhados longitudinalmente (existem exemplares maravilhosos na internet) ou pode criar um "dado ogâmico".

Para o "dado ogâmico", use um pedaço de madeira retangular ou outro material cortado de forma cilíndrica com cinco lados. Em cada um dos lados faça de um a cinco entalhes numa barra central.

Ao consultá-lo, na primeira tiragem o símbolo que ficar voltado para cima mostra o Aicme, e na segunda tiragem, o símbolo para cima referir-se-á à Ogam correspondente àquele Aicme.

Tenho um desses feito de carvalho por um amigo e é bastante prático. Não importa como você fizer o seu Ogam, faça-o de coração e você terá um belo oráculo.

Quanto ao baralho Ogam, as cartas foram desenvolvidas por mim inspiradas na Arte Celta contida no Livro de Kells (veja sobre esse maravilhoso livro no Anexo ao final desta obra), o qual poderá ser adquirido em qualquer livraria[64]. Caso você o adquira, deverá fazer a limpeza e a consagração conforme orientações que constam do próximo capítulo.

Depois de pronto e consagrado, guarde seu Ogam em um saquinho de veludo, ou, no caso do baralho, embrulhado em um lenço. Sugiro a cor azul-claro, que representa a deusa, ou vermelho e branco que eram consideradas cores divinas pelos celtas e, quando associadas, representavam as bênçãos e a proteção do Outro Mundo. Não obstante, a cor fica a seu critério.

O Ogam para uso oracular será consagrado durante o Samuinn. O Outono é a melhor época para a criação e estudo aprofundado de todos os oráculos e não só do Ogam, como dito anteriormente, vez que esta estação favorece o contato com o mundo espiritual, aflora e amplia os dons de Magia.

Não obstante, nada impede que você confeccione seu Ogam em qualquer época do ano, desde que o consagre no Samuinn. Até lá, aproveite para estudar as Ogams e se familiarizar com seus profundos e ricos significados e ensinamentos.

Durante o período de criação do Ogam, procure manter sua vibração elevada, realizando a glannad (veja adiante) por todo o tempo em que estiver confeccionando as peças do Ogam.

Enquanto estiver confeccionando seu oráculo, permanecerá em contato com as energias que os símbolos ogâmicos invocam e cada pessoa reage de forma diferente a essas influências.

Quando confeccionei meus Ogams (fiz vários jogos de uma vez), não consegui trabalhar mais do que um símbolo por noite, pois conectava-me tão profundamente com a energia daquela Ogam, que não fui capaz de me desligar adequadamente para passar para a próxima. Resultado: demorei mais de um mês para terminá-los mas certamente foi compensador, pois criei Ogams realmente encantados com as energias das árvores sagradas, fadas, guardiões e deuses.

---

64 Também está disponível no site da Ogma Boosk www.ogmabooks.com.br.

Capítulo 10

A 'Glannad' Para Confeccionar e Consagrar seu Ogam

A *glannad* é uma limpeza, uma purificação praticada na Magia Celta, à qual costumo me submeter regularmente, mas especialmente antes de praticar rituais e encantamentos.

Essa limpeza é mais eficiente quando realizada durante três noites de Lua minguante, mas também pode ser executada vinte e quatro horas antes da noite em que planeja realizar um ritual, independentemente da fase lunar.

Tratando-se de uma limpeza bastante eficiente, a glannad pode ser executada em qualquer tempo com o único objetivo de se purificar espiritualmente, para limpar seu espírito e aura de toda e qualquer energia negativa quando você sentir necessidade.

Na minha Tradição Familiar de Magia Celta, a glannad (pronuncia-se glann-ud), palavra gaélica que significa "purificação, limpeza", inclui a limpeza interna. Assim, durante a glannad você não poderá ingerir nenhum tipo de carne (vermelha ou branca), procurando manter hábitos alimentares saudáveis e naturais tanto quanto possível, evitando produtos industrializados e artificiais, bem como alimentos pesados como frituras, bebidas alcóolicas, tabagismo, etc.

Durante a glannad, não poderá manter relações sexuais ou contatos íntimos, para que sua energia fique preservada. Era assim que druidisas, druidas, sacerdotisas e sacerdotes se preparavam para as grandes celebrações e rituais.

A glannad envolve, ainda, e principalmente, a limpeza mental e espiritual, que significa não pensar, sentir ou falar coisas negativas. Estão proibidas as palavras de baixo calão, os maus pensamentos, a maledicência, os sentimentos de rancor, vingança, inveja, comentários sobre a vida alheia, etc.

Você deverá manter-se tranquilo, procurando evitar nervosismo e agitação. Sei que é difícil no dia a dia evitarmos o estresse, mas esse estado de tranquilidade e equilíbrio deve ser um exercício constante.

A glannad pode ser efetuada pela água, fogo, ou caldeirão.

10.1 – *Glannad* com água

Colete água preferencialmente de alguma fonte natural - rio, cachoeira, mar ou chuva. A água da chuva é minha opção preferida, à qual costumo ter acesso com facilidade. Após a primeira pancada, que é mais ácida, coloco no quintal um recipiente de vidro para coletar a água de chuva. Coo com filtro de papel (aquele usado para café) e armazeno a água em garrafas de vidro, usando-a para diversos fins (menos para beber, claro).

Quando estiver terminando seu banho de higiene, faça uma prece elevando seu pensamento e coração aos deuses, desligue o chuveiro e derrame sobre sua cabeça a água coletada.

Não a aqueça e não a coloque em contato com metal, procurando também evitar o plástico. Procure usar recipientes de vidro, cerâmica, barro ou madeira. Seque-se delicadamente e recolha-se em seguida.

Caso use água do mar, providencie uma garrafa com água filtrada. Após derramar a água do mar sobre si, derrame a água filtrada para retirar o sal do corpo. De qualquer forma, entendo que a água doce é a mais indicada para essa glannad, porque você não precisará usar água filtrada depois, o que torna a limpeza mais eficaz.

A glannad com água é muito eficiente. O ideal é não deixar passar muito tempo entre a coleta da água e seu uso. Procure manter a água natural longe de aparelhos eletroeletrônicos e de tomadas, pois as moléculas de água absorvem energias com facilidade e as energias geradas artificialmente distorcem e corrompem a energia natural e elevada da água.

10.2 – *Glannad* com tocha

Essa glannad e a próxima, que envolvem o uso do fogo, só podem ser feitas em locais abertos, como um quintal ou jardim. Jamais faça essa limpeza dentro de casa, não só por motivos de segurança, mas também porque corre-se o risco de a energia não ser totalmente transmutada para o Outro Mundo, permanecendo no ambiente.

Em um bosque, parque, jardim, peça licença ao guardião daquele local e às fadas, e escolha um galho seco de árvore que já esteja no chão. Amarre na ponta uma faixa pequena de pano velho ou gaze.

Durante a noite, antes de se deitar, tome seu banho de higiene, dirija-se a um local externo, molhe o pano com álcool, acenda-o e passe a tocha em torno de si quantas vezes entender necessário, sempre no sentido horário, pois o fogo é um grande transmutador de energias e, ao mesmo tempo em que retira as energias negativas traz energias purificadas.

Escolha um galho comprido o suficiente para manter o fogo a uma distância segura de você, evitando acidentes. Se você tem cabelos compridos, prenda-os e coloque-os dentro da roupa.

Se outra pessoa puder passar a tocha ao seu redor, sempre mantendo distância segura, será bem melhor. Você também pode colocar o galho no chão e circundá-lo, andando ao redor e girando sobre seu próprio eixo.

Quando terminar, finque a tocha na terra ou deixe-a no chão até que termine de queimar sozinha ou apague, e recolha-se. Mais uma vez, cuide para que a tocha fique longe de qualquer coisa que possa pegar fogo, como plantas, móveis, etc. Procure se assegurar de que a tocha apagou antes de se recolher.

10.3 – *Glannad* com o caldeirão ou com vela

Outra forma de glannad é pegar alguns gravetos (peça licença às fadas) para fazer uma pequena fogueira no chão ou dentro do seu caldeirão. Ao invés dos gravetos, você pode acender dentro dele uma vela azul-claro, que é a cor da Grande Mãe.

Como na glannad com a tocha, essa limpeza deve ser feita ao ar livre. Acenda o caldeirão e caminhe ao redor três, sete ou nove vezes em sentido anti-horário, fazendo uma prece que lhe agrade e mentalizando que toda a energia negativa que a rodeia e que eventualmente estiver dentro de você está sendo eliminada pelo fogo. Gire sobre seu próprio eixo de forma que o fogo ilumine todo o seu corpo.

Após, caminhe o mesmo número de vezes em torno do caldeirão, agora em sentido horário, trazendo com as mãos a energia do fogo para si, mentalizando que a Grande Mãe e o Grande Espírito o estão purificando e abençoando, recebendo a força e a vitalidade do fogo. Quando terminar, recolha-se, sempre observando se o caldeirão está em local seguro, longe de qualquer coisa que possa pegar fogo. Deixe o fogo apagar sozinho e no dia seguinte, dispense as cinzas na terra (pode ser em um jardim ou vaso de plantas).

Se não tiver caldeirão e não puder usar a tocha ou acender uma fogueira, acenda uma vela azul-claro num prato no chão, preferencialmente do lado externo da casa, mas também pode ser dentro de casa se não tiver outra opção. Realize o mesmo ritual de rodear a vela em sentido anti-horário e depois horário. Deixe a vela em local seguro até terminar de queimar.

Capítulo 11

O Talismã de Fedelm[65]

Na minha tradição de Magia Celta, existe um talismã – o talismã de Fedelm, cuja função é a de ampliar a segunda visão durante a leitura de qualquer oráculo, além de proteger o oraculista contra eventuais energias negativas do consulente, pois sabe-se que a manipulação de oráculos demanda intenso fluxo vibracional de ambas as partes.

Normalmente, quem está lendo e interpretando o oráculo transmuta, conquanto às vezes seja alvo, de energias negativas trazidas pelo consulente como tristeza, desespero, mágoas, medos.

Em muitas ocasiões em que li oráculos, o consulente estava abatido, por vezes parecia exausto, relatava sentir-se mal, e ao término da consulta mostrou-se totalmente renovado, bem-disposto, altivo.

Portanto, o oraculista precisa se proteger muito bem para não absorver toda esta carga, bem como para não ser sugado energeticamente.

Ao preparar e consagrar corretamente um talismã, ele passa a emanar todo o poder que sua simbologia invoca, poder esse canalisado pelo talismã diretamente do Outro Mundo.

No caso do Ogam e do talismã de Fedelm especificamente, tenha em mente que se trata de símbolos ancestrais que foram criados para representar as energias sagradas da Natureza e do Outro Mundo, captadas e trazidas até os humanos pelas árvores sagradas que para os celtas eram verdadeiras antenas capazes de receber e amplificar essas poderosas vibrações e sabedoria do mundo espiritual, daí sua associação com elas.

Esse é um dos motivos pelo qual é preciso conhecimento e respeito para lidar com o Ogam, que certamente não poderá ser usado para prejudicar ninguém.

Outro bom motivo para você respeitar profundamente o Ogam e seus símbolos sagrados é o fato de que existem há milênios e quando acessados e trabalhados, desencadeiam muito poder, já que são portais multidimensionais.

---

[65] Saiba mais sobre o poder dos talismãs e amuletos ogâmicos no Volume 3 desse Tratado "Magia e Sigilos Ogâmicos".

O *daoine sìth* (povo das fadas) e os seres encantados reconhecem estes símbolos e são atraídos por suas vibrações, o mesmo ocorrendo com os Guardiões encantados e de Magia, que são chamados pela luz dos símbolos ogâmicos ao serem traçados, mentalizados, visualizados em rituais, encantamentos, lançados em uma leitura de Ogam, etc. Consequentemente, sugiro que você estude e domine bem os significados das Ogams antes de manipulá-las.

O talismã de Fedelm e a corrente para usá-lo, que deverá ser comprida o suficiente para ser colocada no pescoço sem abrir, deverão ser consagrados durante o Samuinn, juntamente com o seu Ogam, se você assim o desejar. Se já tiver consagrado seu Ogam, consagre o Talismã de Fedelm seguindo o ritual a seguir.

Não é obrigatório criar este talismã, conquanto além de protegê-lo, facilitará sua conexão com o Outro Mundo, com o Inconsciente Coletivo e com o inconsciente do consulente, tornando sua leitura do Ogam muito mais abrangente e eficaz.

Este talismã pode ser feito da mesma forma que o Ogam, isto é, de qualquer material de sua preferência, inclusive metal. Nesse caso, quando recebê-lo (se não for você quem o fizer), limpe-o antes da consagração. Se você criá-lo junto com seu Ogam, faça-o após a última peça do seu jogo.

O talismã de Fedelm é preferencialmente redondo. No centro, entalhe a sua Ogam da Essência, que pode ser encontrada somando-se sua data de nascimento.

Em seguida, escreva três símbolos ogâmicos: acima da Ogam da Essência escreva Sail (dons de Magia, a bebida preciosa), abaixo da Ogam da Essência, do lado direito de quem olha o talismã de frente desenhe Coll (conhecimento e sabedoria) e do outro lado Luis (proteção encantada dos dragões e serpentes).

Se você tiver um pingente redondo ou arredondado que lhe agrade, poderá limpá-lo e desenhar as Ogams nele, tornando-o seu Talismã de Fedelm.

O uso do Talismã de Fedelm é exclusivo para a leitura e interpretação de oráculos (qualquer oráculo), portanto, pode ser guardado com o Ogam ou com outros oráculos que você possua.

11.1 – Como calcular sua Ogam da Essência

Esse assunto é abordado mais profundamente no Volume 2 desse Tratado "Mapa Ogâmico". A Espiral da Essência no Mapa Ogâmico mostra quem é você, suas características, dons, habilidades, desafios, como você age e reage perante si mesmo, perante os outros, perante a vida e o mundo.

Para calcular sua Ogam da Essência, que ocupa a Espiral da Essência no Mapa Ogâmico, some sua data de nascimento completa. Caso você esteja familiarizado com a Numerologia, essa soma é feita de forma diferente, pois a Numerologia considera os números 1 a 9, 11, 22 e 33, enquanto no Ogam, consideramos 1 a 25, que é o número de Ogams que existe no Beithe-Luis-Fern.

A soma será feita com os números cheios, obtendo-se um número com quatro algarismos, para somente então, reduzi-lo a um número único ou até 25. Ex.: alguém que nasceu em 05/11/1967. Heis a conta:

$$\begin{array}{r} 5 \\ +\ 11 \\ +\ \underline{1967} \\ 1983 \end{array} \qquad 1 + 9 + 8 + 3 = 21$$

A Ogam da Essência nesse exemplo é a Ogam 21 – Ebad.

Após calcular sua Ogam da Essência, consulte no Black Beithe-Luis-Fern na página 75 qual é a sua Ogam da Essência para confeccionar seu Talismã de Fedelm. Para saber mais sobre suas características e para conhecer seu Mapa Ogâmico, leia o Volume 2 desse Tratado. Tenho certeza que você se surpreenderá!

Seu talismã ficará assim:

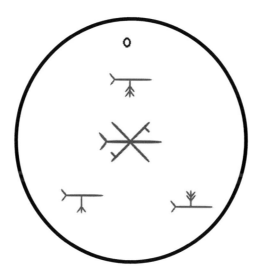

Obs.: Caso sua Ogam da Essência seja Dur, na Magia Ogâmica não fazemos uso de Dur como talismã, pois assim como os carvalhos atraem raios, Dur também os atrai (espirituais, principalmente). Todavia, no caso do Talismã de Fedelm, você poderá desenhar Dur no centro sem receio, pois atuará como sua assinatura espiritual energética, não havendo risco de atrair para você energias indesejadas.

Capítulo 12

Ritual de Consagração do Ogam e do Talismã de Fedelm

O Talismã de Fedelm será consagrado com o Ogam na noite de Samuinn. Caso você já tenha consagrado seu Ogam, poderá praticar esse ritual para consagrar apenas seu talismã, conforme consta no próximo item.

Esse ritual pode ser realizado dentro ou fora de um Espaço Sagrado. Na Magia Celta do meu clã, Espaços Sagrados[66] são locais devidamente criados e preparados para que os bruxos possam executar seus rituais e encantamentos quando não têm acesso à Natureza, que é o maior e mais poderoso Espaço Sagrado que existe (por enquanto, embora os seres humanos estejam se empenhando bastante para extingui-la por completo). São eles: Círculo Sagrado, gorsedd (altar celta), nemed (santuário celta), Centro Sagrado e Poço Ritualístico.

Há, ainda, o Landogam (veja na Parte Especial do livro Bruxas Celtas 4ª edição), que também cria um Espaço Sagrado onde é ativado.

A vantagem de praticar rituais em um Espaço Sagrado, é o fato de você eliminar qualquer possibilidade de invasão por energias hostis enviadas por encarnados ou desencarnados que possam, eventualmente, afetá-lo ou ao seu ritual de alguma forma.

Além disso, o Espaço Sagrado amplia toda a energia invocada e trabalhada durante o ritual ou encantamento, potencializando infinitamente a magia praticada e seus efeitos.

Todavia, dentro ou fora de um Espaço Sagrado, o preparo e o ritual são praticamente os mesmos. Ademais, o que realmente tornará seu Ogam e seu talismã verdadeiramente poderosos e eficazes são sua intenção, fé, conhecimento e poder de concentração, pois sem isso, de nada adiantará praticar Magia em Espaços Sagrados.

---

66 Saiba mais no Capítulo "Os Espaços Sagrados celtas", na Parte 4 do livro "Bruxas Celtas"

Para essa consagração, pratique a glannad por duas noites antes da véspera do Samuinn, que no hemisfério sul ocorre em 30 de abril, 01 e 02 de maio. Todavia, o ritual em si é sempre realizado na véspera e à noite, portanto, poderá ser realizado na noite de 29 de abril para 30 (deve passar da meia-noite), noite de 30 de abril para dia 1° de maio(novamente, precisa passar da meia-noite), e noite de 1° para 2 de maio (passando da meia-noite), pois o Samuinn somente pode ser celebrado durante a noite por ser um festival de Outono que celebra o início da metade fria e escura do ano.

Isso significa que, se pretender executar o ritual na noite de 29 de abril, deverá iniciar a glannad em 27 de abril, mantendo-a até 02 de maio.

Você precisará de um caldeirão de ferro, ou pelo menos de um recipiente onde possa acender gravetos de forma segura. Se não tiver o caldeirão, deverá usar velas na consagração.

Se não possuir um Espaço Sagrado, e se não puder ativar o Landogam, poderá praticar este ritual em um pequeno jardim ou em um pedaço de terra, o que será ótimo. Caso não tenha essa possibilidade, realize a consagração onde conseguir: em qualquer cômodo de sua casa sobre uma mesa ou sobre o piso, desde que providencie uma limpeza energética do local passando um pano úmido com chá de ervas sobre a mesa ou chão, espargindo esse mesmo chá nas paredes, portas e janelas e depois finalizando a limpeza do ambiente com incenso – os melhores são sálvia, alfazema e louro.

Procure escolher um local onde possa acender gravetos ou velas e deixá-los queimar até o fim, e o mais importante, onde possa realizar todo o ritual sem ser interrompido.

Na mesma noite, você pode consagrar quantos conjuntos de Ogam desejar, que é preferível a repetir o ritual mais de uma vez na mesma noite, pois a essência sempre se perde.

O ideal é que você use sua roupa encantada se tiver[67], e um talismã de proteção, que pode ser de qualquer tradição de Magia. Também precisará de sua Varinha das Fadas[68]. Caso não tenha a Varinha das Fadas, use seu dedo indicador.

Você pode acender incensos, colocar música e usar outros instrumentos mágicos que guardem afinidade com a Magia Celta, se assim o desejar.

Em uma folha de sulfite branca virgem, desenhe com tinta nanquim preta, tinta natural ou lápis uma espiral com duas voltas e meia, em sentido anti-horário, seguindo a posição dos pontos cardeais, a começar pelo Oeste, seguindo para o Sul, conforme ilustrações a seguir. Essa espiral deverá ocupar toda a folha sulfite, pois o caldeirão ou o prato com a vela deverá caber dentro dela juntamente com o talismã.

---

[67] Sobre a roupa encantada, consulte o capítulo 36, livro Bruxas Celtas 4ª edição.
[68] Para criar uma Varinha das Fadas consulte o capítulo 46, Bruxas Celtas 4ª edição.

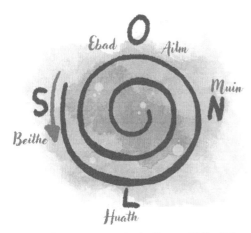
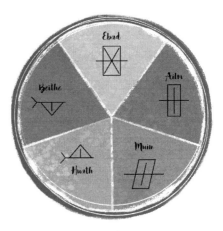

Espiral para consagração do Ogam e Talismã de Fedelm - Ilustração de Bianca de Triana Franco

Disposição das cartas/peças de Ogam para Consagração - Ilustração de Nathália Gomes

Tenha à mão uma lista com os nomes das Ogams e das árvores sagradas associadas a elas, além dos significados das Ogams que integram o Talismã de Fedelm: Sail, Coll e Luis.

No caso do gorsedd, disponha os Quatro Tesouros devidamente alinhados. Coloque a espiral no centro do gorsedd com o talismã e corrente sobre ela, o caldeirão onde queimará vela ou gravetos também sobre a espiral.

Disponha o(s) Ogam(s) em torno da espiral, com Beithe ao sul (todo o Aicme Beithe deve ficar no lado sul), seguindo para leste com o Aicme Huath, norte com o Aicme Muin e oeste com o Aicme Ailm e Forfeda. Observe que as Ogams ficarão dispostas em sentido anti-horário, pois seguirão os pontos cardeais.

Do lado externo do círculo de Ogams, coloque o saquinho, caixa, invólucro onde guardará seu(s) Ogam(s) e eventual toalha para leitura.

Comece o ritual fazendo sua Prece do Coração, que é uma oração criada por você. Você também pode recitar uma oração que lhe agrade, um poema ou palavras que deseje, desde que sejam de coração.

Posicione-se em pé de frente para o gorsedd ou para onde está o Ogam, segure a Varinha das Fadas no alto com a mão esquerda, apontando-a para o céu e mantendo a mão direita apontando para o chão.

Comece consagrando o talismã, falando em voz alta "Sou o centro do Universo, sou a visão do espírito, a superação da matéria. Sail outorga a mim esses dons de Magia, Luis me defende de todo o mal e Coll concede o conhecimento e a sabedoria, agora e sempre" e toque com a ponta da varinha o talismã.

Em seguida, passe a consagrar as Ogams. Erga a varinha novamente em direção ao céu, fale em voz alta o nome da primeira árvore. O ideal é que você saiba os nomes de todas as Ogams e suas árvores, mas pode usar a lista que preparou para não cometer erros.

Começando por Beithe, diga em voz alta: "Bétula, eu te convoco a tomar o seu lugar nesse Ogam, integrando sua essência e poder em Beithe a partir de agora", e toque-a com a ponta da varinha. Se você estiver consagrando mais um jogo de Ogam, toque todas as Ogams Beithe com sua varinha nesse momento.

Repita este procedimento com todas as Ogams calmamente, mantendo-se concentrado, pois se você errar, deverá retomar todo o ritual desde o início. Visualize as Ogams brilhando quando você as toca com a varinha, abrindo um facho de luz que alcança o céu e depois desce em direção à terra, num verdadeiro portal que é cada Ogam.

Visualize a espiral sendo iluminada com luzes que vem do céu e da terra, encaminhando essa energia para as Ogams do Talismã de Fedelm, que a absorve por completo.

Quando terminar, coloque a varinha sobre o gorsedd e acenda o fogo no caldeirão central, preferencialmente com gravetos, mas você também pode acender uma vela azul-claro, que representa a Grande Mãe, ou duas velas, uma branca e outra vermelha, que representam os poderes do Outro Mundo, embora os gravetos sejam a melhor opção.

Se usar gravetos para acender o caldeirão, coloque sob ele algum suporte para não queimar a mesa se for de madeira, pois mesmo que tiver pezinhos, poderá marcá-la.

Se você estiver no seu Círculo Sagrado, poderá fazer uma fogueira próxima à mesa onde está o Ogam, caso em que, não precisará do caldeirão no centro do círculo.

Pegue um graveto ou galho em chamas (de dentro do caldeirão ou da fogueira), ou a(s) vela(s) acesa(s), e passe no sentido das Ogams começando por Beithe até Emancoll, mentalizando que está trazendo a luz do conhecimento divino para iluminar a noite do inconsciente e do desconhecido, fazendo uma oração à Grande Mãe para que aflore sua intuição e que você esteja apto a obter orientação, aconselhamento, esclarecimentos e autoconhecimento para si e para outrem através deste oráculo sagrado.

Peça aos seus guardiões e ao povo das fadas que o ajude a interpretar corretamente o significado dos símbolos ogâmicos sempre para o bem e com sabedoria.

Deixe os gravetos apagarem, ou a fogueiro, ou as velas terminarem para recolher seu Ogam. Entretanto, seu Ogam deverá ser guardado antes do amanhecer. Caso o fogo ainda não tenha apagado, recolha o Ogam e deixe o fogo apagar sozinho. Guarde as Ogams no local onde permanecerão, ponha o talismã no pescoço e queime a espiral no fogo.

Nesta mesma noite, faça uma primeira leitura escolhendo uma Ogam apenas para aconselhamento e orientação. Interprete o significado de acordo com seu conhecimento e intuição, guarde-a e agradeça as bênçãos recebidas, encerrando o ritual.

Depois da consagração, não permita que ninguém toque seu Ogam pessoal, o qual será usado exclusivamente para sua leitura e orientação. Por isso, aconselho que você consagre ao menos dois Ogams, um para uso pessoal e outro para atender aqueles que precisam.

Sempre que realizar uma leitura para outra pessoa, limpe o Ogam com incenso e periodicamente submeta-se à glannad. Nunca guarde seu Ogam sem limpá-lo.

Quanto ao Talismã de Fedelm, use-o somente durante a leitura de oráculos, limpando-o juntamente com o oráculo antes de guardá-los e nunca permita que as pessoas o toquem. Se acontecer, consagre outro e queime esse talismã numa fogueira ou enterre-o.

12.1 – Ritual de Consagração do Talismã de Fedelm para quem já consagrou o Ogam

Todo o preparo inicial para a consagração do Ogam será observado aqui. Seu talismã pode ser consagrado num Espaço Sagrado ou não, seguindo-se todas as precauções acima descritas.

Quando entender que a função do Talismã de Fedelm está bem clara em sua mente, posicione o caldeirão ou o recipiente o mais próximo possível do talismã, o que pode ser sobre ele se seu caldeirão tiver pezinhos, ou bem próximo e dentro da espiral.

Acenda uma vela branca e uma vermelha ou uma única vela azul-claro, mais uma vez repetindo o significado do seu talismã.

Visualize a energia solicitada vindo do Outro Mundo através do céu e da terra, circulando pela espiral que você desenhou e sendo absorvida por seu talismã, imantando-o. Visualize as Ogams brilhando com essa energia. Agradeça aos deuses por terem atendido seu pedido.

Espere a(s) vela(s) acabar(em) e na mesma noite, antes do amanhecer, retire o talismã da espiral, colocando-o no pescoço imediatamente, sem abrir a corrente ou o fio. Depois, queime a espiral no próprio caldeirão.

Use seu talismã por três noites seguidas, retirando-o apenas para se banhar. Depois, pode deixá-lo com seu Ogam e usá-lo sempre que for interpretar oráculos.

Capítulo 13

O Oráculo Ogam
– Breves Considerações –

No dia a dia, podemos e devemos nos valer da sabedoria do Ogam para autoconhecimento, meditação, esclarecimento de dúvidas, orientação, dentre outras aplicações práticas.

Busque um local tranquilo para realizar a leitura do Ogam sem ser perturbado pelo tempo que precisar. Antes de iniciar a leitura, acenda um incenso de sua preferência, inspire e expire profundamente três vezes para relaxar.

Pegue seu Ogam e peça às àrvores sagradas, fadas e ao seu Guardião de Magia que estejam presentes auxiliando-o na compreensão dos símbolos ogâmicos, trazendo-lhe a orientação necessária.

Costumo realizar a consulta de oráculos durante a noite, pois a energia lunar favorece, e muito, sua boa interpretação e entendimento. Afinal, os oráculos são regidos pela Lua.

Se você tiver o Talismã de Fedelm e puder realizar o encantamento para obter a *dá sheallach* ou "segunda visão"[69], terá sua intuição e visão do espírito ampliadas, o que contribuirá bastante para a boa interpretação e compreensão das mensagens do Ogam.

Independentemente dos métodos de leitura que serão apresentados adiante, é interessante que você desenvolva seu próprio sistema, de acordo com sua intuição e necessidade.

É importante ter em mente que se uma pergunta não for respondida, você não deve insistir. Tente na noite seguinte, e se não der certo, na próxima Lua (quando mudar de fase).

Não use seu Ogam para tentar "adivinhar" o futuro, pois seu futuro é você quem constrói com suas ações presentes. Consequentemente, mudando suas atitudes hoje, você mudará o curso da sua estória.

---

[69] P. 321, Bruxas Celtas 4ª edição..

Sugiro, ainda, que não use o Ogam para obter as soluções para seus problemas, pois trata-se de um poderoso sistema para orientação e autoconhecimento que não se prestará a tolher o seu livre-arbítrio.

Perguntas como "Devo fazer isso?", não são construtivas e podem levar a respostas "enganosas" por parte do povo encantado, com o intuito de lhe dar uma lição, como já vi acontecer, pois somente a você cabe decidir o seu destino.

Ao Ogam, essa fonte milenar de sabedoria, mistérios e poder, cabe a orientação àqueles que buscam o conhecimento com sinceridade e respeito, com o fito de realizar uma autoanálise no momento presente, bem como para avaliar a forma como tem se conduzido e à sua vida, para que, a partir daí possa observar a situação sob todos os ângulos, da forma mais ampliada e clara possível, o que lhe possibilitará vislumbrar e criar alternativas mais produtivas e eficientes para resolver a questão a contento.

Esteja ciente de que o livre-arbítrio e a responsabilidade pelos seus atos e pensamentos serão invariável e integralmente seus sempre.

Por isso, insisto que mais do que um oráculo, o Ogam é um poderoso instrumento de abertura de consciência, autoconhecimento, aprimoramento pessoal e iluminação. Utilize-o com consciência, sempre visando o bem maior de todos os envolvidos, e a sabedoria será sua.

Evite consultar o Ogam quando não estiver se sentindo bem, a menos que seja para identificar de onde vem o mal que lhe aflige.

<u>Nunca</u> leia o Ogam para terceiros quando estiver em desequilíbrio (vulgo "doente"), pois toda a manipulação de oráculos exige que o oraculista despenda muita energia vital, e se você não estiver cem por cento, não pode dispor dessa energia sob pena de se prejudicar espiritual e fisicamente, além de não conseguir o acesso adequado ao Outro Mundo, ao Inconsciente Coletivo e a conexão com o povo encantado e com as árvores, itens esses indispensáveis à correta obtenção da mensagem almejada. Consulte o Ogam apenas quando estiver em plena e perfeita harmonia.

Por fim, o Ogam, na qualidade de fonte ancestral de poder da Magia Celta, não pode ser usado com a intenção de prejudicar terceiros ou para lhe proporcionar vantagem indevida, e eu o aconselho a não tentar nem um, nem outro, pois atrairá para si a ira das fadas e guardiões, e todo o mal que desejar ou que puder desencadear com sua atitude recairá multiplicado sobre você (infelizmente, isso também já vi acontecer). Minha mãe sempre dizia que se você não tem nada de bom para dizer ou fazer, não diga nem faça nada, e se não puder ajudar, não critique e não atrapalhe.

Busque o que é seu por seus próprios méritos, lute pelo que quer com dignidade, decência, honestidade e todas as portas se abrirão.

Use a força dos símbolos ogâmicos não só como oráculo, mas como talismãs e em encantamentos (veja no Volume 3 – Magia e Sigilos Ogâmicos) para ajudá-lo a superar os obstáculos, e você verá que mesmo as questões mais complexas serão resolvidas em pouco tempo, a contento.

Capítulo 14

Classificação das Ogams

No Auraicept,[70] consta que existem dois tipos de árvores: as árvores artificiais, que são as do Ogam, e as árvores naturais, que são as que se encontram nas florestas e bosques.

Como já explanado no Capítulo 4, há autores que não compartilham dessa tese de que o Ogam está associado às árvores, em que pese no Auraicept, a obra mais antiga de que se tem notícia sobre o Ogam constar claramente (às folhas 89) que cada Ogam está associada a uma ou mais árvores.

Esse é justamente um dos argumentos desses especialistas, que o Auraicept apresenta mais de uma árvore para uma mesma Ogam em várias passagens, e se o nome de cada Ogam tivesse origem no nome de uma árvore, como duas ou mais árvores poderiam ceder seus diferentes nomes à mesma Ogam?

No entanto, no Auraicept está registrado que as letras ogâmicas estão associadas às árvores, e minha teoria para responder a questão está na Arqueologia.

Considerando-se que os celtas nunca formaram uma nação homogênea, sendo antes várias tribos que ocuparam praticamente toda a Europa, parte da Ásia, Egito e América durante alguns séculos; considerando-se que celtas de diferentes regiões mantinham costumes e crenças diversas, resta claro para mim que os nomes das árvores associadas às Ogams igualmente variavam de região para região, daí o motivo de no Auraicept constar mais de uma árvore para uma mesma letra ogâmica.

Nessa mesma obra, consta que cada árvore pertence a uma classe, e consequentemente, cada Ogam integra uma dessas classes.

As classes das árvores encontram-se dispostas na página 89 do Auraicept e são quatro: *chieftain trees* - árvores nobres, *peasant trees* - árvores camponesas, *shrubs trees* – árvores arbustivas e *herbs trees* – ervas trepadeiras, com os nomes das respectivas árvores de cada uma dessas quatro classes.

---

70 P. 31 do Au.

Segundo meus estudos e prática do Ogam ao longo de três décadas, essa classificação não se refere às árvores propriamente ditas, já que existem árvores que atingem quarenta metros e estão classificadas como shrubs trees ou arbustivas. Na verdade, observei que cada classe representa uma vibração essencial, um nível de atuação energética, e que as Ogams que integram aquele grupo vibram nessa essência que pode ser: chieftain – espiritual; peasant – emocional; shrub – física/material; herb – mental/psicológica.

14.1 – *Chieftain trees* – Árvores nobres

Energia: Essas Ogams possuem energia de movimento, continuidade, fluição e tranquilidade. Agem lenta e constantemente. Indicam que é um período propício para dar continuidade a projetos já iniciados, para trabalhar com afinco em seus objetivos.

As chieftains mostram que tudo está fluindo, está se encaixando, há sincronicidade no que está sendo feito, de forma que mesmo as tarefas mais complexas e trabalhosas serão realizadas com menos esforço do que se esperava, porque muitas coisas simplesmente acontecerão.

Nível de atuação: espiritual

As Ogams chieftain são sete:
- Nin - *ash tree* - freixo
- Dur – *oak* ou *quiden* - carvalho
- Tinne - *holly* - azevinho
- Coll - *hazel* - aveleira
- Queirt - *apple tree* - macieira
- Ailm - *fir tree* – abeto / *pine tree* – pinheiro
- Ida - *yew* - teixo

14.2 – *Peasant trees* – Árvores camponesas

Energia: Sua energia é ativa, movendo-se sempre para frente. Mostram que há pouca ou nenhuma resistência ao progresso, tanto interna quanto externamente.

As Ogams peasant conferem certa dose de ansiedade, impaciência, inquietação, tensão, pois não conseguem esperar que as coisas aconteçam no seu tempo, são imediatistas.

Por outro lado, possuem grande sensibilidade e sensitividade, devendo sempre ouvir seu coração e sua intuição antes de tomarem qualquer decisão.

Nível de atuação: emocional

As Ogams peasant são oito:
- Beithe - *birch* - bétula ou vidoeiro
- Luis - *rowan* ou *mountain ash tree* - sorveira-brava ou tramazeira
- Fern - *alder* - amieiro
- Sail - *willow* – salgueiro branco
- Huath – *whitethorn, hawthorn, quickthorn* ou *maythorn tree* - espinheiro branco, pilriteiro ou crataegus
- Edad - *aspen* ou *test tree* - álamo ou choupo tremedor
- Emancoll - *elm tree* - olmo ou ulmeiro

14.3 – *Shrub trees* – Árvores arbustivas

Energia: As Ogams classificadas como shrub mostram resistência às mudanças, bem como, teimosia e inflexibilidade, portanto, quando aparecem indicam que não é hora de tentar o impossível. Por outro lado, favorecem estabilidade, consolidação, preservação, concretização e manutenção de qualquer coisa, especialmente aquelas ligadas ao mundo material – posses, negócios, profissão.

Nível de atuação: corpo físico, profissional, material/financeiro

São sete shrub trees:
Muin - *vine tree* - videira / *bramble* ou *black berry tree* – amoreira preta
Straif - *blackthorn tree* - espinheiro-negro ou abrunheiro-bravo
Ruis - *elder tree* - sabugueiro
Ebad - *beech tree* - faia
Oir - *spindle tree* - evônimo
Uillean - *honeysuckle tree* - madressilva
Pin - *gooseberry tree* - groselheira / *bird cherry tree* - cerejeira / *plum tree* - ameixeira / *thorn tree* - espinheiro

14.4 - *Herb trees* – Ervas / plantas trepadeiras

Energia: Caracterizam-se pela mutação e dispersão. Estas Ogams emanam muita energia, vontade, empolgação, vitalidade, iniciativa, ação, motivo pelo qual, as pessoas que regem tendem a não levar os projetos até o fim, apresentando grande dificuldade em se estabelecerem e se estabilizarem, porque seu foco de atenção muda a todo instante.

São extremamente flexíveis e receptivas, mas desanimam de uma ideia ou projeto com a mesma facilidade e rapidez com que o abraçam, tendo milhões de ideias maravilhosas e quase nada de concreto em suas mãos.

Estas Ogams trazem mudanças, transformações, desapego, renovação, sendo especialmente úteis quando se pretende dar início a qualquer projeto, mas não para concretizá-los ou mantê-los.

Nível de atuação: mental/psicológico

São quatro herb trees:
- Gort - *white mistletoe* - visco branco / *ivy* - hera
- nGetal - *broom tree* - zimbro ou junípero / *fern* - samambaia
- Onn - *gorse* - junco / *furze tree* - tojo
- Ur - *heather tree* - urze / *bog-mirtle tree* - murta-do-pântano

14.5 – Como as quatro classificações estão distribuídas no Oráculo Ogam

Conforme será visto no Capítulo "Significados Divinatórios das Ogams", em que pese cada Ogam ter seu nível energético essencial, que é definido pela sua classificação em chieftain – espiritual, peasant – emocional, shrub – físico/material ou herb – mental/psicológico, todas as Ogams possuem significados divinatórios nas outras três classes ou níveis energéticos.

Por exemplo, Beithe, que é uma Ogam classificada como peasant, e, portanto, atua essencialmente sobre o emocional e atua necessariamente usando como porta o emocional, tem seu significado alterado quando entra nas áreas espiritual, física e mental, conforme será visto a seguir.

O mesmo ocorre com todas as Ogams, como consta do capítulo que traz seus significados oraculares. Isso equivale dizer que cada Ogam possui quatro significados, sendo um o principal, e três secundários, totalizando cem significados diferentes ofertados só pelo Ogam como oráculo.

Além disso, há, ainda, os significados das vinte e cinco Ogams como personalidades – Mapa Ogâmico, seus potenciais mágicos – Ogam na Magia, e seu poder de cura – Ogam Healing e Terapias Ogâmicas, o que faz desse sistema ancestral, que é o mais antigo do ocidente e provavelmente um dos mais antigos do mundo, um sistema divinatório e mágico atemporal, porque pode ser aplicado em todos os espaço-tempos; multidimensional, porque não se submete à nenhuma energia externa como planetas, corpos celestes, energias telúricas, etc e abre portais que conectam diversas dimensões dos seres, do espaço e do tempo; e é extremamente completo, abrangente, profundo e surpreendente. Por isso, estude muito o Ogam quando for trabalhar com ele, porque esse conhecimento merece todo o nosso respeito, admiração e comprometimento.

O mais incrível é que fui a única bruxa no mundo a receber todo esse conhecimento diretamente das árvores sagradas, fadas e guardiões ao longo das décadas que venho dedicando ao estudo, decodificação e vivência dessa sabedoria milenar que é o Ogam, motivo pelo qual minha Tradição Familiar de Magia Celta honrará e difundirá essa luz para quem a desejar sempre.

Por tudo o que vi e vivi com e através do Ogam, tenho repetido insistentemente que está longe de ser somente um oráculo, embora nessa qualidade seja um dos mais completos do mundo, portador da pura sabedoria dos celtas da antiguidade, das druidisas e druidas que de tão iluminados, não voltarão a Gaia jamais.

O Ogam é um sistema perfeito que pode ser aplicado para autoconhecimento e aprimoramento pessoal, cura de todos os males e restabelecimento da saúde plena e perfeita, conhecimento do passado, presente e futuro, ampliando nossa visão e dando-nos opções em situações para as quais não existem saídas, além de ser um poderoso instrumento capaz de nos conceder toda e qualquer habilidade, qualidade, dom que necessitarmos ou desejarmos para conquistarmos nossos objetivos, concretizarmos nossos sonhos, sermos quem podemos e quisermos ser.

O Ogam é uma experiência única, transformadora e intensa, que tem feito tudo isso por mim, pelos meus e por todos aqueles que bebem de seus conhecimentos. Permita-se!

Capítulo 15

Métodos de Leitura e Interpretação do Ogam

15.1 – Considerações iniciais

Para a completa interpretação do Ogam, é interessante que o oraculista ou vidente de Ogam conheça todos os aspectos, características e potenciais de cada símbolo. Nesse Volume, abordo os significados das Ogams somente para uso oracular.

Todavia, as interpretações das Ogams durante a consulta ao oráculo tornar-se-ão muito mais ricas se você souber as características das Ogams para o Mapa Ogâmico e para uso mágico em talismãs e encantamentos, até porque, é desejável que o oraculista ou vidente de Ogam possa indicar um talismã ogâmico para o consulente quando houver uma questão complexa que o exija.

Portanto, sugiro que você leia também os demais Volumes dessa Coleção, para obter o conhecimento completo, amplo e profundo das Ogams em todas as suas facetas, pois no Mapa Ogâmico, as Ogams descrevem pessoas, suas qualidades, déficits, pontos fortes e fracos, tendências amorosas, profissionais, etc., enquanto na Magia, as Ogams apresentam seus melhores potenciais que poderão ajudar o consulente, proporcionando a quem souber fazer uso de seu poder as habilidades necessárias para superar obstáculos e conquistar objetivos.

15.2 – Oraculista, Vidente de Ogam e Ogam Seer® - O que são e quem pode usar essas designações

Oraculista é aquele que conhece e domina a interpretação de ao menos um oráculo. Vidente de Ogam é aquele que estudou e sabe ler e interpretar o

Ogam em seu uso oracular. Assim, quem lê Ogam pode autodesignar-se tanto oraculista como vidente de Ogam.

Contudo, na minha Tradição Familiar de Magia Celta, os videntes de Ogam recebem o título de "Ogam Seers®", honra essa que somente pode ser concedida através da Formação em Ogam Seer® pelo Instituto de Ensino Lady Mirian Black[71].

Qualquer pessoa pode ler e interpretar o Ogam, bastando para tanto estudá-lo profundamente, tornando-se, como explicado acima, vidente de Ogam, mas somente os bruxos que participam do curso de Oráculo Ogam ministrado pelo Instituto de Ensino Lady Mirian Black, recebendo treinamento adequado, formando-se e passando por um ritual específico e privativo do Clã Black, serão reconhecidos e estarão autorizados a usarem o título exclusivo de Ogam Seers®.

Os Ogam Seers® conhecem todas as Ogams detalhadamente, não só em sua interpretação oracular, mas na sua leitura para o Mapa Ogâmico, que é muito mais completa, na sua aplicação para a Magia e nas Terapias Ogâmicas.

Consequentemente, durante a consulta, além de interpretações mais amplas, estarão aptos a indicar para seus consulentes magias para cura, se for o caso, talismãs ogâmicos e magias para os mais variados fins que o consulente venha precisar, instruindo-os como confeccioná-los, consagrá-los e usá-los, sempre com o objetivo de auxiliar os consulentes no deslinde de seus problemas, pois não basta prever o futuro, é preciso fornecer às pessoas que buscam este oráculo ancestral ferramentas que as ajudarão a superar com êxito suas demandas.

15.3 - Consulta rápida

Esse primeiro método de leitura e interpretação do Ogam, bastante simples e rápido, porém extremamente eficaz, dá-se pela escolha de uma única Ogam.

Pode ser usado quando se deseja saber sobre uma pessoa - o estado psico-emocional atual ou para conhecer suas intenções, bem como, quando se deseja saber sobre uma situação ou sobre si mesmo à título de aconselhamento, orientação.

Mentalize a questão por algum tempo enquanto manipula as Ogams dentro do saquinho ou enquanto embaralha as cartas do baralho Ogam – O Oráculo Celta das Árvores[72].

Silencie sua mente e pegue a primeira Ogam que tocar sua mão, lendo seu significado que será dado a seguir, ouvindo sua intuição.

No caso do Baralho Ogâmico, embaralhe as cartas pensando na pergunta. Quando estiver bem clara em sua mente, coloque as cartas à sua frente

---

[71] Para obter informações sobre os cursos ministrados pelo IELMBlack, acesse: institutoladymirianblack.com.br.

[72] O baralho Ogam está disponível em todas as livrarias e no site da editora www.obmabooks.com.br

com os símbolos voltados para baixo, dividindo o monte uma vez com a mão esquerda para seu lado esquerdo. Reúna novamente os montes para a esquerda (o de baixo ficará sobre o outro) e escolha uma carta. Leia a interpretação correspondente mais adiante, considerando seu significado principal que é sempre o primeiro apresentado.

Caso queira usar o livreto que acompanha o baralho, e é interessante usá-lo no início, especialmente se nunca manteve contato com oráculos, coloque as cartas sobre uma superfície com os símbolos voltados para baixo. Embaralhe-as aleatoriamente em todas as direções, para que fiquem, inclusive, invertidas, já que o livreto do baralho traz apenas dois significados: um para o símbolo na posição original e outro para o símbolo invertido.

Feche os olhos, retire uma carta e vire-a para o lado (não vire a carta para cima ou para baixo, pois isso alterará a posição do símbolo). Use o livreto para interpretar a Ogam, procure ouvir sua intuição e medite a respeito.

15.4 – Consulta estendida

Serão utilizadas duas ou três Ogams, com o intuito de analisar a situação presente, situação futura e qual atitude deve tomar, se a situação futura se apresentar negativa.

Escolha a primeira Ogam mentalizando uma pessoa ou situação, quando desejar saber como está no momento presente, que facetas dessa situação ou pessoa você precisa conhecer e não está conseguindo enxergar ou perceber.

Antes de iniciar a interpretação, escolha a segunda Ogam para lhe mostrar como ficará num futuro próximo, para onde caminha a situação ou pessoa.

Após a interpretação, uma terceira Ogam poderá ser escolhida para indicar que atitude você pode tomar agora a fim de contribuir positivamente para a solução/transformação do panorama negativo que se apresentou, se esse for o caso.

Outra forma de leitura um pouco mais completa e bastante interessante é a que segue. Utilize-a quando você buscar aconselhamento ou se a pessoa para quem você ler o Ogam não quiser dizer a pergunta.

Você escolherá três Ogams. A primeira determinará em que nível energético as outras duas Ogams serão interpretadas, ao mesmo tempo que indicará a origem do problema do consulente:

- Ogam chieftain: espirittual,
- Ogam peasant: emocional,
- Ogam shrub: física, material, profissional, financeir ou
- Ogam herb: mental/psicológica.

Escolhida a primeira Ogam, veja a que classe pertence no Capítulo Significados Divinatórios das Ogams, e de acordo com sua classe, você identificará a origem do problema.

As próximas duas Ogams serão interpretadas nessa classe indicada pela primeira Ogam. A segunda Ogam mostrará como essa área da vida do consulente está no momento presente, e a terceira Ogam trará orientação sobre eventual atitude a ser tomada.

1
Chieftain - espiritual
Peasant - físico
Shrub - emocional
Herb - mental/pscicológico

2
Como essa área está no momento

3
Orienta sobre qual atitude tomar

Essa mesma tiragem pode ser feita utilizando-se um Dado Ogâmico um pouco diferente do dado original, que é formado por um cilindro retangular com cinco partes, cada parte contendo de um a cinco entalhes para determinar os cinco Aicmi do Ogam, e ao mesmo para determinar as Ogams um a cinco de cada Aicme ou grupo.

Esse Dado Ogâmico adaptado para as classes do Ogam, pode ser confeccionado de qualquer material que deseje. Os mais comuns são madeira ou massa de biscuit. Faça um retângulo de madeira ou massa com cerca de 2cm de comprimento por 1cm de largura em cada um dos quatro lados.

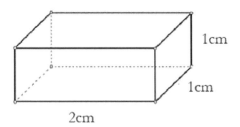

Em uma face do retângulo, coloque a letra "C" de chieftain ou escreva a palavra, na face seguinte coloque "P" ou peasant, na próxima face "S" ou shrub, e na quarta face "H" ou herb, seguindo essa sequência. Seu Dado Ogâmico ficará assim:

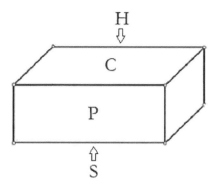

Antes da leitura, peça para o consulente segurar o dado em suas mãos, rolá-lo entre as palmas das mãos pensando na pergunta e soltá-lo sobre a mesa. A face que ficar voltada para cima indicará a área da vida do consulente que guarda a origem do problema, e ao mesmo tempo, indicará a classe em que as Ogams deverão ser interpretadas.

Segue um exemplo de leitura usando somente as Ogams. Pergunta: Gostaria de uma orientação em relação a X.

Ida   Muin   Dur

Ida é uma Ogam classificada como chieftain. Portanto, primeiramente, mostra que o problema tem origem espiritual.

Resposta: numa primeira análise, o consulente precisará buscar ajuda espiritual para solucionar a questão suscitada, pois pode haver, por exemplo, um trabalho negativo de Magia feito para ele. Num segundo momento, considere as próximas duas Ogams Muin e Dur em suas interpretações para a posição chieftain, conforme consta do capítulo dos significados das Ogams.

O uso do Dado Ogâmico das classes das Ogams dispensaria a escolha da primeira Ogam, pois já indicaria em que nível ou corpo do ser – espiritual, emocional, físico/material ou mental/psicológico estaria a origem do problema, e em que classe as duas Ogams a serem escolhidas, a primeira falando do futuro e a segunda orientando sobre qual atitude tomar, seriam consideradas.

Além desses métodos de leitura e interpretação, existem outros mais completos.

Capítulo 16

Método de Leitura e Interpretação Rhotogam — A Roda Ogam —

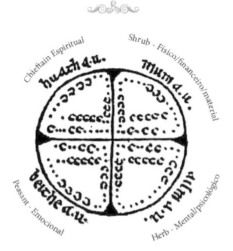

O Rhotogam Roigni Roscadhaig (imagem acima), ou "Ogam da Roda de R.R.", é o Ogam número 74 do Livro de Ballymote.

Neste manuscrito antigo, existem os diversos tipos de Ogams e seus respectivos nomes, no entanto, nada consta sobre suas possíveis aplicações, embora os especialistas em Ogam professores Macalister e Vendryes defendessem que se trata de Ogams para usos na Magia, conforme consta do Capítulo 6.

Para este método de leitura, consideram-se as energias predominantes de cada Aicme, sendo Aicme Beithe - peasant, Huath - chieftain, Muin - shrub e Ailm - Herb.

Use a Roda Ogam para verificar como você, alguma outra pessoa ou uma situação está no momento atual nos quatro níveis – emocional, espiritual, físico/material e mental/psicológico.

Concentre-se na questão a ser analisada e escolha quatro Ogams dispondo-as uma em cada Aicme, começando sempre por Beithe e seguindo com Huath, Muin e Ailm.

A Ogam que cair no Aicme Beithe será interpretada no seu sentido para peasant; a que cair no Aicme Huath será interpretada em seu sentido chieftain; a que cair em Muin será lida no sentido shrub; e a que sair em Ailm será lida como herb.

Consequentemente, a Ogam do Aicme B falará sobre a situação do ponto de vista emocional, a do Aicme H, do ponto de vista espiritual, a do Aicme M, do ponto de vista físico, material, financeiro e a do Aicme A, do ponto de vista mental, psicológico.

Veja o exemplo. Suponha que as Ogams escolhidas foram:

- Aicme Beithe – Coll
- Aicme Huuath – Gort
- Aicme Muin – Pin
- Aicme Ailm – Nin

Interpretação: Apesar de Coll ser naturalmente uma chieftain, você lerá sua interpretação na posição de peasant. O mesmo vale para Gort, que será lida na posição chieftain, Pin será lida na posição shrub e Nin será lida na posição herb tree, conforme consta do Capítulo Significados das Ogams.

Você pode baixar a Roda Ogam[73] ou apenas dispor as quatro Ogams escolhidas sobre uma superfície, seguindo as devidas posições.

Pessoalmente, gosto de realizar as leituras de Ogam usando os gráficos ou Ogams respectivos, pois seus traços, curvas e disposição das Ogams criam um campo vibracional que não só auxilia na interpretação dos símbolos, mas também movimenta as energias das Ogams em jogo, servindo como um tratamento, uma aplicação de eflúvios magnéticos para quem está consultando o Ogam ou projetando energia sobre a pessoa ou situação à qual a leitura se refere.

Gosto muito de utilizar esse método de leitura sempre que inicio uma consulta, para conhecer como está o consulente no momento em todas essas áreas da vida. Essaa leitura também indica onde há desequilíbrio, se for o caso.

Da mesma forma, uso a Roda Ogam para identificar qual é a origem real de algum problema ou desequilíbrio que se apresente em mim e/ou em minha vida, pois muitas vezes podemos acreditar que o problema tem determinada origem, mas ao investigarmos a questão com as Ogams, veremos que, em que pese o desequilíbrio estar afetando determinda área da vida, tem origem em outra. A correta identificação da fonte do desequilíbrio facilita sobremaneira o reequilíbrio ou a solução do deslinde, encurtando consideravelmente o tempo de tratamento/trabalho.

---

73 www.bruxas.net.br

Capítulo 17

A Árvore Celta da Vida
– Método de Leitura Completa
com o Ogam –

Ilustração de Nahya Black Pagliarini para o livro "Ogam – A Magia Celta Revelada".

©Todos os direitos reservados à Lady Mirian Black. Proibida a reprodução para fins comerciais, bem como a divulgação da imagem, seu uso e/ou disponibilização em sites, blogs, mídias, redes sociais, impressos, etc.

Baseei este método no calendário celta de treze meses lunares. Por conseguinte, cada um dos treze galhos da Árvore Celta remete a determinada área da vida. Cada galho e cada área da vida são regidos por uma energia essencial que é aquela que igualmente rege a classificação das Ogams - energias chieftain - espiritual, peasant – emocional, shrub – física/material e herb – mental/psicológica. Essas energias prevalecem em cada galho e o guiarão quando da interpretação dos significados das Ogams para as treze áreas da sua vida.

Você pode baixar e imprimir a Árvore Celta da Vida no meu site Bruxas[74], para dispor as Ogams sobre os galhos. Entretanto, você poderá dispor as Ogams sobre uma mesa apenas seguindo a ordem vertical dos galhos da Árvore Celta da Vida de baixo para cima sem imprimi-la, embora pessoalmente, eu prefira usar esse gráfico por emanar energias de proteção e conexão do vidente de Ogam ou Ogam Seer® com o Incosciente Coletivo ao realizar a leitura para si mesmo, ou do seu insconciente com o inconsciente do consulente e com o Inconsciente Coletivo, gerando uma visão infinitamente mais ampla das questões e consequentemente, orientações mais ricas e eficientes.

A Árvore Celta da Vida foi desenvolvida por mim e desenhada por minha filha, Nahya Black, tomando por base o Auraicept, que é a obra mais antiga sobre o Ogam de que se tem notícia. Como já explanado na Parte 1 dessa obra, no Auraicept consta que "... o Ogam é lido como uma árvore é escalada, trilhando a rota da árvore primeiramente com a mão direita e com a mão esquerda depois. Depois disso é em frente e ao encontro dela e através dela e em torno dela". Daí o motivo para as Ogams serem distribuídas nos galhos começando-se de baixo para cima, e lado a lado, primeiro à direita e depois à esquerda, seguindo para cima até o décimo terceiro galho.

Para realizar essa leitura não pense em nada específico, apenas deseje orientação para sua vida. Respire profundamente enquanto manipula ou embaralha as Ogams com serenidade.

No momento em que escolhê-las, você pode simplesmente tirá-las e colocá-las sobre a Árvore seguindo a ordem dos galhos ou pode mentalizar cada área antes de escolher a Ogam respectiva, fica a seu critério.

É interessante anotar as Ogams da Árvore Celta da Vida para que possa consultá-las posteriormente, pois são muitas informações que se perderão sem anotação. Por ser uma leitura bastante completa, costuma render previsões e orientações que abrangem certo período de tempo, em geral cerca de três meses.

---

[74] www.bruxas.net.br.

17.1 – Os galhos da Árvore Celta da Vida e seus significados

1º galho – Peasant	2º galho – Chieftain	3º galho – Peasant
O Eu, porta para o mundo, como as pessoas o veem neste momento.	Família, hereditariedade, tradições e como se relaciona com seus familiares.	Área emocional, como lida e expressa as emoções, o que busca no outro, relacionamentos duradouros.

4º galho – Chieftain	5º galho – Shrub	6º galho – Herb
Sexo, energia sexual e vital; acidentes, morte (na condição de transformações radicais ou alerta para se ter cautela).	Saúde e trabalho cotidiano (difere da sua vocação profissional).	Área das comunicações, como se expressa, as pessoas com as quais convive cotidianamente (parentes, vizinhos, colegas de trabalho) e como se relaciona com elas, estudos básicos, curiosidades, viagens.

7º galho – Chieftain	8º galho – Chieftain	9º galho – Herb
Área da espiritualidade, estudos superiores, a busca pelo conhecimento e pela sabedoria (ou não).	Potencial criativo, como expressa (ou não) a criatividade, filhos.	Os amigos que escolhe, vida social; eventualmente dinheiro extra que virá inesperadamente, heranças.

10º galho – Peasant	11º galho – Chieftain	12º galho – Shrub	13º galho – Peasant
Área profissional, seu dom ou vocação, reconhecimento social (se haverá ou não) pela sua profissão.	O inconsciente, medos mais profundos, traumas, segredos, sonhos, fantasias e desejos mais íntimos.	Área financeira, relação com o dinheiro, como ganha e como lida com ele, negócios, sociedades.	Poder pessoal a ser aflorado; eventualmente mostra inimigos e/ou amigos poderosos.

17.2 – Como fazer a leitura e interpretação da Árvore Celta da Vida

A leitura do Ogam através desse método é bastante abrangente, eficiente, instrutiva e esclarecedora. Com o tempo, você certamente conhecerá bem os significados dos galhos e das Ogams, o que facilitará a interpretação.

Primeiramente, escolha as treze Ogams com calma e posicione-as conforme a ordem dos galhos.

No capítulo seguinte você encontrará os significados das Ogams com quatro descrições cada, pois como devidamente explicado anteriormente, cada classificação remete a determinada vibração e a determinado nível de energia e de atuação sobre nosso ser, nossos corpos:

- chieftain: espiritual
- peasant: emocional
- shrub: físico/material/financeiro/profissional
- herb: mental/psicológico

Esses níveis de atuação ou corpos estão atrelados aos galhos da Árvore Celta da Vida como observa-se acima. Portanto, para a leitura das treze Ogams, considere a energia básica do galho e leia a respectiva interpretação da Ogam naquela posição.

Por exemplo, o 1º galho tem energia básica peasant. Se a Ogam Dur cair nesse galho, independentemente de ser uma chieftain, você lerá a interpretação de Dur para a posição de peasant, e assim sucessivamente. Veja a seguir:

1º galho - O Eu, porta para o mundo, como as pessoas o veem – Peasant

Edad - Peasant: mostra seu pior medo, pesadelo ou trauma tornando-se realidade, trazendo-lhe angústia, desespero, enfim, desordens emocionais que provavelmente afetarão outras áreas de sua vida.
Interpretação: isso significa que você terá de se deparar com um ou alguns dos seus medos nos próximos meses, devendo enfrentá-lo(s) e superá-lo(s).

A Ogam que aparece nesse galho indica como as pessoas estarão vendo o consulente nos próximos meses. Isso não significa que ele seja daquela forma, que sua essência é aquela, tampouco que esteja se portanto com as características da Ogam propositalmente, todavia, mostra a leitura que as pessoas ao redor do consulente, especialmente aquelas que não o conhecem muito bem, estarão fazendo dele no período abrangido pela leitura. Para a boa interpretação da Ogam nesse galho, é desejável que o vidente de Ogam leia a Volume 2 do Tratado, que trata das características das Ogams para a descrição da essência, personalidade (para mim são diferentes), habilidades das pessoas que regem, interpretando a Ogam desse galho não no sentido oracular, mas no sentido de descrever como uma pessoa é de acordo com o Mapa Ogâmico.

Os Ogam Seers®, por seu treinamento, terão domínio sobre esse conhecimento, tornando a leitura da Árvore e das Ogams para oráculo muito mais completa, abrangente e instrutiva para si próprios e para os consulentes.

2º galho - Família, hereditariedade, tradições e como se relaciona com seus familiares – Chieftain

Muin - Chieftain: nesta posição, Muin mostra que você sempre terá o necessário e um pouco mais enquanto fizer sua parte. Essa Ogam traz a recompensa, o resultado pelo trabalho, esforço e dedicação em todas as áreas.
Interpretação: está claro que há prosperidade na família, não só financeira/ material, como de harmonia, bom entendimento, pois a prosperidade de Muin é geral e não só material.

Esse galho mostra como o aprendizado do consulente, recebido de seus familiares na infância e adolescência principalmente através dos exemplos, mais do que por palavras, o estão influenciando agora. Além disso, indica como estará a relação do consulente com seus familiares no período e/ou fará previsões acerca de eventos que ocorrerão em família ou que afetarão a família do consulente. É preciso saber ouvia a intuição para receber e transmitir a mensagem da Ogam adequadamente.

3º galho - Área emocional, como lida e expressa as emoções, o que busca no outro, relacionamentos duradouros – Peasant

Tinne – Peasant: mostra uma pessoa sensual, sedutora em seu caminho, que sabe conquistar. Entretanto, é também ciumento, possessivo, desconfiado e deseja ter seu par somente para si, tolhendo sua liberdade.

Esteja atento, pois essa pessoa poderá lhe trazer tristeza caso não se empenhe sinceramente em aprender a confiar em você e mudar, respeitando-o e a seu espaço e privacidade.

Interpretação: se você já está num relacionamento e ama seu par, Tinne mostra que você pode ou deveria estar propenso a deixar fluir sua sensualidade, de forma a renovar o relacionamento, chamando a atenção do seu par. Faça isso e dará início a uma nova e instigante fase, tornando a relação muito mais interessante e "quente". Apenas tome cuidado com o ciúmes excessivo e a possessividade para não por tudo a perder. Se não tem ninguém, Tinne fala de alguém que surgirá em sua vida nos próximos meses, porém fique atento, pois provavelmente é uma pessoa possessiva que pode trazer infelicidade. Nesse caso, é melhor não se envolver.

A Ogam desse galho trata basicamente da situação emocional do consulente, pode mostrar se há desequilíbrio ou bloqueio, se consegue expressar ou não suas emoções. Paralelamente, pode indicar o que quer e busca no outro em termos de relacionamentos, que podem ser amistosos, comerciais e principalmente, amorosos. Dependendo da Ogam que aparecer, poderá apontar que existe ou surgirá em breve um relacionamento que será duradouro, e em geral, feliz, na vida do consulente.

4º galho - Sexo, energia sexual e vital; acidentes, morte (na condição de transformações radicais ou alerta para se ter cautela) - Chieftain

nGetal – Chieftain: eventual desequilíbrio (doença) que o aflige mostra uma origem kármica, vez que existe como reação às ações negativas praticadas em vidas passadas ou mesmo nesta, as quais lesaram seu períspirito, a ponto de você ter seu corpo físico também comprometido.

Interpretação: nGetal mostra problemas de saúde, suas origens e a cura. Neste galho, deixa claro que há desequilíbrio em seu caminho de origem espiritual, capaz de comprometer sua energia vital. Proteja-se através de Luis (ensinar a fazer o talismã). Se você já está em desequilíbrio, nGetal diz que é de origem espiritual e que encontrará a cura voltando-se para a espiritualidade (é preciso encontrar uma crença que o agrade), estudando-a e, principalmente, praticando-a.

Nesse galho, existem quatro possibilidades de mensagens a serem consideradas pelo vidente de Ogam ou pelo Ogam Seer®: a primeira é a Ogam indicar como estará a energia vital do consulente nos próximos meses; a segunda é prever se haverá ou não alguma transformação radical na vida do consulente, essas são as mais corriqueiras; a terceira é alertar para o perigo de acidentes envolvendo o consulente, e a quarta e mais eventual, alerta para o perigo de morte ou uma perda radical por parte do consulente, que poderá abalar sua estrutura. A própria Ogam já deixará claro a qual mensagem se refere.

5º galho - Saúde e trabalho cotidiano (difere da sua vocação profissional) – Shrub

Ida - Shrub: Ida diz que se está pensando em dar início a algum negócio ou projeto, esse não é o melhor momento, pois esta Ogam representa um período de calmaria, uma trégua onde quer que apareça, uma chance para parar e descansar.

Interpretação: A mensagem de Ida é bem clara quanto a questões do trabalho cotidiano. Quanto à saúde, Ida indica que é importante parar e descansar um pouco nesse momento, caso contrário, poderá se desequilibrar (o que se traduzirá em "doença").

Saúde e trabalho cotidiano estão intimamente ligados e são interdependentes, pois se a pessoa está desequilibrada, vulgo doente, não consegue trabalhar; se trabalha exercendo atividade que a desagrada muito e não vê perspectiva de mudança ou melhora, ou atividade com a qual não concorda, em breve ficará desequilibrada ou "doente".

O oposto igualmente é verdadeiro, pois se trabalha com o que gosta e lhe dá prazer, sentir-se-á sempre bem-disposta. Mesmo se trabalhar com algo que não é seu dom, mas vê nessa atividade um esforço ou sacrifício para atingir um objetivo maior, lidará com essa atividade de forma consciente e positiva, preservando e mantendo sua boa saúde. Por fim, se tem boa saúde, conseguirá dedicar bastante energia ao trabalho e sempre conquistará suas metas e sonhos.

6º galho - Área das comunicações, como se expressa, as pessoas com as quais convive cotidianamente (parentes, vizinhos, colegas de trabalho) e como se relaciona com elas, estudos básicos, curiosidades, eventualmente viagens – Herb

Coll – Herb: nessa posição essencialmente mental, lógica, Coll tem seus poderes e as bênçãos que representa bloqueados por seu racionalismo extremo.

Interpretação: Não seja tão racional e lógico, permita que a espiritualidade o abençoe. Se você acreditar, poderá receber bênção maravilhosas, mas enquanto insistir em receber provas, não terá as bênçãos de Coll no seu dia a dia. Coll também pode dizer que só deve falar a respeito do que realmente se conhece e sabe, pois falar sobre assuntos que não domina o farão parecer tolo perante os outros. Além disso, pede comunicação elevada, isto é, pode parar com fofocas, maledicências, cuidar da vida alheia, pois isso só atrai pessoas e eventos negativos para a vida, desviando de nós o que é positivo e bom.

A Ogam desse galho indica se a pessoa está se expressando de forma eficiente, isto é, se está sendo compreendida pelos demais ou se suas ideias e ações estão sendo distorcidas ou não são compreensíveis para aqueles que estão à sua volta. Nessa posição, pode-se ver se a pessoa tem dificuldade para se comunicar ou até se não quer se comunicar, se está com sua capacidade de comunicação e expressão bloqueada, ou se a está usando levianamente através de maledicência, fofocas, etc.

Mostra, também, como estará se relacionando cotidianamente no período com as pessoas ao redor, com as quais é obrigada a conviver - parentes, colegas de escola, faculdade, trabalho, vizinhos, etc.

Aqui pode ser visto o interesse ou não, por parte do consulente, para os estudos e informações do dia a dia, e se há tendência a satisfazer sua curiosidade em relação a algum assunto ou estudo, sem, no entanto, se aprofundar nesse conhecimento.

Eventualmente, poderá dizer se o consulente fará alguma viagem no período.

7º galho – Área da espiritualidade, estudos superiores, a busca pelo conhecimento e pela sabedoria (ou não) – Chieftain

Gort - Chieftain: a partir desse momento e nos próximos meses, Gort imprime em seu ser as vibrações das mais elevadas esferas espirituais, conferindo-lhe lucidez, esclarecimento, discernimento, grandeza e soberania espirituais.

Interpretação: A mensagem é clara: sua busca espiritual rendeu seus frutos.

Esse galho aborda o interesse ou o desinteresse do consulente pela realidade espiritual nos próximos meses abrangidos pela leitura. Concomitantemente, indica se procurará estudar e se aprimorar, espiritualmente mas não só, buscando o conhecimento e a sabedoria.

Pode indicar se há problemas de ordem espiritual que afligirão o consulente, e se houver, é apropriado que o vidente de Ogam possa indicar magias e ao menos um talismã ogâmico para que o consulente possa atravessar e vencer o desafio previsto nessa área de sua vida pelo Ogam, como o Ogam Seer® está apto a proceder.

8º galho – Potencial criativo, como expressa (ou não) a criatividade, filhos - Chieftain

Queirt - Chieftain: Queirt mostra o encontro e a união com seu verdadeiro amor de muitas outras vidas. Juntos, vocês cumprirão sua missão de vida na Terra.

Interpretação: a mensagem é clara: você encontrará em breve ou encontrou o amor de sua vida e construirá uma família maravilhosa (se já não construiu). Essa área da vida está muito abençoada por Queirt.

9º galho – Os amigos que escolhe, vida social; eventualmente dinheiro extra que virá inesperadamente, heranças - Herb

Nin - Herb: Nin diz que você acredita ter chegado a hora de formar sua própria família, mas esta é uma necessidade mais mental do que emocional.
Interpretação: Nin mostra que nesse momento, o consulente estará bastante interessado em estreitar a convivência familiar, ou na convivência com pessoas desde que legadas a algum projeto coletivo de cunho social.

Nesse galho, pode-ser verificar se o consulente estará com sua atenção voltada à convivência social nos próximos meses. Outro aspecto desse galho é sobre aqueles que o consulente elegeu ou vier a eleger a partir do momento da leitura para serem seus amigos, se foi uma sábia escolha, ou se escolheu mal.

10º galho – Área profissional, seu dom ou vocação, reconhecimento social (se haverá ou não) pela sua profissão - Peasant

Emancoll: indica que é o momento propício para voltar-se para dentro de si mesmo e ser sincero, reconhecendo o que está errado, o que lhe causa insatisfação e, consequentemente, o que precisa mudar em si e em sua vida.
Interpretação: na área profissional, precisa realizar alguns ajustes e melhoramentos nesses próximos meses, e se sentirá bastante incentivado pela energia de Emancoll a fazê-lo. Pode significar que é hora de exercer sua vocação profissional, se ainda não a exerce.

Como verificado no quinto galho, o trabalho cotidiano não necessariamente é desenvolvido de acordo com nosso dom ou vocação profissional, pois temos nossos compromissos diários como morar, vestir, pagar nossas contas, nos alimentarmos, etc, e nem sempre nos é dada a oportunidade de obter nossos proventos a partir do nosso dom profissional.

Portanto, esse galho mostra como estará essa relação interna do consulente entre o que gosta e tem o dom de fazer, e o que efetivamente faz para viver, se há indícios do desenvolvimento de algum dom da qualidade de hobbie para atividade lucrativa, etc., e até mesmo o despontar de um dom que o consulente desconhecia.

11º galho – O inconsciente, medos mais profundos, traumas; segredos, sonhos, fantasias, desejos mais íntimos - Chieftain

Luis – Chieftain: Mostra que alguém muito próximo a você está lhe endereçando energias e intenções malfazejas, motivo pelo qual você precisa se proteger espiritualmente, pois seus guardiões não podem protegê-lo se você não fizer a sua parte.

Interpretação: a Ogam Luis mostra que essas energias negativas estão afetando o consulente diretamente em seu inconsciente, perturbando sua paz, seu descanso, sua mente consciente, e não está se dando conta. É hora de se proteger para bloqueá-las.

Esse galho traz algumas mensagens possíveis: pode mostrar alguma influência positiva ou negativa atuando sobre o inconsciente do consulente; pode apontar os medos ou algum medo específico ou trauma do consulente e, provavelmente, que terá de enfrentá-lo no próximo período; pode dizer de algum segredo do consulente que se tornará conhecido, ou algum segredo sobre o qual tomará conhecimento e mudará sua perspectiva de realidade e/ou vida.

Por outro lado, pode demonstrar algum sonho ou desejo do consulente retornando para sua vida a partir desse momento, provavelmente com o objetivo de ser concretizado, ou cuja realização a Ogam mostra ser possível a partir de agora.

O vidente de Ogam deverá saber ouvir sua intuição para a correta interpretação da Ogam na classe chieftain e a qual das possibilidades desse galho se refere.

12º galho – Área financeira, relação com o dinheiro, como ganha e como lida com ele, negócios, sociedades - Shrub

Dur – Shrub: Dur mostra um verdadeiro mestre em seu caminho profissional ou nos estudos, uma pessoa de extrema competência e experiência com quem você poderá aprender muito se souber ser humilde o suficiente para reconhecê-lo e valorizar seu amplo conhecimento e domínio da sua área de trabalho.

Interpretação: a mensagem é clara.

Pode parecer um tanto estranho que esse assunto – dinheiro, posses, bens, negócios, sociedades empresárias – apareça num galho de posição elevada e que está entre os galhos que tratam da espiritualidade, dons, inconsciente, isto é, assuntos mais sutis.

Todavia, mais do que prever ganhos ou perdas de dinheiro, bens ou negócios, esse galho mostra o sistema interno de valoração que todos nós guardamos conosco, o que determina o fluxo da prosperidade, não só material, mas de tudo em nossa vida.

Aqui, pode ser visto o valor que o consulente atribui a si mesmo e se acredita ou não ser merecedor de obter dinheiro e ganhos por seus próprios meios, por seu trabalho ou profissão.

Ademais, mostra se sente-se capaz de alcançar prosperidade e abundância, e também aponta o que é realmente importante para ele, o que considera um tesouro – nem sempre é dinheiro.

Para alguém que não tem boa saúde, provavelmente será um sistema plenamente saudável; para alguém espiritualizado, será conhecimento e iluminação espirituais; para alguém extremamente amoroso, será manter relações sinceras e baseadas no amor verdadeiro, e assim sucessivamente.

A partir daí, tudo o que a pessoa faz, especialmente as atividades remuneradas que desenvolve, que deveria desenvolver ou que não quer desenvolver, terão como objetivo principal conquistar esses bens, devendo adquirir para tanto a tão valorizada e necessária estabilidade material imposta por nossa sociedade ocidental moderna, ou desprezando-a completamente porque o dinheiro não combina com a espiritualidade, por exemplo, ou acumulando bens e dinheiro por acreditar que somente terá valor de acordo com o suas posses numa clara distorção de valores, dentre outros exemplos de sistemas internos de valoração.

Cabe ao vidente de Ogam ouvir sua intuição para verificar se o sistema de valoração do consulente está equilibrado ou não, e como isso afeta o fluxo de prosperidade e abundância em sua vida, não só de dinheiro, mas de tudo: saúde, alegrias, pessoas boas, amor, harmonia, paz, satisfação pessoal, autoestima, beleza, etc.

13º galho - Poder pessoal a ser aflorado; eventualmente mostra inimigos e/ou amigos poderosos - Peasant

Fern - Peasant: Fern representa o amor materno e paterno que os genitores nutrem pelo filho, e pode representar a união do casal em torno e em prol da prole, havendo respeito e companheirismo entre eles, mas não necessariamente desejo, paixão, o amor em todas as suas facetas.

Interpretação: Fern traz como poder pessoal para o consulente a harmonia em um relacionamento a dois. Nos próximos meses, é indicado que o consulente dedique mais atenção ao companheiro, se tiver, e curta a relação, que estará bastante harmônica. Se não tiver ninguém, provavelmente surgirá nesse período um amigo, cuja amizade se estreitará e que muito contribuirá para o crescimento do consulente. Também abençoa o relacionamento com os filhos, se tiver, tornando o momento propício para boas conversas e resolução de conflitos. Quanto aos inimigos, mostra que além daquele apontado no décimo-primeiro galho, não há com o que se preocupar.

Como explicado anteriormente, esse galho é a síntese de todos os outros e ao mesmo tempo, traz energias e habilidades para o consulente que favorecerão a boa resolução das áreas desafiantes de sua vida nos próximos meses, previstas pelas Ogams na Árvore Celta da Vida.

Essas energias já estarão atuando na vida do consulente, pois no momento em que aparecerem, os símbolos ogâmicos abrem portais multidimensionais que desencadeiam as potencialidades e energias nas áreas da vida do consulente.

Assim, ao mesmo tempo em que preveem eventos futuros, trazem as qualidades necessárias para o bom deslinde do desafio, se a previsão for negativa. Quando a previsão é positiva, cabe ao consulente tornar essas bênçãos concedidas pelas Ogams concientes, anotando a consulta, para melhor aproveitar e fazer uso de todas as boas vibrações divisadas e desencadeadas pelo Ogam.

A seguir estão todos os significados que as vinte e cinco Ogams podem ter de acordo com os quatro níveis de atuação de energia ou com as quatro classificações que cada uma possui.

A primeira descrição é sempre relativa à energia essencial, natural daquela Ogam, consequentemente, é a mais importante.

Todavia, qualquer leitura que você realizar com o Ogam, o fator principal é a sua afinidade com esse oráculo milenar, além de saber ouvir sua intuição e obter boa conexão com o Inconsciente Coletivo e com o inconsciente do consulente.

Procure familiarizar-se com os significados das Ogams, especialmente o principal, o qual será o único considerado para a prática de meditação, rituais, encantamentos e na confecção de talismãs, embora os usos das Ogams nestes casos estejam devidamente descritos nos outros volumes deste Tratado.

É imprescindível que você grave bem isso: a interpretação de cada Ogam para uso na Magia será sempre aquela que corresponde à sua energia ou vibração essencial.

Capítulo 18

𝕾ignificados 𝔇ivinatórios das 𝔒gams

Nesse capítulo, consta a análise completa de cada letra e símbolo ogâmicos, tanto no sentido linguístico, quanto no sentido oracular.

No início de cada Ogam informo seu nome e título, as grafias que possa ter, letra do alfabeto latino correspondente, a qual é usada no Mapa Ogâmico, árvore que lhe é associada segundo o Auraicept e segundo os usos da minha tradição familiar de Magia Celta, as Bríatharogaim ou "Palavras do Ogam" (palavras-chave ou enigmas propostos por mestres aos pupilos, encontradas originalmente no Livro de Ballymote – dos dois primeiros mestres-autores e em manuscritos independentes quanto ao último mestre-autor) e sua tradução pelos especialistas McManus, Meroney, Boutet, bem como minha versão, para que o estudioso do Ogam possa compreendê-las e apreender seu significado místico oculto.

Por fim, há a classe, domínio, estação do ano a que a Ogam está vinculada, seu significado arquetípico na Espiral da Vida e as palavras-chave para uso oracular.

Todas as Ogams possuem quatro interpretações, de acordo com os quatro níveis de atuação das Ogams, conforme abaixo. O leitor observará que a primeira interpretação é sempre a da classe a que a Ogam pertence, seguindo-se as outras três a essa interpretação que é sempre a principal, pois é a essência da Ogam.

Assim, caso o vidente de Ogam deseje obter uma orientação e retirar apenas uma Ogam, considerará somente a primeira interpretação que é a principal de cada Ogam.

No Oráculo Ogam, aquelas classificadas como chieftain aludem a questões de ordem espiritual, como crenças, fé, religiões e filosofias de vida; as classificadas como peasant abordam as questões trazidas pelo consulente do ponto de vista emocional e dos sentimentos, por vezes orientando atitudes emocionais ou mostrando o excesso de emotividade do consulente quanto à questão, faltando-lhe talvez ser mais racional e prático; as Ogams shrub tratam das atitudes concretas, do fazer ao invés de falar, bem como sobre o peso das coisas mundanas na questão, como o consulente lida com a parte material – trabalho e dinheiro, e, por vezes, podem mostrar o excesso de apego aos bens e posses físicas, sacrificando ou ignorando os valores espirituais, causando desequilíbrios; e as Ogams classificadas como herb mostram o racionalismo em oposição ao emocional e espiritual, são mais racionais, lógicas, distantes emocionalmente, por vezes céticas em relação à existência do mundo e da vida espirituais, bem como podem mostrar seu excesso, bloqueando as emoções e a espiritualidade, mas também podem requerer atitudes mais racionais e menos fantasiosas em relação às questões do consulente.

Todos os aspectos e tendências do consulente que geram desequilíbrios poderão ser mais amplamente explorados através do Mapa Ogâmico – Volume 2 desse Tratado.

As Ogams usadas como oráculo podem detectar esses desequilíbrios de forma mais efetiva, sempre voltadas para questões práticas da vida diária, orientando o consulente como desbloquear energias eventualmente bloqueadas e como se reequilibrar através das próprias Ogams por seus usos mágicos (ver Volume 3) e como terapia alterantiva (ver Volume 4).

18.1 – Ogams do Aicme Beithe

As Ogams de Beithe são regidas pelas águas primordiais e estão associadas ao Inverno. São Ogams que, em geral, tratam dos dons de Magia, da crença no Outro Mundo e em seus habitantes, do contato com espíritos, fadas, seres encantados, Guardiões de Magia e Encantados, e da própria Magia e o exercício dessa Arte por diversos meios.

Todas essas Ogams são muito intuitivas, sensíveis emocional e espiritualmente. Não raro, são portadoras de dons de cura e precisam aprender a lidar com esses dons, começando por aceitá-los como bênçãos e dádivas, e aprendendo a aplicá-los para seu bem e para o bem maior das pessoas e seres ao redor, multiplicando bênçãos.

BEITHE – *"A Beleza dos Sonhos e do Sonhador"*

Grafias: Beith, Beth, Beithi

Letra: B

Árvore no Auraicept: *birch* – bétula ou vidoeiro. *"Of withered trunk fair-thaired the birch."* "Do tronco murcho, cabelos fartos/loiros é a bétula."

Árvore: *birch tree* - bétula ou vidoeiro *(Betula alba)*

O gênero *Betula* comporta inúmeras espécies, sendo as mais conhecidas a *Betula pendula* ou vidoeiro, e a *Betula alba*. A bétula cresce naturalmente nas entradas dos bosques, motivo pelo qual, foi associada pelos celtas à primeira Ogam, prenunciando início, começo, recomeço, nascimento, novidade.

As bétulas são árvores que não atingem grande estatura, sendo consideradas arbustivas. Possuem folhas alternadas e simples que podem ser dentadas ou lobadas, e seu tronco é branco. As bétulas possuem propriedades medicinais. O salicilato de metila, que é um analgésico muscular potente de uso externo e largamente utilizado na Europa no tratamento de reumatismo, é extraído de algumas plantas, dentre elas da *Betula lenta* (por isso é conhecido também como "óleo de bétula").

Bríatharogam Morainn mic Moín: Féochos foltchaín
Tradução de McManus: *Withered foot with fine hair*
Tradução de Meroney: *Faded trunk [and] fair hair*
Versão de LMB: Pés murchos/mirrados com cabelos fartos.

Bríatharogam Maic ind Óc: Glaisem cnis
Tradução de McManus: *Greyest of skin*
Tradução de Meroney: *(Glaisium cnis) Most silvery of skin*
Versão de LMB: Da pele mais cinzenta ou da pele mais prateada.

Bríatharogam Con Culainn: Maise malach
Tradução de McManus: *Beauty of the eyebrow*
Tradução de Meroney: *Beauty of the eye-brow, stained* (Meroney acredita que esta Bríatharogam está no lugar errado, e pertenceria à próxima letra, Luis)
Versão de LMB: Beleza da sobrancelha ou beleza do olhar.

Interpretação de McManus: *Beithe - birch* - bétula

Interpretação de Meroney: *beithi – birch* - bétula
É uma imitação da letra hebraica Beth ou da grega βῆτα, segundo Thurneysen, mas Arntz não tem certeza. Os nomes germânicos para B (godélico bercna, inglês antigo beorc, islandês antigo bjarkan) que também significa "birch" – bétula, foram baseados no céltico.

Interpretação de Boutet: *Betua* = "Birch" / *Bitu* = "Mundo", *Biuitos, Biotos* = "Vida", *Budh* < *Boudios*, planeta Mercúrio.

Classe: *Peasant tree* – Árvore Camponesa - emocional

Estação do ano: Inverno. Beithe está associada especificamente ao Solstício de Inverno

Domínio: águas primordiais

Espiral da Vida: o recém-nascido, a criança, nascimento

Palavras-chave para o oráculo: início, novidades, a arte de sonhar e de concretizar os sonhos, fertilidade, gravidez, nascimento, silêncio

Peasant: Quando Beithe aparece em uma leitura, mostra o início de algo novo em alguma área da vida, novidades a caminho, acontecimentos inesperados. Essa Ogam não denota algo que muda, mas uma situação totalmente inusitada que surge, um novo ser através do nascimento de uma criança, de um novo relacionamento, um novo amor, etc.

Entretanto, essa novidade requererá muito trabalho e dedicação para vingar, pois tudo que é novo é frágil e precisa lutar incessantemente para se estabelecer. Isso significa que com a novidade, virá um desafio que precisa ser vencido.

Todo início é difícil e Beithe não garante o sucesso nesta empreitada, que poderá ser uma grande realização ou um aprendizado, uma experiência de vida. Todavia, se conseguir superar os obstáculos, obterá uma bela recompensa.

Beithe também é a Ogam dos sonhos e daquele que sonha. O sonho nesse caso, é desejar algo profundamente e acreditar na possibilidade de concretizá-lo, mesmo que pareça inatingível. É o imaginar, almejar alguma coisa com todas as fibras do seu ser e perseguir esse sonho, batalhando para concretizá-lo.

Beithe desperta a capacidade de sonhar e de acreditar que os desejos mais íntimos e secretos podem se tornar realidade, podem ser concretizados. Sendo Beithe a Ogam do nascimento, isto é, da chegada de um espírito à Terra através de um corpo físico, deixa claro que os sonhos, que são desejos do coração, ao serem conjugados com a criatividade da mente, podem perfeitamente se concretizar em sua vida, desde que você acredite e lute por eles sem desistir, sem fraquejar, ajustando as estratégias para conseguir conquistá-los.

Assim, a mensagem de Beithe é: se você sente seu sonho em seu coração, se é o que realmente ama e deseja, não desista, não importa o quão grandes seu(s) sonho(s) possa(m) parecer. Lute o quanto for necessário até conquistar seu objetivo, faça dessa novidade um presente, superando-se e rompendo paradigmas.

Chieftain: Beithe traz e pede silêncio nesse momento: silenciar a mente, a alma, o coração e, principalmente, em palavras e atos.

Seu espírito está conturbado e confuso, sua visão está turva e você desconhece todos os lados da questão. Sem estar de posse das informações necessárias, não conseguirá discernir e, consequentemente, neste momento não poderá tomar uma decisão acertada, tornando grande a chance de se equivocar e de se arrepender depois, caso você insista em agir imediatamente.

Tenha paciência, procure relaxar e não pensar no assunto. Recolha-se em meditação buscando conexão com os deuses, abrindo seu espírito para que seu Guardião de Magia, guia, mentor como preferir, possa lhe orientar através da intuição.

Numa segunda análise para essa posição, Beithe propicia os sonhos e as visões encantadas, a "segunda visão" como os celtas chamavam, que pode ser a premonição ou visão do futuro, visão sobre o passado, visão ampliada do presente, viagens ao Outro Mundo, etc.

Esse dom de Magia pode ser passageiro, e nesse caso terá a função de auxiliá-lo nessa fase de sua vida, ou pode ser um dom perene que você precisa desenvolver e controlar, pois muito o beneficiará, principalmente se usá-lo para o bem maior dos seres e do planeta.

Shrub: Beithe indica que há novidades a caminho na área profissional, material. Pode ser, ainda, uma novidade física – gravidez.

Se perguntou sobre um trabalho, essa Ogam diz que em breve surgirá uma boa proposta de emprego, uma promoção, outro trabalho mais vantajoso financeiramente ou talvez mais prazeroso, enfim, nessa posição, Beithe sempre traz uma novidade positiva no campo profissional e do dinheiro.

Se deseja que a novidade indicada por Beithe se concretize em sua vida, basta continuar agindo como vem fazendo. Caso deseje impedi-la de acontecer, mude sua atitude.

Beithe ensina que o livre-arbítrio nos pertence, porém, sempre somos responsáveis e recebemos em retorno as reações que nossas ações desencadeiam.

Herb: Beithe alerta sobre novidades indesejadas em seu caminho e tudo o que você pode fazer é se preparar para lidar com elas da melhor forma, procurando compreender por que surgiram ou surgirão, qual o aprendizado que trazem.

Eventualmente, você conseguirá amenizar os efeitos nocivos dessa novidade através das outras Ogams como talismãs (consulte o Volume 3 dessa Coleção), capazes de lhe concederem as habilidades necessárias e energia para que você possa lidar de forma eficiente com essa situação adversa, superando-a o mais rápido possível ou minimizando seus reveses.

Pode significar, ainda, que um novo projeto que você está engendrando não dará certo neste momento ou da forma como você o idealizou. É melhor você esperar para pô-lo em prática, caso contrário, haverá perdas, prejuízos e frustração.

LUIS – *"A Proteção Encantada dos Dragões e das Serpentes"*

Grafias: idem

Letra: L

Árvore no Auraicept: *mountain-ash* (sorveira) / *rowan* (sorveira brava/tramazeira). *"...Delight of eye is mountain-ash, i.e., rowan, owing to the beauty of its berries."* "Deleite para os olhos é a sorveira, isto é, a sorveira-brava/tramazeira, devido à beleza de seus frutos."

Árvore: *mountain ash tree / rowan tree* – tramazeira ou sorveira-brava (*Sorbus aucu- paria*)

A árvore *rowan*, no Brasil tramazeira ou sorveira-brava, era usada pelos celtas para fazer varinhas cuja função era localizar depósitos de metais sob a terra, assim como varinhas de aveleira e salgueiro eram feitas para localizar água.

São exemplares especialmente belos, não atingem mais do que quinze metros de altura; suas flores são brancas e seus frutos são de cor vermelha intensa, descritos pelos bardos como "um deleite para os olhos".

Em inúmeras histórias da Mitologia Celta contadas principalmente na Irlanda e no País de Gales, animais com corpos brancos e orelhas vermelhas apareciam no caminho da heroína ou do herói como mensageiros dos deuses para guiá-lo e protegê-lo.

As vestes cerimoniais dos druidas também eram brancas com detalhes em vermelho, exatamente como a árvore, fato esse que demonstra o quanto a sorveira-brava era poderosa. Não é à toa que a igreja católica adotou como vestimenta do papa e dos padres as túnicas brancas com detalhes em vermelho exatamente como os druidas usavam ao presidirem os rituais.

Bríatharogam Morainn mic Moín: Lí súla
Tradução de McManus: *Lustre of the eye*
Tradução de Meroney: *Color of the eye, delight to the eye*
Versão de LMB: Olhos brilhantes, olhar luminoso, deleite para os olhos.

Bríatharogam Maic ind Óc: Carae cethrae
Tradução de McManus: *Friend of cattle*
Tradução de Meroney: *(Cara ceathra) Friend (or attraction) of cattle*
Versão de LMB: Amigo do gado, atrativo do gado.

***Bríatharogam Con Culainn:** Lúth cethrae*
<u>Tradução de McManus:</u> *Sustenance of cattle*
<u>Tradução de Meroney:</u> *(Lúth ceathra) Friend (or attraction) of cattle*
<u>Versão de LMB:</u> Sustento/manutenção/atrativo do gado, sustentação do gado.

Interpretação de McManus: *Luis - flame or herb* (chama/fogo/fulgor ou erva/planta medicinal)

Interpretação de Meroney: *luis - ?* (segundo o latim *lux,* irlandês *luise 'flame'* – chama).
O manuscrito Yellow Book of Lecan fixa o significado *lux solis* para a letra latina Q; e o nome galês para L é *louber* "luz, esplendor". O *Abecedarium Nordmannicum,* linha 10: *lago the leotho,* compara os nomes germânicos para S, por exemplo, islandês antigo sól, inglês antigo sigel "sol", ainda remetendo à ideia de lux – luz. Oposto a isso, talvez num sentido mágico, há a ideia *'moisture, rain'* – 'orvalho, chuva' em Úr U.

Interpretação de Boutet: *Luis < Luisis* = "Mountain ash" (sorveira-brava) / *Luan < Luana < Luxsna < Louxsna* = "Lua"; *Louxsnos* = "Luz"; *Lemos* = "Elm-tree" (árvore olmo) / *Lemos* = "Veado ou macho de certos animais / especulador".

Classe: *Peasant tree* – Árvore Camponesa

Estação do ano: Inverno

Domínio: as águas primordiais

Espiral da Vida: *daoine síth* – as criaturas encantadas, especialmente os dragões e a proteção que podem conceder

Palavras-chave: a proteção mágica oferecida pelos dragões e serpentes encantados, banimento de todo o mal, esplendor

Peasant: Quando essa Ogam aparece numa leitura, automaticamente cria uma barreira encantada protegendo-o contra todo o mal, desde espiritual (trabalhos negativos de magia, ataques psíquicos por encarnados e/ou desencarnados, etc), até perigos físicos (acidentes, roubos, etc).
Luis mostra que, embora o mal esteja à espreita e que você deve ficar muito atento e ser cauteloso neste momento, está protegido a partir de agora.

Na Mitologia Celta, a sorveira brava abrigou um casal apaixonado que fugia de seus perseguidores, abrindo um portal que os manteve a salvos no Outro Mundo, invisíveis aos olhos daqueles que tentavam capturá-los para separá-los.

Uma vez que Luis é uma verdadeira exorcista de todo o mal, inclusive e precipuamente do mal que abrigamos em nossos corações como rancor, mágoa, culpa, inveja, desejo de vingança, maledicência, ao escolhe-la saiba que um processo profundo de limpeza, desapego, perdão e revisão de valores terá início imediatamente, para que você comece a transmutar todos esses sentimentos e emoções negativas em positivas, caso contrário, atrairá o mal diretamente para si mesmo e para sua vida, e tudo o que mais presa se perderá, as pessoas as quais você ama se afastarão, os amigos se tornarão inimigos, seus caminhos se fecharão, pois não mais lhe será permitido sustentar esses sentimentos negativos dentro de si.

Luis fala que a mudança de valores emocionais, uma verdadeira reforma interna, é imprescindível, e se não a fizer conscientemente, sofrerá muito, pois esse expurgo já está começando. Aquele que não quer aprender pelo amor, aprenderá pela dor.

Ademais, os poderosos dragões encantados só protegem os nobres de coração. Se você não for um deles, prepare-se para enfrentar o mal sozinho e sem recursos.

Para contribuir voluntariamente com a proteção encantada e com o processo de limpeza emocional que Luis proporciona, comece elevando seus pensamentos e sentimentos a partir de agora, procurando sentir e desejar o bem a todos, inclusive a si próprio. Não participe de fofocas, comentários sarcásticos, maledicentes e maliciosos. Se não puder ajudar, não atrapalhe. Esse já é um bom começo.

Use Luis como talismã de proteção e para guiá-lo nesse salto quântico emocional a partir de agora.

Chieftain: Luis mostra que alguém muito próximo a você está lhe endereçando energias e intenções malfazejas, motivo pelo qual precisa se proteger espiritualmente, pois seus guardiões não podem protegê-lo se você não fizer sua parte.

Em primeiro lugar, é importante descobrir a fonte desse mal para isolá-la. Além disso, deve deixar de ser ingênuo e prestar mais atenção nas pessoas à sua volta e em quem você deposita sua confiança e amizade, pois está escolhendo mal suas companhias. Por isso, prepare-se para decepções com os "amigos".

Em segundo lugar, faz-se necessário usar Luis como talismã, para obter proteção absoluta contra todo o mal que lhe está sendo endereçado. Luis é a exorcista do Ogam, e é tão poderosa, que se você realmente for inocente e não for merecedor dessa hostilidade e malevolência, Luis o libertará de toda a energia negativa da qual estiver sendo alvo, seja por pensamento, sentimentos e até mesmo por trabalho negativo de magia, devolvendo todo o mal a quem o enviou a você para prejudicá-lo.

Luis como talismã deve ser colocado nos cômodos da casa sobre os batentes das portas, sob seu travesseiro, no seu carro, na sua carteira ou bolsa, no seu local de trabalho para que possa atuar de forma mais eficaz e rápida na sua proteção.

Use-o por um ciclo lunar inteiro (cerca de vinte e oito noites), depois queime os talismãs e refaça-os se desejar (veja como fazer talismãs no capítulo Talismã de Fedelm, mas ao invés de por todas as Ogams, desenhe apenas Luis. No Volume 3 desse Tratado consta como consagrá-los, mas você também pode fazer seu próprio ritual segundo sua intuição).

De qualquer forma, é interessante que você execute uma Quebra de Maldição (veja no livro Bruxas Celtas), mas se não se sentir em condições de fazê-lo sozinho, procure ajuda espiritual.

Shrub: Luis mostra que há uma armadilha engendrada contra você na sua área profissional para derrubá-lo, prejudicá-lo ou roubar sua ideia, cargo, projeto, invenção, empresa, negócio, clientes.

Use Luis como talismã de proteção a partir de agora, e os dragões, com sua sabedoria infinita, o ajudarão a ver quem é(são) a(s) pessoa(s) que pretende puxar seu tapete e tomar o que é seu por direito.

Num primeiro momento, só de Luis se apresentar na leitura, indica que você não merece todo o mal que estão lhe endereçando e desejando, portanto, se você agir rápido e com a ajuda de Luis, poderá reverter esse quadro negativo em seu favor no trabalho, salvaguardando o que é seu e fazendo todas essas intenções negativas voltarem-se contra seus criadores.

Use a Ogam Ruis em uma magia ogâmica para que seus inimigos gratuitos sejam desmascarados e impedidos a tempo. Você também pode usar o Feitiço do Caos, se souber quem são seus inimigos, ou o Ogam da Proscrição, caso não consiga descobrir quem são (veja na Parte Especial do livro Bruxas Celtas).

Concomitantemente, deixe de ser ingênuo, de acreditar que todos são bonzinhos, que o mal não existe ou não pode atingi-lo. Pare de contar para todos seus planos, seus anseios, o que deseja para seu futuro, as novidades boas que surgem em seu caminho, suas conquistas, realizações e, principalmente, suas ideias e invenções, pois a maioria das pessoas que o cerca nesse momento é incompetente, preguiçosa e profundamente invejosa, motivo pelo qual deseja usurpar o que é seu.

Quanto mais o veem feliz, mais lhe endereçam intenções negativas, infelicidade, fracasso, tristeza. Enquanto não aprender a realizar seus projetos, sonhos, trabalhos em silêncio, tudo será mais difícil, suas atividades darão errado, o que é seu se perderá, o que é bom não chegará, o infortúnio será seu companheiro. Fique quieto, proteja-se espiritualmente, trabalhe, ganhe e usufrua sem alardear nem ostentar, e seus caminhos se abrirão.

Por fim, se você costuma esnobar e humilhar seus colegas de trabalho, especialmente os limitados e/ou subalternos, nenhuma Ogam, tampouco os dragões e serpentes, intervirão em seu favor, e você receberá sua lição. Se esse for o seu caso, oriento-o a não pedir sua ajuda, pois além de não ajudarem, o punirão severamente por sua desfaçatez.

Herb: Nessa posição, Luis indica que todo o mal-estar, desânimo, dores no corpo, depressão, melancolia, cansaço, falta de energia que você vem sentindo tem duas origens prováveis: ou são fruto das energias negativas endereçadas a você por meio de pensamentos negativos, inveja, perfídia, tratando-se de vibrações mentais e espirituais densas o bastante para lhe causarem desordem física, ou esses sintomas têm origem exclusivamente dentro de você, devido a pensamentos negativos que você vem alimentando como maledicência, inveja, vingança, raiva, rancor, etc.

Essas energias e/ou pensamentos negativos estão refletindo em seu corpo físico, trazendo desequilíbrios sistêmicos, vulgo doenças. Se você procurar um médico, ele encontrará diversas patologias, no entanto, não há medicamentos alopáticos neste mundo capazes de curá-lo desse envenenamento vibracional.

No primeiro caso, que são energias negativas externas, aprenda a se proteger espiritualmente, para bloquear seus efeitos. Concomitantemente, procure estar com pessoas otimistas, alegres, que pensam e desejam o bem. Não frequente lugares densos, volte-se para o lado espiritual da existência e procure conhecer e praticar alguma crença espiritualista que o satisfaça e eleve suas vibrações e sentimentos. Faça um talismã de Luis, e faça uso das terapias alternativas, bem como do Ogam Healing (Volume 4 dessa Coleção), que em breve estará curado.

No segundo caso, seja sincero e admita há quanto tempo vem se envenenando mentalmente com pensamentos negativos e menos dignos. Agora, heis o reflexo.

Para se libertar dessa situação de dor e sofrimento, precisa mudar radicalmente sua postura mental a partir de agora. Livre-se dos pensamentos e, consequentemente, dos sentimentos negativos como vingança, inveja, rancor, mágoa, ressentimento, desconfiança, culpa, substituindo-os por vibrações positivas em todos os sentidos.

Use a Ogam nGetal para se purificar dessas energias malfazejas e Luis para se proteger e ajudá-lo a aprender a elevar seus sentimentos e pensamentos para melhor, pois somente assim libertará seu corpo da dor e sofrimento que você mesmo vem se impondo.

Por fim, tenha paciência, pois esse processo de limpeza e reversão vibracionais poderá demorar razoavelmente. Ter consciência de que está colhendo o que plantou o ajudará a perseverar no caminho. Caso se revolte, as Ogams não mais poderão auxiliá-lo.

FERN – *"O Escudo e a Espada"*

Grafias: Fearn

Letra: F / V / W

Árvore no Auraicept: *"…The van of the Warrior-bands, that is, alder, for thereof are the shields."* "A primeira linha dos grupos de guerreiros, que é o amieiro, porque dele são (feitos) os escudos."

Árvore: *alder tree* - amieiro *(Alnus glutinosa)*
É uma árvore que prefere locais úmidos, crescendo à beira de rios e lagos. Não possui florescência propriamente dita, já que durante o Inverno, quando está desprovida de folhas, as amieiros machos geram um cacho de cor avermelhada chamado amentilho e as fêmeas, um botão com cerca de dois centímetros, de cor púrpura que pode chegar ao negro, onde ficarão armazenadas as sementes após a fecundação.

O amieiro contribui largamente com o ecossistema ao seu redor e sua madeira é resistente à água, motivo pelo qual foi empregada largamente em construções e embarcações pelos celtas.

Bríatharogam Morainn mic Moín: Airenach fian
Tradução de McManus: *Vanguard of hunting / warrior bands*
Tradução de Meroney: *(Airinach Fian) Protection (lit. forefront) of the Fianna*
Versão de LMB: Proteção do caçador, grupos de guerreiros/Proteção ou linha de frente dos Fenianos (Fenianos podem ser os guerreiros de Fin - Mitologia da Irlanda, ou os famosos "Guerreiros de Fean" da Mitologia Celta Escocesa).

Bríatharogam Maic ind Óc: Comét lachta
Tradução de McManus: *Milk container*
Tradução de Meroney: *Guardian of milk*
Versão de LMB: Reservatório de/para o leite; guardiã(o) do leite.

Bríatharogam Con Culainn: Dín cridi
Tradução de McManus: *Protection of the heart*
Tradução de Meroney: *Shelter of the heart*
Versão de LMB: Proteção, abrigo, segurança do coração.

Interpretação de McManus: *Fern - alder -* amieiro

Interpretação de Meroney: *fern - alder* – amieiro / *shield* – escudo

Fern 'escudo', talvez seja uma designação mais antiga do que a tardia 'amieiro'. A palavra-chave 'guardiã(o) do leite' pode significar 'vasilha', porque tanto a vasilha quanto o escudo eram feitos da madeira do amieiro.

Interpretação de Boutet: *Fern* < *Uernos* = *"Alder"* (amieiro) / *Uernos* = "Bom/ Bem", *Uernon* = "Estado", *Uirionia* = "Veracidade", *Uasnia* = "Alvorecer/Madrugada", planeta Vênus, a Estrela da Manhã.

Classe: *Peasant tree* – Árvore Camponesa

Estação do ano: *Inverno.* Essa Ogam marca o pico do Inverno

Domínio: as águas primordiais

Espiral da Vida: pais, genitores, responsáveis pela criação e educação da criança; relacionamentos harmônicos e duradouros

Palavras-chave: relacionamentos em geral, mas principalmente relacionamento amoroso, união, proteção mútua, amor materno e paterno, relação harmônica e duradoura

Peasant: Fern representa o amor materno e paterno que os genitores ou responsáveis sentem pelo filho, e pode representar a união do casal em torno e em prol da prole, havendo respeito, companheirismo, harmonia de ideias e convivência, amor, mas não necessariamente desejo, paixão, o amor em todas as suas facetas.

Existe muito amor pelo filho, dedicação, comprometimento, transmissão de valores importantes através do exemplo, mais do que por palavras, contribuindo para a boa formação do caráter da prole em geral.

Caso o filho tenha se desvirtuado, certamente não foi por falta de orientação e cuidados por parte dos pais, mas por livre-arbítrio.

Portanto, na condição de genitor ou responsável, não se culpe em momento algum, pois tudo o que estava ao seu alcance foi feito para que os filhos seguissem bons exemplos e escolhessem bons caminhos. Atingida a maioridade civil, se eles escolheram atalhos tortuosos, não cabe aos pais a responsabilidade, mas tão somente lamentar e pedir aos deuses que em algum momento se deem conta do erro que estão cometendo.

Em uma leitura sobre um relacionamento amoroso, Fern diz que há união, boa convivência, respeito, admiração, cuidado, cumplicidade, admiração e proteção mútuos, mas talvez essa relação tenha sofrido a ação do tempo e o desgaste que a vida cotidiana impõe a todos os casais, causando a falta da libido, atração, desejo, sedução.

Todavia, não é nada que o casal não possa recuperar se houver amor verdadeiro, e geralmente, há. Essa possibilidade surge principalmente quando os filhos crescem, pois há mais liberdade e tempo entre o casal. Basta querer e essa relação poderá renascer.

Numa outra análise, Fern não se refere apenas aos relacionamentos amorosos nem entre pais e filhos, abordando relacionamentos em geral: amizades, coleguismo de trabalho ou escola, sociedades, familiar, etc. Nesse caso, fala de um relacionamento que traz boa convivência, carinho, consideração, fidelidade, atenção mútuos, enfim, é bastante positivo e verdadeiro.

Em termos de família, fala que há harmonia e boa convivência geral. Quanto às relações de trabalho, Fern mostra que você está num ambiente bom, ou ao menos, que neste ambiente há boa convivência, se não com o grupo, ao menos com parte dele ou com alguém em especial, e que você pode contar com algumas pessoas sempre que precisar, da mesma forma que essas pessoas sabem que podem contar com você.

Fern sempre mostra e favorece a harmonia e a boa convivência entre as pessoas e os seres quando aparece numa consulta.

Chieftain: Nessa posição, Fern refere-se a um filho, ao qual você tem se dedicado demasiadamente, impedindo-o de se tornar independente, de fazer as coisas por si mesmo, de tomar iniciativas, decisões, de ter responsabilidades e obrigações, enfim, de crescer, e isso o está prejudicando profundamente.

Você precisa parar e começar a ensinar-lhe responsabilidades, deveres, pois até o momento, ele só tem direitos. Ele precisa aprender a responder por seus erros, e para tanto, deve ter a oportunidade de fazer suas escolhas, e eventualmente, errar.

Por outro lado, pode ser que você esteja fazendo exatamente o oposto, deixando que seu filho siga seu caminho e tome decisões, mas não lhe deu as orientações, tampouco as bases necessárias para que tenha o mínimo discernimento para que possa caminhar corretamente.

É provável que você lhe cobre atitudes corretas, embora não tenha lhe ensinado ou deixado claro o suficiente o que é o certo e o errado, ao menos para você, fazendo-o sentir-se confuso e totalmente negligenciado, até mesmo traído, enganado, menosprezado.

É preciso reparar as faltas e os excessos o quanto antes e Fern o ajudará se você assim o desejar, mostrando-lhe o equilíbrio, o cuidado e a proteção que pais zelosos devem ter, sem, no entanto, mimarem os filhos.

Por fim, Fern pode alertá-lo de que está sendo muito protetivo em relação a alguém, que pode ser um filho, parente, amigo ou companheiro. Agindo assim, você o impede de ter suas próprias experiências, e, consequentemente, não permite que cresça, tornando-o dependente de você, de suas opiniões e decisões, o que faz muito mal para ambos.

É preciso deixar a pessoa livre para pensar e fazer suas próprias escolhas, inclusive para errar, pois é assim que se aprende.

Esse indivíduo precisa aprender a cuidar de si próprio, a ter responsabilidades, a ser independente. Se você continuar furtando-lhe essa experiência, trará cada vez mais prejuízos e problemas para ambos, pois essa simbiose faz dos dois escravos um do outro, num estado extremamente nocivo e doentio de interdependência que não deveria existir.

Será preciso um árduo trabalho psicoterápico, que deve ter início o quanto antes para que essa relação seja curada e para que ambos sejam finalmente livres. Se você ou o outro não deseja isso, saiba que esse caminho só trará sofrimento, tristeza, frustração, mágoas, decepções.

Shrub: Nessa posição, Fern mostra que você precisa trabalhar a questão da maternidade/paternidade tanto em relação a seus pais, quanto em relação aos filhos.

Fern pode apontar problemas físicos para engravidar ou gerar filhos, e nesse caso, use a Ogam Beithe para aflorar seu potencial de fertilidade, bem como, para ajudá-lo a superar qualquer problema dessa natureza.

Por fim, Fern também pode anunciar uma sociedade ou associação de negócios que pode ser uma união para apenas um negócio, pode ser a criação de uma empresa, pode ser um contrato de prestação de serviços, uma parceria, enfim, algum trabalho no qual duas ou mais pessoas se unem com a finalidade de efetuarem uma atividade remunerada, aliando habilidades, conhecimentos, forças, capital, de forma que todos sairão ganhando no final.

Essa sociedade ou associação mostra-se bastante profícua e rentosa desde que cada um faça sua parte, se dedique ao trabalho e principalmente, desde que todos deixem muito claras as suas intenções, expectativas, tarefas, responsabilidades, investimento e divisão dos ganhos logo no início e por escrito, para que não existam dúvidas ao longo do caminho, evitando-se assim brigas e desgastes desnecessários.

Herb: Fern alerta para uma situação que requer muita cautela, cuidado, proteção em alguma área de sua vida. Trata-se de um desentendimento que está tomando ou tomará em breve proporções relevantes, envolvendo terceiros, gerando estresse, ansiedade, insegurança em você.

Tudo o que você pode fazer agora é preparar-se para se defender de qualquer tipo de ataque: mentiras, falsidades, joguinhos de traição até falsas acusações, ataques verbais, discussões acaloradas.

É preciso manter o autocontrole e não responder às provocações, tampouco tomar qualquer tipo de iniciativa no sentido de tentar resolver essa pendência, pois trata-se de uma armadilha: quem está criando essa confusão quer constrangê-lo, humilhá-lo, desestabilizá-lo para tirá-lo de circulação.

Por isso, qualquer atitude que não seja esperar e se defender quando houver algum ataque efetivo contra você, complicará muito sua situação, comprometendo-o de alguma forma negativa.

Enquanto espera, analise o terreno em que se encontra, tome ciência da situação como um todo, proteja-se muito espiritualmente (use Luis como talismã), e use o Ogam das Sombras para ajudá-lo a identificar o potencial ofensivo do(s) inimigo(s) e como neutralizá-lo.

Tenha paciência, confie na sabedoria de Fern, e em breve novos eventos lhe mostrarão o próximo passo.

SAIL – "A Bebida Preciosa"

Grafias: Saille

Letra: S

Árvore no Auraicept: "...*The colour of a lifeless one, i.e., it has no colour, i.e., owing to the resemblance of its hue to a dead person.*" "A cor dos 'sem-vida', isto é, ele não tem cor, isto é, devido à semelhança do seu tom com uma pessoa morta."

Árvore: *willow tree* – salgueiro-chorão *(Salix alba)*

Existem inúmeras espécies da árvore *willow* ou salgueiro. A mais importante para os celtas era a *Salix alba* ou o salgueiro branco, descrito como sendo da "cor dos sem vida", pois seu tronco é cinza e suas folhas são verde-escuro na superfície e acinzentadas do lado oposto.

Quando iluminada pelos raios lunares, o salgueiro brilha como se fosse prateado, motivo pelo qual foi associado à Lua, ao feminino e ao mundo das emoções, sensibilidade, intuição e outros dons para a prática das artes de Magia.

Do salgueiro é extraído o ácido acetilsalicílico ou aspirina, analgésico já conhecido e empregado pelos celtas na Antiguidade.

Bríatharogam Morainn mic Moín: Lí ambí
Tradução de McManus: *Pallor of a lifeless one*
Tradução de Meroney: *(Lí n-aimbí) Hue of the lifeless*
Versão de LMB: Palidez ou tom dos sem-vida.

Bríatharogam Maic ind Óc: Lúth bech
Tradução de McManus: *Sustenance of bees*
Tradução de Meroney: *Attraction of bees*
Versão de LMB: Sustento, sustentação ou atração das/de abelhas.

Bríatharogam Con Culainn: Tosach mela
Tradução de McManus: *Beginning of honey*
Tradução de Meroney: *Origin of honey*
Versão de LMB: Literalmente 'o começo ou a origem do mel', mas para mim significa 'boca de mel', isto é, palavras doces – claramente as bardisas, bardos, filid (poetas celtas encantados).

Interpretação de McManus: *Sail - willow* - salgueiro

Interpretação de Meroney: *Sail – willow* – salgueiro
'Lí n-aimbí' pode ser traduzido como *'delight of the dead'* ou 'deleite, alegria dos mortos', significaria 'em louvor às virtudes funerárias das árvores'. 'Atração das abelhas' e 'origem do mel', são vagas e menos ocultas. Não obstante o significado, a forma do nome sugere o islandês antigo sól e outros nomes germânicos para S; conforme Arntz.

Interpretação de Boutet: *Sail* < *Salixs* = "Salgueiro" / *Sauelio* = "Sol", *Sulis* = "Olho"; *Suliuia* – "Bem Colorido", o Olho do Sol, a Deusa do Sol.

Classe: *Peasant tree* – Árvore Camponesa

Estação do ano: Inverno

Domínio: as águas primordiais

Espiral da Vida: bardisas, bardos, *filid* e poetas

Palavras-chave: dons de Magia, o dom da palavra, persuasão, guarda e manutenção das tradições

Peasant: Sail mostra que neste momento, você precisa e deve expressar seus sentimentos e emoções, colocá-los para fora, deixar que as pessoas envolvidas na questão apresentada ou que fazem parte da sua vida, possam saber o que lhe vai no coração.

Se não permitir que as pessoas mais importantes para você saibam o que você sente, passará o resto de sua vida frustrado porque ninguém atendeu suas necessidades ou deu importância àquilo que você desejava de verdade.

O motivo é óbvio: a maioria das pessoas não possuem o dom de ler mentes e corações, portanto, não estão conseguindo "adivinhar" o que você gosta, pensa e deseja que elas façam. Por que não simplifica as coisas para todos? Pare com essa mania de reprimir suas emoções e de guardar a sete chaves o que sente só para você, esperando que algum herói ou heroína lute incessantemente por décadas até descobrir o que está em seu íntimo, para finalmente satisfazê-lo.

Isso não acontecerá, até porque você não permite! Está na hora de ser feliz e para isso, precisa dizer às pessoas o que lhe agrada ou não, o que espera delas, tornando a convivência fácil, leve, amorosa e feliz.

Além disso, Sail traz o dom da poesia, da palavra encantada que prende e arrebata multidões, seja em forma de discurso, poesia, música, escrita, proporcionando àqueles para quem aparece, o dom da comunicação e expressão, bem como, de monopolizar todas as atenções ao se expressar, persuadindo os ouvintes.

Permita que Sail libere seus preciosos tesouros em sua vida e surpreenda-se, pois Sail é pura Magia.

Chieftain: Sail mostra que você possui dons de Magia (ou mediunidade). Intuição é o mais comum, porém existem muitos outros.

Se você ainda não conhece seus dons de Magia e/ou não se iniciou na Arte, Sail diz que precisa começar, ou melhor, já começou. Seu dom está aflorando e você precisa reconhecê-lo, aceitá-lo, compreender o potencial/habilidade que ele lhe confere, e por fim, aprender a lidar com ele de forma a beneficiar a si mesmo e aos outros.

Não se assuste, pois esses dons são naturais, integram o espírito e despertam para que possamos fazer o bem. No entanto, se tentar ignorá-los, ocasionará prejuízos para si, já que os dons de Magia, se não trabalhados ou se trabalhados incorretamente (com intenções menos dignas), acarretam todo o tipo de desequilíbrios, podendo afetar desde a saúde até diversas áreas da vida e as pessoas ao nosso redor.

Sail o aconselha a procurar uma crença, filosofia de vida ou religião espiritualista que proporcione os conhecimentos necessários sobre os dons de Magia, para que você possa começar a estudar e praticar essa crença, equilibrando-se e equilibrando seus dons.

Caso você já conheça seus dons de Magia e já saiba empregá-los, Sail indica que está na hora de se aprofundar mais nesse conhecimento e também de usar seus dons para transformar positivamente o mundo ao seu redor, sempre a partir de si mesmo.

Além disso, pode indicar o afloramento de novos dons, que podem ser passageiros, e surgem para lhe ensinar algo, ou podem ser permanentes e acrescentarão habilidades, e consequententemente, responsabilidades, no exercício da Magia.

Shrub: Sail mostra que você ou a pessoa sobre quem perguntou está usando os dons de Magia e ou de persuasão para alcançar objetivo vil, motivo pelo qual, em breve sofrerá as consequências.

Precisa parar agora e começar a aplicar seus dons para o bem, ajudando todos os seres, pois assim agindo, atrairá boas vibrações e bênçãos para si mesmo.

Eventualmente, pode ser que essa pessoa esteja praticando Magia sem qualquer conhecimento, sendo irresponsável, o que lhe trará sérios problemas, pois não sabe com o que está lidando e essa experiência não acabará bem.

Qualquer que seja o caso, é preciso parar de praticar Magia sem conhecimento, procurando estudar a partir de escolas e/ou fontes sérias e confiáveis para se aprofundar e, somente então, voltar a praticar com bases sólidas e respaldo espiritual.

Herb: Você possui o dom da persuasão por meio da palavra falada ou escrita, não há dúvidas. Quanto mais aprimorar esse dom, mais poder de comunicação efetiva, boa expressão e arrebatamento dos ouvintes adquirirá.

Todavia, precisa usar esse dom para o bem, próprio e alheio, caso contrário, angariará sérios reveses em seu caminho. Se não tem nada de bom para dizer, não fale nada. Se não puder ajudar o próximo com palavras ou expressões amistosas e de boa vontade, não atrapalhe.

Sail pode se indicar, ainda, que seu poder de expressão e comunicação está bloqueado. Você não consegue expressar o que sente, pensa ou deseja adequadamente, por vezes sendo mal interpretado, outras vezes, sendo ineficiente, até mesmo ignorado. Pode mesmo se referir à problemas de garganta e nas cordas vocais inexplicáveis, impedindo-o fisicamente de se comunicar e de ser ouvido.

Se for esse o caso, use Sail como talismã para ajudá-lo a se expressar bem, e com o tempo, perceberá que passará a transmitir suas mensagens com perfeição e êxito, arrebatando a todos, encantando-os.

Apenas atente para o fato de que o silêncio também é uma forma de comunicação, aliás, extremamente eficiente, sábia e poderosa para aqueles que o empregam no momento certo. Use-o.

Numa terceira análise, Sail nessa posição fala do resgate de uma tradição antiga, pode ser da sua família, relativa às suas origens, ou não necessariamente; podendo ser uma antiga tradição de Magia, cultural, enfim, um conjunto de costumes e crenças há muito esquecido por seus praticantes, talvez até perdido, ao qual você terá acesso. Esse conhecimento descortinará um novo horizonte diante de você, uma nova forma de ver e compreender a existência, a si mesmo, as outras pessoas, o mundo.

Por fim, pode tratar-se de uma seita oculta, sociedade secreta, algo misterioso e profundo que despertará sua curiosidade. Se for esse o caso, tenha muita cautela. Investigue bem as origens, quem são os membros e qual a filosofia, certificando-se de que é algo seguro para você antes de aderir e começar a participar.

NIN – "A Árvore dos Mundos"

Grafias: Nion, Nuin

Letra: N

Árvore no Auraicept: *ash* – freixo. *"...A check on peace is nin, viz., ash, for of it are made the spear-shafts by wich the peace is broken : or, A check on peace is 'uindis'. Nin, that is a maw of a weaver's beam wich is made of ash, that is, in time of peace weaver's beams are raised."*

"...O revés da paz é nin, freixo, pois dele são feitos os cabos das lanças com as quais a paz é quebrada : ou, O revés da paz é 'uindis'. Nin, que é o eixo da viga do tear do tecelão é feita do freixo, isto é, em tempo de paz os teares são erguidos."

Árvore: *ash tree* – freixo *(Fraxinus excelsior)*

Essa Ogam está associada à árvore freixo. Na Mitologia Nórdica existe a Árvore do Mundo chamada Yggdrasil, um freixo que sustenta todos os nove mundos existentes, dentre eles a Terra.

O mesmo ocorre na Mitologia Celta na qual o freixo, além de sagrado, é considerado 'A Árvore do Mundo' conectada ao deus gaulês Gwyddyon, um grande feiticeiro que possui o poder de mudar de forma, sendo responsável por todos os fenômenos de transformação e manifestação que ocorrem na Terra, dentre eles as mudanças de estação.

O deus irlandês Dagdá tinha muitos atributos parecidos com os de Gwyddyon, possuindo uma harpa viva e enquanto a tocava, as estações do ano vinham em sua ordem.

Bríatharogam Morainn mic Moín: *Costud síde*
<u>Tradução de McManus:</u> *Establishing of peace*
<u>Tradução de Meroney:</u> *(Cosdad sida) Checking of peace / (Coscrad sídhe / coscrach sída) Slaughter, hacking of peace*
<u>Versão de LMB:</u> Estabelecimento da paz ou abate, matança, corte da paz

Bríatharogam Maic ind Óc: *Bág ban*
<u>Tradução de McManus:</u> *Boast of women*
<u>Tradução de Meroney:</u> *Contest of women*
<u>Versão de LMB:</u> Ostentação/orgulho das mulheres ou disputa de mulheres - metáfora para tecelagem segundo Meroney

Bríatharogam Con Culainn: Bág maise
Tradução de McManus: *Boast of beauty*
Tradução de Meroney: *Contest of beauty*
Versão de LMB: Ostentação da beleza ou competição de beleza – novamente, metáfora para tecelagem segundo Meroney

Interpretação de McManus: *Nin - branch-fork* – forquilha

Interpretação de Meroney: *nin – fork* – forquilha.
Os dicionários trazem glosas para *nin* cujo significado é 'forquilha', o qual aqui deve ser a forquilha superior de sustentação dos teares para tecelagem. Nós esperávamos que 'forquilha' fosse associada com a letra Y, como no islandês, mas a ideia não seria inapropriada à runa germânica N.

A palavra *sída* pode também significar 'seda', certamente relevante no contexto nos quais as duas últimas palavras-chave são provavelmente metáforas para tecelagem.

Interpretação de Boutet: *Nuin < 'Lnos < Olnos* = "Florescimento do Freixo"; *Neart / Neirt < Nertos* = "Murta" / *Nertos* = "força/potência".

Classe: *Chieftain tree* – Árvore Nobre

Estação do ano: Inverno

Domínio: águas primordiais

Espiral da Vida: a família, o clã

Palavras-chave: família, hereditariedade, transformações cíclicas naturais, movimento

Chieftain: Essa Ogam representa as transformações cíclicas que ocorrem no mundo, bem como as mudanças naturais que acontecem na vida. Também representa a família, o clã, e consequentemente, nossos ancestrais, nossa origem e hereditariedade, tanto genética quanto espiritual.

Numa primeira análise, Nin fala sobre as mudanças que ocorrem naturalmente ao longo da nossa vida, desde fisiológicas – nascimento, crescimento e morte, até novidades que chegam e situações que se encerram.

Nin prevê que a pessoa ou a situação sobre a qual perguntou está em transição. A pessoa pensava de determinada forma ou você costumava conhecê-la, porém, há algum tempo não pensa mais como antes, suas crenças, valores, hábitos, amizades, atividades mudaram.

Quanto à situação, ocorre o mesmo. As coisas não funcionam como antes, as regras foram alteradas, os jogadores também.

Assim, tomar qualquer decisão agora o fará incidir num equívoco que pode custar-lhe muito: seu bom nome, sua confiabilidade, o respeito e a admiração conquistados arduamente, seu posto, sua posição.

O melhor é esperar até que a transformação finde e você possa avaliar com segurança como o tabuleiro ficou para somente então, decidir o que fazer, se for o caso, ou simplesmente concluir que nada há a ser feito. Tenha paciência. Uma árvore não frutifica da noite para o dia.

Numa segunda análise, Nin mostra que você não está sozinho na questão suscitada. Apesar de não acreditar e de não ver, ou não querer ver, tem com quem contar e deve contar.

Ao mesmo tempo, diz que a situação somente poderá ser resolvida no coletivo, isto é, eventualmente você pode se movimentar no sentido de resolver, mas o desfecho final depende de outras pessoas ou da decisão do grupo envolvido e que necessariamente será afetado pelo deslinde.

Apesar disso, considere que a questão está em andamento e mudanças estão ocorrendo e ocorrerão, de forma que nesse momento, é melhor você esperar para tomar qualquer atitude.

Se intuir que precisa agir, peça ajuda aos guardiões para receber orientação através da intuição sobre o que fazer, além de chamar outras pessoas envolvidas direta ou indiretamente no problema para participarem da resolução com você, pois essa responsabilidade definitivamente não é só sua.

Use o poder das outras Ogams para movimentar as energias e os colaboradores necessários a fim de conduzir a questão de forma positiva, até um resultado que beneficie todos os envolvidos. O lema de Nin é: a união faz a força.

Peasant: Nin mostra que sua família não era bem estruturada, faltando-lhe convivência familiar, cuidado, amor, atenção, ou pelo menos você sentiu assim durante a infância e juventude, fato esse que gerou profunda carência emocional.

No entanto, antes de formar sua própria família pelo motivo equivocado que seria a tentativa de suprir essa carência, compreenda que precisará se doar incondicionalmente, especialmente para os filhos, e deve estar pronto para isso, caso contrário, nem tente.

Somente quando você aprender a se doar, passará a receber todo o amor, carinho e atenção que lhe faltaram. Se não puder doar primeiro, nada disso será seu e você terá não uma, mas duas famílias desestruturadas.

Se este não for seu caso, Nin mostra que você é muito ligado aos seus familiares e a opinião deles é imprescindível para você. Entretanto, está na hora de decidir sua vida e tomar atitudes por si mesmo.

Seus familiares não aprovaram alguma escolha sua e isso está lhe causando dilema profundo. Nin orienta que você precisa deixar a opinião deles de lado e sentir, ao invés de pensar, o que realmente quer para si. Siga seu coração e sua vontade, pois se seus familiares o amam, precisarão aprender a respeitá-lo.

Porém, prepare-se para lidar com a falta de flexibilidade deles, pois a vida toda lhe disseram o que fazer e você acatou. Não será de uma hora para outra que eles compreenderão que você decidiu declarar sua independência e não mais atenderá às suas vontades.

Isso significa que você deve estar preparado para ter de romper relações com a família para seguir seu caminho. Independentemente desse ser seu grande sonho, seu grande amor, etc, conscientize-se de que o que está em jogo é muito mais do que a escolha entre eles e seu desejo: é escolha entre viver a vida deles ou viver a sua vida.

Shrub: Nin mostra que para obter o sucesso e os ganhos almejados em sua atividade profissional, precisará aprender a trabalhar em grupo, caso contrário, não obterá êxito.

Ou você começa a delegar funções, ceder espaço, dividir tarefas, contar com colaboradores, ou seu negócio não sairá do lugar, correndo o risco, inclusive, de regredir e perder mercado e clientes, pois você não tem mais condições de fazer tudo sozinho.

É difícil para você encontrar pessoas nas quais sinta que pode confiar, porém, é melhor criar estratégias para repassar funções que qualquer pessoa pode cumprir e que podem facilmente ser acompanhadas e conferidas, reservando para você a parte pessoal do trabalho, isto é, aquela que exige suas habilidades únicas, bem como as funções de confiança.

Você é inteligente, basta se esforçar e ter boa vontade, que conseguirá. Use a Ogam Nin como talismã para ajudá-lo a conseguir descentralizar suas atividades, pois Nin é a Ogam que melhor trabalha em grupo e muito o ensinará a respeito.

Numa segunda leitura, Nin indica que a decisão que você tomar nessa questão ou relativa a determinada pessoa, afetará muita gente. Consequentemente, pondere bem sobre todos os pontos da situação e sobre todos os que estão envolvidos, mesmo que indiretamente, pois sofrerão as consequências da sua escolha.

Nin o aconselha a considerar a opção que contemple ao menos uma necessidade ou anseio comum à todos os envolvidos, juntamente com o bem-estar da empresa, grupo, projeto, etc, numa equação quase impossível de equilíbrio acrobático.

Às vezes, é preciso que alguns abram mão de algum conforto para que outros possam obter um mínimo de benefícios, pois somente assim haverá equilíbrio e sua empreita, trabalho, negócio, atividade estará a salvo.

Desconsiderar alguns para não desagradar outros, bem como dar atenção ao individual em detrimento do coletivo, será um erro fatal que levará seu trabalho à ruína.

Nin como talismã o ajudará a enxergar e compreender essas necessidades, o que mudar, o que preservar e qual a melhor saída, intuindo-o.

Herb: Nessa posição, Nin diz que você acredita ter chegado a hora de formar sua própria família, mas esta é uma necessidade mais mental do que emocional.

Antes concretizar essa decisão, deve se conscientizar de que a família exige sacrifícios, exige que abra mão de suas necessidades e desejos individuais em prol do companheiro e dos filhos, e na maior parte das vezes não é fácil.

Pense bem se realmente está preparado para deixar sua liberdade e independência para uma vida a dois, que logo poderá se tornar uma vida a três. Ou você estrutura sua família como deve ser, dando toda a sustentação material, emocional, psicológica necessária, ou destruirá a vida de pessoas inocentes, fardo esse que lhe será cobrado por toda a existência.

Por outro lado, Nin pode dizer de uma gravidez inesperada, fazendo-o sentir-se obrigado a mudar seu estilo de vida, suas prioridades, seus objetivos. Pode ser que você tenha ficado grávida e a família está cobrando um casamento, ou pode ser que você deseje esse casamento mas o outro não, e isso está lhe causando grande sofrimento.

De qualquer forma, a chegada de uma criança não representa perdas e sim trocas: os genitores deixam de fazer coisas das quais gostam, para fazer coisas que os filhos precisam, e em troca, receberão amor, carinho, união, o que compensará tudo, todas as coisas que terão de deixar para trás, abrindo espaço para novas vivências e experiências únicas que certamente renderão muitas alegrias.

18.2 – Aicme Huath

Oracularmente, as Ogams desse Aicme possuem energia prática, objetiva, voltada ao trabalho, aos ganhos materiais/financeiros e à concretização de objetivos.

Todas as Ogams de Huath atraem dinheiro com certa facilidade, embora não tenham preguiça de trabalhar. Todavia, não gostam de trabalhar mais do que o necessário para obter o ganho que entendem justo por seu conhecimento, habilidades e tempo.

Outrossim, precisam sentir-se adequadamente remuneradas por sua atividade, caso contrário, sentem-se desmotivadas e se recusam a continuar.

Numa análise geral, essas Ogams são lentas em termos de movimento, raciocício, ideias e fluxo criativo, porém são constantes e estáveis. Se começam um projeto, tendem a concluí-lo com êxito.

Procuram se esquivar de dar o primeiro passo, pois não gostam de se arriscar, preferindo os caminhos conhecidos, seguros e rápidos em direção aos seus objetivos.

Apreciam boa gastronomia, conforto, laser, viagens, descanso e costumam ser vaidosos.

HUATH – *"O Presente das Fadas"*

Grafias: hUath, Húath, Huathe, Úath, Uath

Letra: H

Árvore no Auraicept: *white-thorn* – pilriteiro. *"...A meet of hounds is HUath, white-thorn; or because it is formidable owing to its thorns."* "Um encontro de cães de caça é hUath, pilriteiro; ou porque ela é formidável devido aos seus espinhos."

Árvore: *whitethorn, hawthorn, maythorn, quickthorn tree* – árvores do gênero crataegus, também chamadas pilriteiros.

Na Mitologia Celta Irlandesa, as pilriteiros são conhecidas como Árvores das Fadas, motivo pelo qual, até hoje há uma superstição na Irlanda sobre nunca levar flores dessa árvore para casa, pois as fadas podem não gostar.

São árvores de porte médio, que atingem entre dois a sete metros de altura, possuem espinhos fortes e afiados que podem facilmente ferir. Criam uma barreira natural onde nascem, inclusive sendo utilizadas como cercas vivas.

Na Natureza, podem chegar a 500 anos de idade, por isso eram também reverenciadas por sua força vital. Estudos atuais mostram que suas flores servem como diurético leve, contribuindo para a diminuição da pressão cardiovascular. Além disso, possuem ação sedativa e combatem os radicais livres. Seus frutos são usados no Oriente para a fabricação de licor e doce.

Bríatharogam Morainn mic Moín: **Condál cúan**
<u>Tradução de McManus:</u> *Assembly of packs of hounds*
<u>Tradução de Meroney:</u> *(Comdál cuan) Pack of dogs*
<u>Versão de LMB:</u> Assembleia de matilhas de cães de caça ou matilha de cães

Bríatharogam Maic ind Óc: **Bánad gnúise**
<u>Tradução de McManus:</u> *Blanching of faces*
<u>Tradução de Meroney:</u> *(Bánad gnuisi) Blanshing of face*
<u>Versão de LMB:</u> Empalidecer do(s) rosto(s)

Bríatharogam Con Culainn: **Ansam aidche**
<u>Tradução de McManus:</u> *Most difficult at night*
<u>Tradução de Meroney:</u> *(Annsam aidheche) Most difficult at night*
<u>Versão de LMB:</u> Mais difícil à noite

Interpretação de McManus: *Úath - fear* – medo

Interpretação de Meroney: *hUath – fear(some)* – medo/terrível
Todas as palavras-chave são significados para *hUath* medo, terrível. No entanto, o sinal ogâmico para H imita uma marca antiga de aspiração posta após consoantes, em irlandês notadamente C, ou mais raramente antes das vogais. Tal sinal por si só sugere o nome alternativo *scé thorn*'- 'espinho', e não 'árvore thorn'.

Interpretação de Boutet: *Huath < Scuitas* || *Spetes* = "*Hawthorn*", "*Whitethorn*" e/ou variações, *Xquiats (gdl)* || *Xpetes (brt)* = "*Hawthorn*" e/ou *Scobies* ="*Elder*" (sabugueiro)

Classe: *Peasant tree* – Árvore Camponesa

Estação do ano: Primavera. Huath marca especificamente o Equinócio de Primavera

Domínio: árvores/terra/madeira

Espiral da Vida: as fadas e os desafios que podem impor, capazes de desfazer as ilusões que o mundo gera; ilusões e desilusões do mundo

Palavras-chave: um desafio ou obstáculo que desfaz suas ilusões e/ou um alerta sobre um engano, um equívoco em seu caminho

Peasant: Huath em sua essência é uma Ogam que atua sobre o emocional e simboliza um obstáculo ou desafio que surge em seu caminho com o objetivo de mostrar-lhe que o relacionamento ou a pessoa a que essa Ogam se refere, não passa de uma ilusão, um equívoco, um engodo, criado ou não por você, mas certamente aceito por você.

Antes de prosseguir, procure avaliar a questão de uma forma mais racional, além de ouvir sua intuição que são os alertas de seus guardiões, ao invés de se deixar guiar unicamente por seus sentimentos e emoções como vem fazendo até o momento.

Huath diz que você precisa parar de se enganar e enxergar a realidade, pois se insistir em ignorar o óbvio, sofrerá decepção, tristeza e destruição.

Seja corajoso e olhe para esse relacionamento ou pessoa com sinceridade, disponha-se a enxergar seus defeitos, reconheça as pequenas mentiras que fez questão de ignorar até agora, admita que ela não é o que você gostaria que fosse, nem o que ela gostaria de ser.

Peça à Huath a força e a sabedoria necessárias para romper essas ilusões que o envolvem e aprisionam. Sua recompensa será nada menos que sua dignidade e libertação.

Chieftain: Nessa posição, Huath é realmente um presente, pois mostra que você está prestes a vencer um grande desafio ou obstáculo que está no seu caminho há algum tempo, contra o qual vem lutando arduamente.

Você se mostrou digno, nobre, honesto e corajoso e terá sua recompensa por isso. Sua dignidade agradou as fadas e você receberá suas graças através da ajuda preciosa que o fará vencer definitivamente a barreira que o está impedindo de conquistar o que deseja, de ir além.

Todavia, não abuse da boa vontade das fadas, pois elas são temperamentais e se enfurecerão. Apenas receba sua recompensa, agradeça e deixa-as em paz.

Shrub: Huath mostra que o projeto, objetivo, trabalho ou questão suscitada somente terá êxito se você trabalhar muito duro a partir de agora, empenhando-se bem mais do que costuma, dedicando-se quase que integralmente, pois há um obstáculo impedindo sua realização.

Para superar esse óbice, o segredo é não combatê-lo, e Huath o aconselha a suspender a execução dos seus planos por enquanto, repensando-os e estudando melhor sua viabilidade.

Observe que o desafio não está no seu objetivo, trabalho, projeto, etc, mas sim na estratégia adotada por você para pô-lo em prática, que é ineficiente ante essa primeira barreira de muitas que você enfrentará.

Refaça as estratégias para concretizar sua meta, pois se insistir em manter essa forma de trabalho, colherá fracasso e prejuízos.

Entretanto, se parar agora, reavaliar e remodelar seus planos rapidamente, pondo a nova estratégia em prática o quanto antes, mudará esse desfecho fatal. Consulte o Ogam quando estiver pronto para recomeçar, para verificar se seus novos planos estão adequados ao desafio que as fadas lhe mostraram.

Herb: Huath representa nessa posição um verdadeiro desafio mental, uma questão complexa e delicada que está ameaçando seu trabalho, negócio, projeto, enfim, alguma atividade que esteja exercendo no momento.

A solução dessa questão demandará muito preparo, atenção, cuidado e estratégia de sua parte, e é melhor começar a pensar na solução imediatamente, se não quiser que seu trabalho dê errado ou se perca.

É, de fato, um terreno inóspito o que você se encontra. Comece procurando compreender qual a função positiva desse desafio, o que você precisa aprender com ele.

Não se faça de vítima, porque você não é; não se revolte, não tente fugir e não culpe os outros quando você é o único responsável por todas as suas experiências.

Entenda e aceite que esse percalço é consequência dos seus atos ou omissões, nessa ou em outra vida, e, se você teve o poder de desencadeá-lo, igualmente tem o poder de superá-lo.

Procure combater com honestidade, nobreza e inteligência, sem se deixar dominar pelas emoções como raiva, indignação, medo, e você sairá vitorioso em todos os sentidos.

DUR – "Mestres da Magia"

Grafias: Duir, Dair

Letra: D

Árvore no Auraicept: *oak* – carvalho. "...*Higher than bushes is an oak.*" "A mais alta do bosque é um carvalho."

Árvore: *oak tree ou quiden tree* – carvalho (*Quercus robur*)

Essa Ogam está associada ao carvalho, uma árvore de extrema importância para os celtas. Os carvalhos atingem até quarenta metros de altura, seu tronco é grosso e forte, a partir do qual saem galhos vigorosos.

A árvore adulta possui copa frondosa e redonda, tornando-se de grande beleza. É também uma das árvores mais duradouras, cuja idade pode ficar entre 500 e 1000 anos. Atinge sua maturidade por volta dos 70 ou 80 anos, quando tem sua primeira florada, geralmente em maio. Suas raízes são profundas e fortes para sustentarem essa árvore magnífica.

Dos carvalhos os druidas coletavam o visco ou visgo durante um complexo ritual que somente poderia ser realizado em determinado dia da semana, em determinada fase lunar e em determinado horário (sobre o visco branco, veja a Ogam Gort). Considerando-se que os carvalhos atraem raios, não usamos essa Ogam em talismãs.

Bríatharogam Morainn mic Moín: Ardam dosae
Tradução de McManus: *Most exalted tree*
Tradução de Meroney: *(Ardam dossaibh) Highest among bushes*
Versão de LMB: A mais exaltada das árvores / A mais alta do bosque

Bríatharogam Maic ind Óc: Grés soír
Tradução de McManus: *Handicraft of an artificer*
Tradução de Meroney: *(Grés sair) Carpenter's work*
Versão de LMB: Ofício de um artífice / O trabalho do carpinteiro

Bríatharogam Con Culainn: Slechtam soíre
Tradução de McManus: *Most carved of craftsmanchip*
Tradução de Meroney: *(Slechtain sáire, niama sáirte) Oak*
Versão de LMB: A mais trabalhada pelo artífice / A escultura mais perfeita do artífice / Carvalho

Classe: *Chieftain tree* – árvore nobre

Estação do ano: Primavera

Domínio: árvores/terra/madeira

Espiral da Vida: druidisas, druidas, bruxas/os, feiticeiras/os, magos

Palavras-chave: nobreza, conhecimento, onipotência, druidisas, druidas, bruxos, a Magia e todos que a praticam

Chieftain: Dur representa as druidisas, druidas (que eram sacerdotes dos povos celtas, consequentemente, representa os sacerdotes de Magia em geral), e bruxos que eram os grandes mestres da Magia Celta, além de detentores do conhecimento e domínio sobre todas as Ciências e Artes, desse e do Outro Mundo.

A primeira mensagem de Dur mostra que você receberá aprendizado de uma fonte externa, que pode ser alguém ou alguma situação, amistosa ou adversa.

Será uma lição essencialmente espiritual e bastante importante que o engrandecerá, principalmente se você souber compreendê-la e interiorizá-la positivamente, já que evoluímos tanto pelo amor como pela dor.

Essa experiência que Dur anuncia proporcionará íntima conexão com sua fagulha divina, com sua essência, de forma profunda e intensa, propiciando-lhe novas perspectivas sobre si mesmo, sobre seus potenciais inexplorados e sonhos que estavam esquecidos ou perdidos, fazendo-o despertar para a espiritualidade de uma forma totalmente diferente do que vivenciou até aqui.

Como Ogam dos grandes mestres, se Dur apareceu para você, sinta-se honrado e agradeça aos deuses por essa oportunidade única de conhecimento.

Se esse mestre surgiu e você está em dúvida, basta observar suas atitudes mais do que ouvir suas palavras, pois Dur sempre ensina pelo exemplo. Se a pessoa fala mas não faz, certamente é um falso mestre.

Numa segunda análise, Dur indica que você despertou para a Magia, e a Magia despertou dentro de você. Agora, não há mais como voltar atrás. Deixe-a fluir em sua vida, estude, aprenda e testemunhe transformações surpreendentes em você e ao seu redor.

Caso você já tenha se dado conta de que a espiritualidade aflorou em sua vida e a esteja ignorando, Dur adverte que esse é o pior caminho, embora o livre-arbítrio seja seu. Se não deseja permitir que a Magia flua em sua vida, nenhum poder espiritual tentará obrigá-lo a aceitar e exercer seus dons, porém, quando você se der conta da dádiva maravilhosa que está desperdiçando, a qual muito poderia beneficiá-lo em todos os sentidos, não lamente. Águas passadas não movem moinhos.

Peasant: Dur mostra o surgimento de uma pessoa mais velha, ou com mais experiência de vida, e através de uma vivência emocional, lhe proporcionará grande aprendizado, abertura de consciência, ressignificação de valores, de padrões de pensamento e sentimento, enfim, uma nova visão e compreensão de si mesmo, das pessoas e do mundo.

Essa vivência emocional não necessariamente dar-se-á por um relacionamento amoroso. Poderá ocorrer, por exemplo, por meio de uma amizade profunda e sincera que nascerá, através do amor profundo por um filho, por um ser (animal), alguma causa, etc.

Permita-se sentir e vivenciar essa experiência única que muito o enriquecerá e engrandecerá em todos os sentidos, mas principalmente emocional e espiritualmente.

Shrub: Dur anuncia a chegada de um verdadeiro mestre em seu caminho profissional ou dos estudos, uma pessoa de extrema competência e experiência com quem você poderá aprender muito se souber ser humilde o suficiente para reconhecê-lo e valorizar seu amplo conhecimento e domínio da sua área de trabalho.

Fique atento para reconhecer esse grande mestre. Aquele que muito fala e ostenta, nada sabe; aquele que é humilde e trabalha em silêncio, é quem realmente sabe e faz a diferença.

Quando o encontrar, mostre-se prestativo, interessado, responsável e merecedor do tempo e da sabedoria desse mestre, para tornar-se digno de ser seu aprendiz, e você muito se beneficiará.

Herb: Dur o alerta para o surgimento de um falso mestre, alguém que se diz conhecedor, experiente, especialista em determinado assunto ou área, mas não é.

Para reconhecer um verdadeiro mestre é relativamente fácil, e três são suas qualidades essenciais: é profundamente sábio e conhecedor, é extremamente humilde, e compartilha de bom grado seu conhecimento com aqueles que o buscam com vontade sincera de aprender pelo conhecimento, e não pelo poder, fama, dinheiro.

Além disso, fique atento às atitudes mais do que às belas e bem postas palavras para não se deixar enganar, pois em algum momento, essa pessoa se perderá em suas próprias mentiras e será desmascarada.

Se, por acaso, você tiver assumido esse papel de mestre ou expert sem sê-lo, pare agora antes que as pessoas ao seu redor descubram sua farsa.

Com sua atitude irresponsável e até mesmo ilícita, você poderá magoar e prejudicar muitas pessoas além de si mesmo, e certamente se arrependerá dessa atitude vil, pois terá de arcar com as consequências tanto no mundo dos homens quanto no mundo dos deuses.

TINNE – *"Beleza e Força"*

Grafias: Tindi

Letra: T

Árvore no Auraicept: *holly* - azevinho "*...a third of a wheel is holly, that is, because holly is one of the three timbers of the chariot-wheel.*" "*...a terceira de uma roda é o azevinho, isto porque o azevinho é uma das três (tipos de) madeiras da roda da carroça.*"

Árvore: *holly tree* – azevinho *(Ilex aquifolium)*

Essa árvore atinge de quatro a seis metros de altura, possui tronco acinzentado, folhas recortadas em um formato muito bonito, de cor verde-escura brilhante na superfície com espinhos nas pontas, largamente utilizadas para as guirlandas de natal.

A azevinho fêmea gera pequenos frutos redondos e vermelhos no Outono, os quais persistem até o Inverno. Atualmente, é classificada em botânica como arbusto, entretanto, há três mil anos ou mais, essas árvores eram mais altas e integravam as florestas e bosques da Grã-Bretanha e Irlanda.

Bríatharogam Morainn mic Moín: Trían roith
<u>Tradução de McManus:</u> *One of three parts of a wheel*
<u>Tradução de Meroney:</u> *Third of a wheel*
<u>Versão de LMB:</u> Uma das três partes de uma roda / Terceira (parte) de uma roda

Bríatharogam Maic ind Óc: Smiur gúaile
<u>Tradução de McManus:</u> *Marrow of (char)coal*
<u>Tradução de Meroney:</u> *(Smir guailli) Marrow of coals*
<u>Versão de LMB:</u> Centro do carvão / Brasa do carvão

Bríatharogam Con Culainn: Trian n-airm
<u>Tradução de McManus:</u> *One of the three parts of a weapon*
<u>Tradução de Meroney:</u> *Third of a weapon*
<u>Versão de LMB:</u> Uma das três partes de uma arma / Terceira (parte) de uma arma

Interpretação de McManus: *Tinne - iron bar* – barra de ferro

Interpretação de Meroney: *Tindi – bar of metal* - barra de metal
Trian n-airm também foi escrito em um dos manuscritos antigos como *Tinne iarn 'bar of iron'* – barra de ferro. Esse significado é mais aceitável ante a palavra-chave *Smir guailli* – essência/brasa do carvão, que é 'lingote fendido', eventualmente 'barra de metal'. Ao transcrever a glosa *smir guailli como cuillenn* – *'holly'* – azevinho, o glossário revelou seu desconhecimento. Por fim, a terceira palavra-chave 'terceira de uma arma' parece mais correta, algo como lâmina de uma espada.

Interpretação de Boutet: *Teine / Tinne < Tanno / Colennos =* "Holly" (azevinho); *Tannos > Tannio || Tennio =* "Holly-oak, Holm oak" (azevinho de carvalho, carvalho-verde) / *Tennia < Tepnia = "(wood) Fire"* (madeira – Fogo), Tectos, planeta Júpiter.

Classe: *Chieftain tree* – Árvore Nobre

Estação do ano: Primavera. Tinne marca especificamente o pico da Primavera, o Beltaine

Domínio: árvores/terra/madeira

Espiral da Vida: a harmonia de todas as coisas belas; o dom da perfeita conjugação dos opostos

Palavras-chave: harmonia, poder de conjugar os opostos, temperança, abundância

Chieftain: Tinne traz prosperidade, bons relacionamentos, boa convivência social, amigos influentes. Diz que você está numa fase em que terá muita facilidade para atrair ótimas oportunidades de trabalho e de negócios, e focando sua energia criativa e dedicação, obterá boas compensações financeiras sem grande esforço, pois Tinne sempre traz muito dinheiro.

Ademais, essa Ogam tem o dom da harmonia, o poder de conjugar potenciais muitas vezes opostos, empregando-os eficientemente em seus projetos.

Isso também é válido para você nesse momento, o que significa que terá condições de reunir um grupo totalmente heterogêneo para seu projeto, fazendo-o trabalhar em perfeita sincronia.

Use esse dom de harmonizar os opostos também em seu benefício pessoal, aprendendo a aplicar habilidades opostas, unindo-as para caminharem na mesma direção, para a realização de seus objetivos. Use Tinne para despertar esse poder em você.

Outro dom de Tinne, bastante requisitado por sinal, é a persuasão. Ninguém consegue resistir ao encanto, charme, gentileza, amabilidade e magnetismo de Tinne, prontamente convencendo-se e dispondo-se a ajudar no que for necessário.

Tinne ensina a não tentar impor sua vontade, porque isso trará resultados negativos. Ao invés disso, ela lhe mostra como pedir, solicitar ajuda, colaboração com educação, respeito e humildade àqueles que poderão auxiliá-lo nesse momento. Faça o teste e verá que as pessoas prontamente o ajudarão.

Dessa forma, você resolverá tudo com rapidez, eficiência e ainda conquistará bons amigos. Seja como Tinne: firme e educado, poderoso e magnânimo, belo e forte.

Use Tinne como talismã para ajudá-lo a aflorar o dom da persuasão e harmonização dos opostos.

Peasant: Nessa posição, Tinne indica que uma pessoa sensual, sedutora surgirá em seu caminho, alguém que sabe conquistar e arrebatar corações. Entretanto, pode mostrar-se ciumenta, possessiva, desconfiada e desejar tê-lo somente para si, tolhendo sua liberdade, sufocando-o.

Esteja atento, pois essa pessoa poderá lhe trazer infelicidade caso não se empenhe sinceramente em aprender a confiar em você e mudar, respeitando-o, bem como o seu espaço e privacidade.

Se Tinne refere-se a você, deve se esforçar para dominar seu ciúmes e possessividade, respeitando e confiando na pessoa amada, deixando-a livre para ter seu espaço, para ser ela mesma, para fazer o que gosta, caso contrário, a perderá irremediavelmente.

Shrub: Tinne mostra uma excelente oportunidade de trabalho e de ganhos, lucros. Se está perguntando sobre um negócio, diz que é bastante favorável.

Se está perguntando sobre uma pessoa com quem fará negócios, Tinne diz que é alguém que atrai e sabe ganhar dinheiro. A questão é se essa pessoa o dividirá corretamente com você, pois embora em geral mostre-se honesta, a boa oportunidade poderá fazê-la se empolgar.

Além disso, você precisa trabalhar e dar sua contraparte nesse negócio, para realmente ser merecedor dos ganhos que virão. Ponha tudo no papel a fim de evitar desentendimentos futuros.

Herb: Na posição mental/psicológica, Tinne indica que você precisa ser sincero e admitir para si seus preconceitos em relação ao corpo, sensualidade e prazer, pois sua mente está bloqueando seu emocional, causando-lhe grande sofrimento.

Use o poder de Tinne para ressignificar tais preconceitos, "harmonizando conceitos", permitindo-se explorar e vivenciar as emoções, os sentimentos e o prazer que seu corpo pode lhe oferecer.

Tinne o ajudará a se entregar ao relacionamento a dois de forma plena e livre, expressando seus sentimentos e desejos sem medo, sem julgamento, apenas sendo quem você é e vendo o outro como realmente é.

Basta de jogos mentais que o torturam e podem estar torturando seu parceiro. Olhe sinceramente para você, descubra-se e vivencie essa experiência única de ser sensual, belo, sentir e proporcionar prazer.

Use Tinne como talismã para ajudá-lo a curar preconceitos em relação ao corpo, inseguranças em relação a si mesmo, aflorando sua autoestima, sensualidade, vaidade, brilho, beleza interior e exterior, e deixe fluir.

COLL – *"O Trono do Sábio"*[75]

Grafias: idem

Letra: C

Árvore no Auraicept: *"Coll, again, is named from a tree, 'ut dicitur': Fair wood, that is, hazel, i.e., every one is eating of its nuts."*
"Coll, de novo, é nomeada de uma árvore: Bastante madeira, que é, aveleira, i.e., todos estão comendo de suas castanhas."

Árvore: *hazel tree* – aveleira *(Corylus avellana)*

Na Mitologia Celta, a avelã é o símbolo da sabedoria divina, pois nove avelãs caíram em um poço sagrado, cercado por nove aveleiras e foram comidas por um salmão, que se tornou extremamente sábio. Por isso, o salmão igualmente é símbolo de sabedoria para os celtas.

Varinhas de aveleira eram usadas para encontrar água no subterrâneo. O porte dessas varinhas também denotava tratar-se de druidisas e bruxas.

Bríatharogam Morainn mic Moín: *Caíniu fedaib*
<u>Tradução de McManus:</u> *Fairest tree*
<u>Tradução de Meroney:</u> *Fairer than woods*
<u>Versão de LMB:</u> A árvore mais justa / Mais justa que as madeiras

Bríatharogam Maic ind Óc: *Carae blóesc*
<u>Tradução de McManus:</u> *Friend of nutshells*
<u>Tradução de Meroney:</u> *(Cara bloisc) Frien of cracking*
<u>Versão de LMB:</u> Amiga das cascas de noz / Amiga do barulho

Bríatharogam Con Culainn: *Milsem fedo*
<u>Tradução de McManus:</u> *Sweetest tree*
<u>Tradução de Meroney:</u> *(Millsem fedho) Sweetest of woods*
<u>Versão de LMB:</u> A árvore mais doce / A madeira mais doce

---

[75] "O Trono do Sábio", na verdade "Assento do Sábio" – Na Mitologia Celta irlandesa, os deuses filhos da deusa Dana conhecidos como Thuatha Dé Danann, estavam reunidos em Tara, pois sabiam que o antigo rei deposto por eles de nome Bress faria uma investida contra a Irlanda.
Um estranho vestido como um rei chegou à corte e após dizer ao guardião que seu nome era Lugh e que era "Ioldanach" ou "Samildanache", isto é "Mestre em todas as Artes", foi conduzido ao rei Nuada, convencendo-o de suas habilidades.
Então, Nuada o acomodou em uma cadeira chamada "Assento do Sábio", reservada para o mais sábio dos homens, e pediu-lhe conselhos sobre a guerra que se anunciava. (trecho extraído da obra de Mitos e Lendas Celtas, Charles Squire".

Interpretação de McManus: *Coll - hazel* – aveleira

Interpretação de Meroneu: *Coll – hazel* – aveleira
Todas as palavras-chave remetem à própria árvore aveleira.

Interpretação de Boutet: *Coll < Cosla / Coslos =* "*Hazel*" (aveleira) / *Caleto =* "*Hardness*" (Rigidez), *Caletos =* "*Brave*" (Valente), *Caldis =* "*Forest*" (Bosque).

Classe: *Chieftain tree* – Árvore Nobre

Estação do ano: Primavera

Domínio: árvores/terra/madeira

Espiral da Vida: sabedoria, iluminação, ascensão espiritual

Palavras-chave: sabedoria, iluminação, o êxtase místico, ascensão espiritual a mestre através da Magia

Chieftain: Coll é a nona Ogam. O número nove era sagrado para os celtas, simbolizando sabedoria divina e conhecimento. Coll é um presente, uma bênção espiritual que os deuses lhe enviam nesse momento, pois para os celtas, o conhecimento poderia ser buscado e aprendido, mas a sabedoria, a iluminação, a ascensão e o êxtase espirituais eram legados pelas divindades àquele que escolhessem.

Para ter chegado até aqui e merecer essa bênção divina, você trilhou o árduo caminho do aprendiz e compreendeu que se pode almejar Coll, ansiar por seu esplendor, mas não se pode obtê-la ou tomá-la. Cabe aos deuses, em sua magnanimidade, conceder a sabedoria da Magia encerrada em Coll àquele que entenderem ser merecedor, no momento apropriado, que no seu caso, é agora.

Essa Ogam traz a abertura da consciência espiritual capaz de proporcionar a apreensão de tudo o que está relacionado à nossa existência nesta e em outras vidas, neste e em outros mundos, aclarando as questões intrínsecas à espiritualidade, à essência do ser, à função de cada um na Terra, missão de vida, de onde veio, quem é e para onde está indo.

Coll lhe proporcionará o êxtase divino, alterando seu estado de consciência para conceder-lhe uma experiência profunda, íntima, mística e transformadora.

Use Coll como talismã por nove noites para receber esta bênção, permitindo-se sentir e vivenciar a Magia plenamente através da sua luz e poder.

Depois dessa experiência com Coll, você nunca mais será o mesmo, enxergando o mundo com outros olhos.

Peasant: Coll mostra que receia e evita todo envolvimento emocional que passe da amizade ou dos casos furtivos. Existe uma franca resistência de sua parte de ser amado, e principalmente de amar e se entregar ao amor e à relação a dois.

Todavia, Coll prevê que em breve, você vivenciará uma experiência emocional profunda e transformadora, a qual será como o toque dos deuses diretamente em seu coração.

Essa experiência, que já está em andamento, será capaz de limpar mágoas, traumas, culpas, enfim, todos os ressentimentos emocionais que você vem carregando e que o fazem ser tão arredio aos envolvimentos emocionais profundos.

Conquanto seja livre-arbítrio seu permitir ou impedir que esse amor floresça em seu coração, Coll o aconselha a deixar essa dádiva fluir, pois será muito importante para você e transformará sua vida, tornando-a muito melhor, mais prazerosa, alegre, leve, harmônica, gostosa de ser vivida.

Coll nessa posição anuncia o amor que cura e liberta, não a paixão que prende e destrói.

Abra seu coração, prepare seu espírito e permita que a sabedoria dos deuses o ajude a tornar consciente e compreender todos os padrões emocionais que não lhe fazem bem, transmutando-os, tornando seu coração leve e livre para que seu espírito finalmente encontre a tranquilidade, a quietude, o equilíbrio, o amor e a paz.

Shrub: Coll é uma Ogam cuja essência é espiritual, e quando aparece nessa posição que representa questões físicas, materiais, financeiras, indica que está derramando as bênçãos divinas sobre você, abrindo seus caminhos, transmutando ou afastando todos os obstáculos que estão impedindo ou que impedirão a concretização dos seus objetivos profissionais/financeiros.

Em que pese a natureza espiritual de Coll, essa Ogam lida de forma prática e objetiva com o trabalho e os bens materiais. É um trabalhador infatigável, extremamente competente em tudo o que se propõe a fazer, possui excelente capacidade para obter e administrar os bens materiais e o dinheiro, lida muito bem com a rotina. Normalmente, não gosta de assumir cargos de chefia, preferindo manter-se como colaborador, evitando, assim, os desgastes próprios desta função.

Portanto, Coll o aconselha a se manter como colaborador na atividade que exerce, ao invés de tentar trabalhar por conta própria, ao menos nesse momento. Também o adverte que, caso tenha receba um convite para assumir um cargo de liderança, deve pensar bem, pois Coll diz que o custo-benefício não compensará para você, e você ficará frustrado, provavelmente se arrependendo amargamente, pois não poderá voltar atrás.

Como Coll gosta de ganhar dinheiro, pois lhe apraz ter uma vida confortável, motivo pelo qual luta incessantemente para atingir seus objetivos, diz que você obterá ganhos extras de outra forma, de outra fonte menos estressante e em breve.

A única advertência efetiva de Coll nessa posição é que você deve ser menos perfeccionista em suas atividades, não deve perder tanto tempo com detalhes que nada acrescentarão no produto final, pois somente o farão gastar mais tempo, dinheiro, energia e paciência, diminuindo seus ganhos.

Herb: Nessa posição essencialmente mental, lógica, Coll tem seus poderes espirituais e as bênçãos que representa bloqueados por seu racionalismo extremo.

Apesar de você ansiar por uma prova da existência do mundo espiritual e dos deuses, não está se esforçando para encontrar respostas que atendam às necessidades da sua mente, de forma que mesmo diante de um milagre, continua questionando e duvidando da existência e do poder divinos.

Coll diz que se você for sincero a partir de agora e realmente se comprometer consigo mesmo a estudar alguma religião, seita, crença, filosofia de cunho espiritual com a mente e o coração abertos, provavelmente conseguirá perceber a luz de Coll penetrando por uma fresta no muro de concreto que seu racionalismo e ceticismo ergueram em torno do seu espírito, da sua essência.

Aceite a Magia e a sabedoria de Coll em você e em sua vida, e não se arrependerá. Afinal, você já está exausto de continuar negando o óbvio, e mesmo sendo inteligente, admita que está cada vez mais difícil encontrar argumentos capazes de sustentar suas tentativas de se manter alheio ao mundo espiritual.

QUERT – *"A Dádiva do Amor"*

Grafias: Queirt, Cert, Ceirt

Letras: Q/Qu

Árvore no Auraicept: *apple tree* (macieira). *"...Shelter of a 'boiscill', that is, a wild hind is 'Quert', i.e., an apple tree."* "Abrigo/refúgio de uma boiscill, isto é, uma corça selvagem é Quert, uma macieira."

Árvore: *apple tree* – macieira *(Malus sylvestris)*

Para os celtas, a maçã detinha poderes místicos e proporcionava ligação com o Outro Mundo. Quem comesse das maçãs encantadas que existiam nas Ilhas do Outro Mundo poderia ser curado de qualquer mal, teria juventude novamente, e, em alguns casos, tornar-se-ia imortal.

Ávalon, *Avalach* ou *Emain Ablach, Ynis Affalon* significam literalmente "Ilha das Maçãs", e era a ilha dos prazeres eternos, comida farta, onde nunca havia sofrimento e todos eram felizes.

Para minar e destruir a Antiga Fé nas terras célticas, dentre outras distorções, a igreja católica passou a pregar que a maçã era o fruto proibido que Eva comeu no Paraíso, condenando assim os seres humanos à sua lendária queda. Não por acaso, a maçã foi oferecida por uma serpente tida como má no mito cristão, porque para os celtas era sagrada e era um dos símbolos da deusa (São Jorge matando o dragão é uma metáfora sobre a nova fé no deus único matando a Antiga Fé, e obviamente, ele mata o dragão porque o dragão era mau – os deuses antigos foram convertidos em demônios maus pela igreja, enquanto o santo católico era bom).

A macieira que originalmente crescia nas ilhas britânicas era e ainda é a *crab apple*. Entretanto, outras espécies foram introduzidas posteriormente.

Bríatharogam Morainn mic Moín: Clithar baiscill
<u>Tradução de McManus:</u> *Shelter of a lunatic*
<u>Tradução de Meroney:</u> *(Clithar mbaiscaill) Shelter of lunatics*
<u>Versão de LMB:</u> Abrigo/segurança de um lunático(s)

Bríatharogam Maic ind Óc: Bríg anduini
Tradução de McManus: *Substance of an insignificant person*
Tradução de Meroney: *idem*
Versão de LMB: Essência de uma pessoa insignificante

Bríatharogam Con Culainn: Dígu fethail
Tradução de McManus: *Dregs of clothing*
Tradução de Meroney: *Worst of ornament, i.e., of covering*
Versão de LMB: Andrajos/Roupas em farrapos / O pior do ornamento/cobertura

Interpretação de McManus: *Cert - bush or rag* – arbusto ou trapo, andrajos

Interpretação de Meroney: *Ceirt – rag* – trapo
Houve a substituição meramente ortográfica do 'c' pelo 'qu', *quert*. Desde que *cert* – trapo – nunca começou com 'qu', 'trapo' não era o significado original do nome para Q. Portanto, essa Ogam tem o significado desconhecido.

Interpretação de Boutet: *Cert < Certa < Qerta = "Crable-Apple"* (maçã)/ *Qarios = "cauldron"* (caldeirão), *Qacris = "Chakra", Qeisla = "thought"* (pensamento/reflexão/meditação).

Classe: *Chieftain tree* – Árvore Nobre

Estação do ano: Primavera

Domínio: árvores/terra/madeira

Espiral da Vida: o amor pleno, os amantes, a união mágica, sexo, orgasmo, transcendência

Palavras-chave: o amor em todas as suas facetas, paixão, desejo, entrega, sexo, orgasmo, cumplicidade; a união mágica entre o casal, o casamento místico

Em todas as posições, Quert mostra que um grande amor está acontecendo ou acontecerá em breve em sua vida, capaz de mudar todos os seus conceitos, sua visão sobre si mesmo, sobre o mundo, sobre a vida.
Quert, que é o próprio amor, não pode ser descrita, explicada, traduzida em palavras, precisa ser sentida e vivenciada em sua plenitude. Somente assim os seres humanos podem vislumbrar o que é o toque dos deuses em seus corações e almas.

Apesar de nGetal ser a Ogam que purifica e cura, o poder do amor que Quert representa e emana a torna a curadora universal, pois nGetal cura restituindo o ser ao seu estado anterior, enquanto Quert proporciona a ascensão dos amantes às esferas mais elevadas do Outro Mundo através do amor.

É sabido que a energia sexual do casal que se une pelo amor se multiplica durante o ato, elevando suas vibrações espirituais, proporcionando-lhes iluminação, a verdadeira transcendência.

De qualquer forma, numa leitura, resumidamente Quert pode ser interpretada como:

Chieftain: Quert mostra o encontro e a união com seu verdadeiro amor de muitas vidas passadas. Juntos, vocês cumprirão sua missão de existência na Terra.

Peasant: Quert indica um amor que traz a cura emocional para um trauma antigo. Essa cura, consequentemente, refletirá em todos os seus corpos – espiritual, mental e físico, restituindo-lhe o bem-estar, disposição, a alegria e a vontade de viver.

Shrub: Quert diz que o amor pleno está acontecendo, o despertar da paixão, do desejo, da atração, o prazer de conquistar e ser conquistado, a entrega total, a oportunidade de vivenciar um grande amor.

Através desta união e da energia sexual, Quert proporciona a cura de todos os corpos – espiritual, emocional, mental e principalmente físico do casal, restituindo a cada um a vitalidade, a disposição, a alegria, a leveza.

Herb: Quert prevê o florescimento de um amor que ultrapassa e supera todo o seu racionalismo, sua necessidade de entendimento lógico e de controle sobre os relacionamentos.

É uma experiência de amor profundo, intenso e verdadeiro em todas as suas facetas, que lhe trará transformações radicais. Não tente fugir, pois será um verdadeiro milagre em sua vida.

18.3 - Aicme Muin

As Ogams do Aicme Muin possuem como características marcantes iniciativa, liderança, otimismo, alegria, coragem, combatividade, auto-confiança, brilho, sucesso, vitória.

São Ogams generosas e solícitas, sempre prontas a estender a mão ao próximo para ajudar. São as Ogams mais criativas, possuem o amor extremo à liberdade e à independência. São vibrantes, entusiastas, possuem caráter ardente, apaixonado e arrebatador.

Todavia, devem aprender a terminar o que começam, pois possuem tantas ideias, e normalmente se empolgam com elas, que iniciam tudo, mas não concluem nada, gerando para si mesmas sensação de fracasso e frustração.

Precisam compreender que a criatividade representa só uma ínfima parte num projeto, pois para concretizá-lo, precisarão se dedicar por bom período e terem paciência até que possam colher seus frutos.

MUIN – *"O Insecável - Caldeirão de Dagdá"*[76]

Grafias: idem

Letra: M

Árvore no Auraicept: *vine-tree* (videira). *"...Highest of beauty is 'muin', that is, because it grows aloft, that is, a vine-tree."* "A mais elevada em beleza é muin, isto porque ela cresce para cima, isto é, uma videira."

Árvore: *vine tree* – videira *(Vitis vinífera)* / *bramble* ou *black berry tree* – amoreira preta

A árvore associada a essa letra ogâmica é a *vine* ou videira, embora alguns estudiosos acreditem que se trate da amoreira selvagem, cujos frutos também eram fermentados para produzir bebida alcoólica.

O cultivo das amoreiras era evidentemente mais fácil do que o das videiras, que exigem muito mais cuidados e não frutificam em qualquer lugar. Contudo, a bebida favorita dos celtas e nórdicos era o hidromel, que é muito mais antigo do que o vinho e a cerveja. O hidromel é uma fermentação de mel e água.

De qualquer forma, imagens de videiras e uvas foram observadas em objetos de arte da Idade do Bronze nas ilhas britânicas e a própria arte celta possui traços de formas sinuosas e delicadas, como são as videiras. O vinho especificamente, teria sido introduzido nas Ilhas Britânicas pelos romanos.

Bríatharogam Morainn mic Moín: Tressam femae
Tradução de McManus: *Strongest in exertion*
Tradução de Meroney: *(Tresim fedma) Strongest of powers*
Versão de LMB: O mais forte no esforço/ O mais esforçado / O mais forte dos poderes

Bríatharogam Maic ind Óc: Arusc n-airlig
Tradução de McManus: *Proverb of slaughter*
Tradução de Meroney: *(Aruusc n-arrligh) Condition of slaughter*
Versão de LMB: Provérbio do abate/matança / Condição do abate

---

[76] "O Insecável" - segundo Charles Squire, na Mitologia Celta o deus Dagdá, o Bom Deus (bom no sentido de dominar diversas aptidões e ser o mais habilidoso dentre todos os deuses), possui alguns artefatos mágicos, dentre eles esse caldeirão chamado "O Insecável", pois nunca esvaziava ou secava, e todos que dele se alimentavam sentiam-se satisfeitos.

Bríatharogam Con Culainn: Conar gotha
Tradução de McManus: *Path of the voice*
Tradução de Meroney: *(Conair gotha .i. tre muin) Path of voice, i.e, through the neck*
Versão de LMB: Caminho da voz, isto é, através do pescoço

Interpretação de McManus: *Muin* - neck (pescoço), *ruse/trick* (ardil/ truque, trapaça), *love* (amar, amor), *breath* (respirar, sopro, fragrância)

Interpretação de Meroney: *Muin* – esteem – honra
Ardam maisi 'highest of beauty' – a mais elevada beleza - é outro texto para *Tresim fedma'*. *Midiu* que Calder definiu como 'videira', é provavelmente uma corrupção de *midiutti* – desimpedido, atribuída a Emancoll.
As duas últimas palavras-chave são inovações de Calder baseadas em muin 'parte de trás do pescoço, nuca'.

Interpretação de Boutet: *Muin < mUinia < Uiniia =* "Vine" (videira/ vinha) e/ ou *Marcos = "Rustic Vine"* (videira rústica) / *Mana = "Mind"* (mente/ espírito/ ânimo), *Melnos,* planeta Saturno.

Classe: *Shrub tree* – Árvore Arbustiva

Estação do ano: Verão. Muin marca o Solstício de Verão

Domínio: Sol/fogo

Espiral da Vida: prosperidade e estabilidade materiais

Palavras-chave: prosperidade constante, colheitas, resultados

Shrub: Muin mostra que em breve você colherá os frutos de seus esforços, especialmente na área profissional, seguindo-se um período de celebração, de júbilo pelos resultados positivos os quais você fez por merecer.
Aproveite esse momento de prosperidade e abundância de tudo – amor, saúde, amigos, felicidade, dinheiro - e saiba que o descanso tão esperado está próximo, juntamente com o reconhecimento e a admiração de todos à sua volta.
A recompensa por seu excelente trabalho se traduz principalmente em ganhos materiais, mas não só. Você experimentará a satisfação pessoal pela realização profissional e Muin denota um período de felicidade, regozijo, orgulho próprio e muita abundância em sua vida.

Se estiver questionando sobre um projeto ou trabalho que terá início ou que já está em andamento, a resposta é clara: será um sucesso, embora essa Ogam não o exima do trabalho árduo e de muita dedicação para que alcance esse resultado.

Por fim, Muin aconselha que você não se exceda na comemoração, nem disponha de tudo o que ganhar, pois pessoas prósperas são precavidas. Lembre-se que em breve a luta recomeçará e você precisa estar preparado para uma nova empreitada, pois há novos campos a serem semeados.

Chieftain: Muin diz que você sempre terá o necessário e um pouco mais enquanto fizer sua parte, isto é, trabalhar honesta e dignamente. Ademais, Muin anuncia uma recompensa espiritual que se traduz em proteção e bênçãos espirituais a lhe abrirem os caminhos para a abundância em todas as áreas da sua vida.

Portanto, além de receber o conhecimento e a sabedoria que você vem buscando, também terá as outras áreas de sua vida abençoadas e onde se empenhar, colherá bons frutos.

Nessa posição, Muin também indica que você tem capacidade de liderança, sempre sabe o que fazer na hora certa, é rápido e firme em suas decisões, as pessoas costumam segui-lo.

Porém, precisa aprender a respeitar todos os indivíduos que integram a engrenagem, seja na vida profissional, familiar, nos grupos que frequenta. Todos são importantes, desde aqueles que desenvolvem as tarefas mais complexas, até aqueles que desempenham os papéis mais simples e secundários.

Portanto, se deseja manter suas amizades, as pessoas que ama e que o amam por perto e a consideração dos deuses por você, aprenda a ser humilde, generoso, solícito, gentil, paciente, caso contrário, em breve perderá o respeito e a admiração de todos à sua volta e ficará sozinho.

Peasant: Muin alerta para um período de crise no relacionamento, se estiver com alguém. O outro ou você está se sentindo preso, sufocado, desinteressado, infeliz e há possibilidade de rompimento.

Se está em um relacionamento e está pensando em ter filhos, pense melhor e converse muito com seu par, pois crianças exigem dedicação quase que integral por parte dos pais. Após o nascimento, a vida do casal muda completamente, não existe mais tempo livre, a independência praticamente acaba, ambos terão de abrir mão de atividades que lhes agradam para fazerem uma série de coisas que não gostam, o casal não terá mais tempo para ficar a sós.

Portanto, o casal deve pesar bem todas as responsabilidades que os filhos implicam, pois assumido o compromisso, é para toda a vida e não há como voltar atrás.

Se perguntou sobre uma pessoa com quem se relaciona amorosamente, Muin alerta que trata-se de alguém otimista, alegre, cheio de vida, porém ama sua liberdade, independência, privacidade e individualidade e lhe é muito doloroso ter de abrir mão delas, motivo pelo qual, dificilmente desejará filhos.

Pense bem se quer manter esse relacionamento mesmo assim, pois não se pode forçar o outro a assumir uma responsabilidade que não quer ter. Por outro lado, se ser mãe ou pai for seu sonho, talvez seja melhor procurar alguém que esteja disposto a assumir essa tarefa de coração.

Herb: Nessa posição, Muin alerta para um período de dificuldades materiais e perdas financeiras, podendo significar desemprego ou prejuízos nos negócios.

Se estiver perguntando sobre um projeto ou trabalho, Muin diz que não é a hora certa, e também não é o trabalho ou o negócio certo, e lhe trará perdas.

Portanto, se puder adiá-lo ou parar agora, melhor fazê-lo. Procure outra atividade, outro negócio, outra opção, pois essa que você está pensando, definitivamente, não tem a menor condição de prosperar no momento, e ainda o privará de bens e do dinheiro que você tem.

Se estiver perguntando sobre um emprego, é melhor você ter mais de uma opção, pois esse especificamente provavelmente não dará certo. Tenha sempre ao menos três opções para poder escolher e para poder alternar caso sua primeira opção não renda os resultados esperados.

GORT – "Mór Muman – a Deusa Solar"[77]

Grafias: idem

Letra: J

Árvore no Auraicept: *ivy* – hera. *"Greener than pastures is ivy."* "Mais verde que os pastos é a hera."

Árvores: *white mistletoe* - visco branco *(Viscum álbum)* / *ivy* - hera *(Hedera helix)*

No meu entendimento, a planta associada a essa Ogam é o visco ou visgo, também conhecido como "erva-de-druida" e "escova-das-bruxas". Trata-se de uma trepadeira lenhosa, considerada semi-parasitária, pois fixa suas raízes nos troncos e galhos das árvores, de onde extrai a seiva, entretanto, faz fotossíntese, sintetizando parte de seu alimento.

O visco pode ser encontrado em muitas árvores, entretanto, aquelas que resistem bem a ele são os carvalhos, choupos, álamos, macieiras e pinheiros.

O visco que nascia sobre os carvalhos era considerado especialmente sagrado pelos druidas, que o coletavam em uma cerimônia complexa, em dia e hora determinados, utilizando-o tanto para a saúde quanto por seus poderes mágicos para facilitar a viagem da alma ao Outro Mundo, a visão do futuro, sonhos proféticos, além de ser considerado um poderoso amuleto contra o mal por atrair a proteção divina.

Quando levado para dentro de casa trazia felicidade, aumentava a fertilidade masculina e se a pessoa o carregasse consigo durante o Solstício de Inverno, garantiria riqueza, saúde e poder.

A hera, por sua vez, igualmente é uma trepadeira que se prende aos troncos e galhos das árvores, porém, não é parasitária, pois não se alimenta da seiva das árvores, necessitando delas apenas para conseguir permanecer ereta.

O caule da hera pode atingir até trinta metros. Dele nascem ramos lenhosos muito longos, delgados e flexíveis que precisam se apoiar em outras plantas por meio de raízes laterais aéreas.

As folhas são verde-escuras, brilhantes e possuem um formato triangular bonito. Os frutos são como pequenas bagas e são tóxicos, enquanto as folhas secas possuem propriedades fitoterápicas, sendo usadas na Fitoterapia em forma de xarope expectorante e broncodilatador (a hera não deve ser manipulada em casa, pois o princípio ativo só pode ser isolado em laboratório). É uma

---

[77] "Mór Muman – a deusa solar" - Na Antiguidade, o Sol era uma divindade feminina e os celtas do sul da Irlanda a chamavam de Mór Muman, sendo a deusa da grandeza e da soberania.

planta extremamente resistente e implacável, que sobrevive em qualquer ambiente, até nos mais inóspitos.

Portanto, considero que ambas, tanto o visco quanto a hera estão associadas e representam a energia dessa Ogam, embora nenhum daqueles que se dizem ogamistas e que usam o Ogam como oráculo saibam que o visco está associado à Gort, pois certas informações concernentes à sabedoria antiga celta pertencem exclusivamente à minha Tradição Familiar de Magia Celta.

Classe: *Herb tree* – Erva Trepadeira

Estação do ano: Verão

Domínio: Sol/fogo

Espiral da Vida: grandeza, soberania, o mundo a seus pés

Palavras-chave: sucesso em todos os sentidos, grandeza, brilhantismo, soberania, o mundo a seus pés

Bríatharogam Morainn mic Moín: Milsiu féraib
Tradução de McManus: *Sweetest grass*
Tradução de Meroney: *(Millsiu feraib) Sweeter than grasses*
Versão de LMB: A grama/capim mais doce / Mais doce do que grama

Bríatharogam Maic ind Óc: Ined erc
Tradução de McManus: *Suitable place for cows*
Tradução de Meroney: *(Med n-erc) Counterpart of heaven*
Versão de LMB: Lugar agradável para vacas / Contrapartida do céu

Bríatharogam Con Culainn: Sásad ile
Tradução de McManus: *Sating of multidudes*
Tradução de Meroney: *(Sásad ile .i. arbhar) Sating of a multitude, i.e., host In*
Versão de LMB: Pregando para multidões / Satisfação de uma multidão; anfitrião

Interpretação de McManus: *Gort – field* – campo (de plantações ou de batalha)

Interpretação de Meroney: *Gort – field* – campo

As duas últimas palavras-chave são satisfatórias para serem interpretadas como 'campo, jardim'. Mas a primeira tem sido importada com o nome substituto *edlend 'honeysuckle'* – madressilva.

Interpretação de Boutet: *Gort* < *Gortia* = "*Ivy*" (hera) e/ou *Gabrostos* = "*Honeysuckle*" (madressilva) / *Gortos, Gorton* > *Gartos* = "*garden*" (jardim), *Gortus* > *Gurtus* = "*heart*" (coração)

Herb: Gort mostra uma personalidade cujo brilhantismo mental é inegável; talvez apresente até mesmo traços de genialidade, além de inteligência emocional e carisma sem iguais.

Gort alerta que tantos predicados poderão tornar essa pessoa arrogante, muito confiante e, consequentemente, displicente, o que obviamente será sua perdição, pois essa postura desencadeará desordem e perdas em todos os níveis de sua vida.

As pessoas que ama se decepcionarão, aquelas com as quais trabalha não mais confiarão, pois deixará de cumprir com suas obrigações; os amigos se afastarão.

Se mantiver atitude prepotente, ficará sozinho e sua luz interior se apagará, pois Gort precisa se cercar das pessoa que gosta e que sabe gostarem dele para se sentir feliz e brilhar, caso contrário, é como uma flor sem água, simplesmente perde a alegria de viver e murcha.

Portanto, permita que somente as boas qualidades de Gort fluam, como criatividade, dons artísticos, bom humor, carisma, solicitude, inteligência, boa vontade em fazer seus trabalhos, prosperidade, sucesso e reconhecimento social pelo excelente trabalho, pois essa Ogam proporciona tudo isso.

Ao se referir a uma situação, Gort diz que você terá uma ideia genial, talvez um tanto louca e temerária, mas simplesmente magnífica, e deverá pô-la em prática o quanto antes para solucionar a questão de forma rápida e eficaz, além de beneficiar o maior número de pessoas possível, principalmente a si mesmo.

Chieftain: Nesse momento, Gort imprime em seu ser as vibrações das mais elevadas esferas espirituais, conferindo-lhe lucidez, esclarecimento, discernimento, grandeza e soberania espirituais.

É como um lampejo da onipotência dos deuses em sua alma, iluminando-o, abrindo seus olhos imortais para um novo Universo de potencialidades ilimitadas e infinitas à sua disposição a partir de agora.

Gort acende em seu interior o fogo de mil Sóis, proporcionando-lhe a habilidade de apreender e compreender profunda e intensamente o mundo espiritual, não com a mente lógica, mas com o coração, sentindo-o dentro de si com todas as fibras do seu ser. É uma experiência única, o tão almejado "êxtase divino" das doutrinas orientais e ocultistas.

É com essa luz divina proporcionada por Gort que você resolverá a questão sobre a qual perguntou, progetando-a de dentro de você para fora, ao seu redor, no ambiente em que se encontra e depois em todas as pessoas.

Imagine-se e às pessoas recebendo o amor e a sabedoria dos deuses, de modo que tudo se revolverá para o bem maior de todos os envolvidos.

Se apenas busca um aconselhamento, aproveite essa inspiração para dar-lhe vazão, estudando a espiritualidade, além de criar obras maravilhosas e inovadoras, surpreendendo-se e a todos à sua volta com sua própria criatividade e sensibilidade, expressando-as como for. Apenas não permita que esse fluxo criativo inspirador se extinga.

Peasant: Gort anuncia a chegada de uma pessoa realmente especial em sua vida, dotada de muitas qualidades, dentre elas brilhantismo intelectual e pessoal, carisma, nobreza, bondade, enfim, é uma pessoa maravilhosa que conquistará seu coração.

Esse indivíduo pode se tornar um grande amigo, mas tudo indica que poderá ser um grande amor, marcando o início de um relacionamento completo em todos os sentidos, que o fará muito feliz.

Não permita que sua insegurança atrapalhe, pois se desrespeitar a privacidade e/ou a necessidade de expressão dessa pessoa, sem dúvida a perderá.

Compreenda que pessoas que estão sob a égide de Gort são iluminadas e precisam brilhar. Luz é o que elas são e iluminar é o que elas fazem melhor. Não seja ciumento e egoísta, não tente monopolizar suas qualidades somente para si, pois se tentar fazê-lo, o relacionamento terminará. Gort existe para ser grandioso e para ter o mundo a seus pés.

Shrub: Gort prevê que você obterá sucesso, reconhecimento, admiração, respeito na área profissional, o que se traduzirá, inclusive em bons ganhos financeiros.

Será um período de crescimento, expansão, projeção de sua imagem profissional, fazendo-se notar em seu meio de trabalho, atraindo admiração, elogios e boas somas de dinheiro.

Consequentemente, portas se abrirão, ótimas oportunidades de trabalho e/ou de negócios surgirão, proporcionando até mesmo uma provável mudança no estilo de vida.

O mais importante é que Gort lhe garante a satisfação e a alegria de ser reconhecido e aclamado, não só na área profissional, mas em alguma área da sua vida à qual venha se dedicando nesse sentido.

Todavia, proteja-se espiritualmente, pois tanto brilho certamente atrairá olhares invejosos. Use Luis como talismã de proteção e nada o atingirá.

nGETAL – "Mensageira dos Deuses"

Grafias: NGetal, Gétal, nGétal, Cétal

Letras: G/Gu/nG

Árvore no Auraicept: *broom/fern* – zimbro ou samambaia. "... *A physician's strength is broom, to wit, broom ou fern.*" "A força do médico é zimbro/junípero, ou melhor, zimbro/junípero ou samambaia."

Árvore: broom - espécie Genista / *broom tree* – zimbro ou junípero *(Juniperus sa- gentii)* / *fern* - samambaia *(Pteridium aquilinum)*

Broom é uma árvore da espécie genista, enquanto *broom tree* é o zimbro ou junípero *(Juniperus sargentii)* e *fern* é um tipo de samambaia.

A genista é uma árvore que requer poucos cuidados, germinando e se desenvolvendo em solos pobres e secos. Determinada espécie gera um corante amarelo muito comercializado no início do século dezenove e outras espécies oferecem outros benefícios, como uma espécie cujas flores são comestíveis e são usadas em saladas.

A árvore junípero, também conhecida como zimbro e zimbreiro, atinge porte médio, tronco robusto, geralmente dourado e são longevas. Suas bagas são conhecidas como "bagas de zimbro" ou simplesmente zimbro, largamente utilizadas como especiaria na culinária.

Por fim, há a *fern* ou *Pteridium aquilinum*, que pode atingir até vinte metros de altura, embora seja, na verdade, uma samambaia gigante, já que o caule não é de madeira, mas uma massa fibrosa que engrossa e enrigesse à medida que a árvore cresce.

Considerando-se que os povos celtas nunca formaram uma nação homogênea, sendo tribos que mantinham língua, crenças e costumes distintos, e ocuparam quase toda a Europa, parte da Ásia, Egito e talvez a América durante séculos, acredito que todas as três espécies de plantas estão associadas e representam perfeitamente essa Ogam, pois celtas de diferentes regiões obviamente fizeram associações das Ogams com as árvores locais.

Bríatharogam Morainn mic Moín: Lúth lego
<u>Tradução de McManus:</u> *Sustenance of a leech*
<u>Tradução de Meroney:</u> *(Lúth lega) A phisician's strenght*
<u>Versão de LMB:</u> Sustento de um parasita / A força do médico

Bríatharogam Maic ind Óc: Étiud midach
Tradução de McManus: *Raiment of physicians*
Tradução de Meroney: *Phisician's robe*
Versão de LMB: Vestimenta/Paramentação dos médicos / Manto do médico

Bríatharogam Con Culainn: Tosach n-échto
Tradução de McManus: *Beginning of slaying*
Tradução de Meroney: *Beginning of murder*
Versão de LMB: Início da chacina/assassinato

Interpretação de McManus: *Gétal - slaying* (matar violentamente, chacina)

Interpretação de Meroney: *(n)gétal – cétal – charm* – encanto, feitiço
Todas as palavras-chave estão associadas com a arte da medicina. A primeira parece mais associada ao nome da letra. Por outro lado, as outras duas podem ser interpretadas como palavras-chave para *cath 'battle'* – batalha – e *ícce 'healing'* – cura. Uma vez que nenhuma palavra em irlandês começa com NG, o ogamista adaptou-a eclipsando o 'n' para obter o nome da letra gétal que aponta para o nome originário cétal.

Interpretação de Boutet: *Getal / nGétal ou Getal < 'nCaitalis < Incaitalis* ou *Caitalis = "Reed"* (junco), *Caitalis Secsca = "Sedge"* (junça = planta ciperácea que cresce à beira das águas, da qual o junco e o papiro são espécies) / *'Ncu = "fatality"* (fatalidade), *"death"* (morte), *"fatal outcome"* (desfecho fatal), *'Nacantios < Anacantios = "Calamitous"* (calamitoso).

Classe: *Herb tree* – Árvore Trepadeira

Estação do ano: Verão. nGetal marca exatamente o pico do Verão

Domínio: Sol/fogo

Espiral da Vida: os curandeiros, os curadores, terapeutas, médicos e pessoas que atuam na área da saúde

Palavras-chave: desequilíbrio físico (vulgo doença), limpeza, purificação, cura, os curandeiros

Herb: Nessa posição, nGetal indica que você tem o dom de curar todos os males – físicos, espirituais, emocionais e mentais/psicológicos. Essa dádiva aflorou e seria um desperdício deixar de aplicá-la para aliviar o sofrimento próprio e dos demais seres.

nGetal o aconselha a procurar um método que lhe dê a oportunidade de aprender sobre seu dom, o que pode fazer e como utilizá-lo, e você verá que todas as áreas da sua vida voltarão a fluir, trazendo-lhe resultados muito positivos, pois nesse momento, estão bloqueadas devido à retenção do fluxo de energia curativa em você.

Compreenda que quando negamos um dom, uma habilidade especial e única que nos pertence e é intrínseca ao espírito, impedimos que nossa energia vital flua harmonicamente, gerando excessos represados que refletem em determinadas àreas de nossa vida bloqueando-as, e ao mesmo, causando a falta dessa energia vital em outras áreas que, automaticamente, param de fluir.

Portanto, negar um dom é desequilibrarmo-nos interna e externamente. Internamente, acabamos por gerar diversos problemas sistêmicos, vulgo doenças, que podem ser físicas, psíquicas e emocionais. O desequilíbrio reflete-se externamente através de eventos negativos em vários campos da vida como trabalhos que não dão certo, perdas e/ou falta de ganhos financeiros, situações problemáticas das mais variadas que surgem a todo momento e tiram nossa paz e nossa qualidade de vida, além de causarem perdas de toda ordem – financeiras, de saúde, emocionais, etc. Quando impedimos nosso dom de fluir, optamos, ainda que inconscientemente, por destruir nosso ser e nossa vida.

Num primeiro momento, só de nGetal aparecer, propicia a cura para você em todos os sentidos: cura emocional, psicológica, espiritual e física. Se está debilitado, saiba que em breve sentir-se-á melhor, renovando suas forças e vitalidade.

Se você permitir que esse dom de cura mostrado por nGetal flua de dentro de você a partir de agora, reconhecendo-o, aceitando-o e comprometendo-se a buscar o conhecimento de como exercê-lo (existem diversas formas para isso, desde tradições espiritualistas que trabalham com cura, até as terapias alternativas), num segundo momento nGétal anuncia a cura de toda a sua vida, todas as áreas que estão bloqueadas. Você encontrará soluções para situações problemáticas que até esse momento não fazia ideia de como resolver, encontrará respostas para perguntas e dilemas antigos, enxergará novos caminhos e oportunidades bastante profícuas na profissão/trabalho, que lhe renderão muito mais, haverá amor, amizades sinceras, alegrias, proteção em sua vida e nas vidas daqueles que ama de agora em diante.

Permita que nGetal cumpra sua missão que é proporcionar a purificação do ser em todos os níveis – espiritual, emocional, físico e mental, contribuindo assim para torná-lo melhor, e por consequência, tornar o mundo melhor.

Chieftain: Eventual desequilíbrio (doença) que o aflige, bem como todo o mal mental, emocional e/ou espiritual do qual está sendo alvo, tem como origem as reações às suas ações do passado (de outras vidas ou mesmo dessa), e/ou tem origem interna, através de seus sentimentos e pensamentos negativos que geram descargas de energias extremamente nocivas, bem como de toxinas em seu sistema, envenenando hodiernamente todos os seus corpos.

Você sabia que apenas seis minutos com raiva causa a liberação de substâncias prejudiciais ao organismo, e seu sistema precisará de quase vinte e quatro horas para eliminá-las por completo?

nGetal diz que você precisa elevar seus pensamentos e sentimentos para interromper esse círculo vicioso, caso contrário, continuará submetendo todos os seus corpos – físico, espiritual, emocional e mental ao desequilíbrio perene, desenvolvendo doenças graves de difícil retrocesso como consequência.

Para obter a cura de todos esses males, é imprescindível aprender a se dedicar à sua evolução e aprimoramento pessoais imediatamente. Comece por parar de julgar os outros tão severamente, procure ver as qualidades ao invés de ignorá-las e sempre focar nos defeitos – seus e principalmente dos outros, deixe de ser maledicente, de cuidar da vida alheia. Vá à luta por seus sonhos ao invés de invejar as conquistas das pessoas.

Concomitantemente, procure alguma crença espiritualista capaz de abrir sua mente e lhe conceder uma nova visão de vida, das pessoas, do mundo. Estude, pratique e use-a para ajudar as pessoas ao seu redor, pois assim, atrairá muitas bênçãos para si mesmo.

Você pode pensar que mal consegue ajudar a si mesmo, como fará para ajudar o próximo. No entanto, na Magia é dando que se recebe. Ao doar tempo, palavras amigas, sorrisos, gentileza, um prato de alimento, aos poucos verá que sua dor e sofrimento diminuirão, enquanto seu sistema terá sua vibração elevada, recuperando-se e refazendo-se de qualquer mal, alcançando a cura e a saúde plena.

Utilize as Ogams do Aicme Beithe para aflorar bons sentimentos, do Aicme Huath para trabalhar seu corpo e recuperar a saúde física, do Aicme Muin para aprimorar seu caráter e despertar qualidades nobres, do Aicme Ailm e Forfeda para manter a mente livre de pensamentos negativos e elevar-se espiritualmente.

Se não fizer algo por você agora, comprometerá sua saúde de forma séria e talvez irreversível. Use essa Ogam como talismã para iniciar a limpeza e purificação, expurgando todo o mal que está dentro de você para alcançar a saúde perfeita.

Peasant: nGetal mostra que você sofrerá uma perda emocional ou há algo ou alguém em sua vida que precisa ir embora. Você deve desligar-se ou desfazer-se de algo, deixar ir, perdoar, esquecer. Se não puder se desapegar, jamais terá paz em seu coração.

Pare de ficar se torturando com coisas do passado, pare de tentar prender as pessoas que ama se elas desejam sair de sua vida, pare de chorar por alguém que está no Outro Mundo, pois você está sofrendo e está fazendo outros sofrerem. A vida na Terra é só uma passagem, nosso lar não é aqui, é no Outro Mundo. Estude para compreender.

Perdoe quem te magoou, perdoe-se pelos erros que cometeu, liberte seu coração e sua alma da culpa, remorso, mágoa, saudades, vingança, pois isso está literalmente matando-o.

Os deuses não têm misericórdia nem simpatia por quem de livre e espontânea vontade sofre. Se quer ser auxiliado, deixe de sentir pena de si mesmo e busque as respostas para sua dor e seus dilemas por seus próprios meios. Quando assim agir, os deuses o acolherão.

Shrub: nGetal alerta para perdas financeiras, materiais, desemprego. Prepare-se para um período de dificuldades, organizando-se no sentido de reduzir custos, buscando formas alternativas de obter seu sustento material.

No entanto, é só uma fase e como você foi alertado a tempo, poderá se prevenir minimizando o impacto dessa perda, superando em breve esse desafio.

STRAIF – *"A Forja de Heróis"*[78]

Grafias: Straiph, Sraiph, Sraibb

Letra: Z

Árvore no Auraicept: *black-thorn* – espinheiro-negro. *"...The hedge of a stream is 'sraibh', that is, black-thorn."* "A restrição de um fluxo (córrego) é sraibh, isto é, espinheiro-negro."

Árvore: *blackthorn tree* – espinheiro-negro ou abrunheiro-bravo *(Prunus spinosa)*

O abrunheiro, em inglês *blackthorn*, é um arbusto invasivo, cujos galhos são cheios de espinhos e gera pequenos frutinhos azuis-escuros não comestíveis.

Essa árvore foi associada pelos celtas às armas de guerra como a espada, a lança e a flecha, devido aos seus espinhos venenosos que causam ferimentos na pele bastante dolorosos e de difícil cicatrização.

Bríatharogam Morainn mic Moín: Tressam rúamnai
Tradução de McManus: *Strongest reddening dye*
Tradução de Meroney: *(Tresim ruamna) Strongest of reddening dye-stuffs*
Versão de LMB: Fortemente pintado de vermelho / Fortemente ruborizado / O mais forte dos corantes /tinturas avermelhadas

Bríatharogam Maic ind Óc: Mórad rún
Tradução de McManus: *Increase of secrets*
Tradução de Meroney: *idem*
Versão de LMB: Incremento de segredos

Bríatharogam Con Culainn: Saigid nél
Tradução de McManus: *Seeking of clouds*
Tradução de Meroney: *(Saigid nél .i. a ddé suas) Seeking clouds, i.e., its smoke above*
Versão de LMB: Buscador de nuvens / Buscando nuvens, sua fumaça acima

Interpretação de McManus: *Straif - sulphur* (enxofre)

---

[78] Forja com dois significados: 1) o forno onde o metal é aquecido, a fim de ser moldado pelo artífice para fazer a lâmina da espada; 2) o processo em si de forjar o metal para fazer a lâmina – aquecê-lo, misturá-lo, moldá-lo, aquecê-lo, golpeá-lo e resfriá-lo, repetindo-se diversas vezes. Por fim, a lâmina é enterrada em barro para selar o processo e conferir-lhe alma.

Interpretação de Meroney: *sraiph – sulphur* – enxofre

Tresim ruamma é explicado no Duil Feda como segue: "Dentre os corantes, straif é o mais forte para a coloração dos elementos, desde que ele age sobre a prata branca e esta começa a se tornar azulada fazendo disso prata pura; é fervida na urina até o ouro branco, então, faz ouro vermelho disto. A natureza alquímica desta passagem é óbvia, e straif é manifestamente sraibh – enxofre. A palavra-chave "sua fumaça acima" igualmente remete a enxofre, mas "incremento de segredos" é indistinto.

Interpretação de Boutet: sD (*Đ*), *Straif < Sdragenos < Dragenos* = "Barberry" (bérberis - arbusto espinhoso da família das berberidáceas, de flores amarelas e frutos vermelhos, que hospeda durante parte do seu ciclo de desenvolvimento, um fungo que causa nos cereais a doença chamada ferrugem) e/ou *Đrausa* = "Green Alder" (amieiro verde) / *Dira > Sdira > sira = "star"* (estrela).

Classe: *Shrub tree* – Árvore Arbustiva

Estação do ano: Verão

Domínio: Sol/fogo

Espiral da Vida: obstáculos que fazem as virtudes aflorarem; os alquimistas e ocultistas

Palavras-chave: o processo que transforma o aço em lâmina perfeita, bela e preciosa; o processo alquímico que transforma metais comuns em ouro; desafios que transformam qualquer pessoa em heroína; revelação de segredos; traição

Shrub: Straif representa o enxofre, um dos elementos que os alquimistas usam na transformação de metal comum em ouro.

No caso das espadas, o metal tornado aço é forjado em fogo e água, moldado sob golpes de martelo, processo esse repetido diversas vezes até que o metal atinja o grau de pureza e dureza necessários, tornando-se a lâmina perfeita: fina, leve, inquebrável, magnífica e extremamente afiada.

Straif é a Ogam que nos conduz a esses processos de refinamento e ascensão, transformando-nos nos super-heróis que podemos ser.

Quando surge numa consulta, indica que há um obstáculo ou desafio em seu caminho que certamente trará dor, desespero, sofrimento, inicialmente de ordem física, material, financeira, mas que indiretamente afetará todas as áreas da sua vida, ao qual você não pode fugir, tampouco combater.

Entenda que assim como o ouro e a espada precisam ser expostos a processos radicais para atingirem a perfeição, o mesmo dar-se-á com você. Este desafio trará humildade e simplicidade. Quando aceitar e compreender, aprenderá resistência, persistência, coragem, força, serenidade, equilíbrio, dignidade, dando início a uma nova fase em sua vida, saindo desse processo orgulhoso e vencedor sobre si mesmo.

Você se tornará um verdadeiro herói, honrado e invencível, e agradecerá de coração aos deuses pela bênção de receber o fogo de Straif em sua alma, pois tudo o que ela toca transcende.

Chieftain: Nessa posição, Straif mostra que o problema apresentado é de origem espiritual e tem como função fazê-lo se aprimorar, melhorar, evoluir, obrigando-o a encontrar respostas e soluções que estão além do mundo material ou físico, pois todo o obstáculo, limitação, sofrimento gera a necessidade de melhoramentos e superação para sermos capazes de prosseguir.

Esta é a função de Straif, fazê-lo aprender pela dor, já que não quer buscar o conhecimento e a evolução espiritual pelo amor.

Straif também indica que você tomará posse de um segredo, provavelmente de família mas não necessariamente, que desencadeará mudanças significativas em sua vida.

Peasant: Numa primeira análise, Straif alerta para traição no relacionamento, mentiras, falsidade por parte de um dos parceiros.

Pode ser que a pessoa com a qual se relaciona seja casada ou seriamente comprometida. Outra hipótese é que ela ou você possa estar mantendo um relacionamento extraconjugal.

Em qualquer desses casos, Straif prevê que a mentira, a traição, o segredo está prestes a ser revelado ou descoberto, causando muita dor, vergonha, decepção e sofrimento a todos os envolvidos. Assim, caso seja você quem está enganando, tome uma atitude o mais rápido possível no sentido de resolver esse triângulo amoroso, para minimizar o sofrimento do outro, embora o dano já tenha sido causado.

Numa segunda análise, Straif alerta-o para intrigas, mentiras, armadilhas contra você ou seu companheiro com o intuito de separá-los. Trata-se de pessoa vingativa, que teve suas intenções em relação a um de vocês negada e decidiu destruir a pessoa que a rejeitou, bem como aqueles que o objeto do seu desejo ama.

Você e seu companheiro devem proteger-se espiritualmente, bem como à família, pois essa pessoa não tem escrúpulos nem limite. Todavia, se entre vocês existir amor verdadeiro, o relacionamento sobreviverá.

Você, seu companheiro e filhos se tiverem, deverão usar Luis como talismã de proteção. Se estiver certo do seu amor e que você e seu par estão sendo vítimas, faça um talismã com Straif com seu nome e o nome do parceiro, pedindo que as mentiras apareçam e que quem estiver procurando fazer-lhes mal seja desmascarado, e Straif os ajudará.

Herb: Straif alerta para intrigas, mentiras, falsidade vindas de pessoas que estão ao seu redor e se dizem amigas, para prejudicá-lo em seu trabalho, família e/ou no relacionamento.

Você não pode confiar em ninguém neste momento, apenas em você e em seus guardiões.

Straif diz que quem está engendrando essa traição em breve será desmascarado e tudo se resolverá. No entanto, até lá, procure ser cauteloso e preserve-se o máximo que puder.

Por outro lado, se for você quem está agindo dessa forma, pare agora, procure consertar seu erro e assuma sua responsabilidade, pois a verdade surgirá, você será descoberto e terá de responder pelos seus atos. Quanto mais tempo sustentar a mentira, maior será sua vergonha.

Nessa posição, Straif também alerta para perigo de acidentes graves, que na melhor das hipóteses, poderá deixar sequelas. Seja cauteloso, precavido, evite atividades de risco por toda a estação e caso esteja sendo negligente ou irresponsável em seu dia a dia (dirigir em velocidade acima do permitido, praticar esportes radicais sem os equipamentos necessários, não fazer manutenção regular de seu veículo, etc), mude sua atitude imediatamente ou se arrependerá.

RUIS – *"O Corvo das Batalhas"*[79]

Grafias: idem

Letra: R

Árvore no Auraicept: *elder* – sabugueiro. *"The redness of shame is 'ruis', i.e., elder."* "A vermelhidão da vergonha é ruis, isto é, sabugueiro."

Árvore: *Elder* – sabugueiro *(Sambucus nigra)* Essa árvore normalmente não ultrapassa quatro metros. O sabugueiro gera flores pequeninas, brancas, em formato de estrela de cinco pontas, cujo perfume é muito agradável e possuem utilização na Fitocosmética. Os frutos são pequenas bolinhas pretas que, quando espremidas, liberam um sumo vermelho como o sangue.

Bríatharogam Morainn mic Moín: Tindem rucci
<u>Tradução de McManus:</u> *Most intense blushing*
<u>Tradução de Meroney:</u> *(Tinnem ruccae) Most painful of shames*
<u>Versão de LMB:</u> O mais intenso rubor / A mais dolorosa das vergonhas

Bríatharogam Maic ind Óc: Rúamnae drech
<u>Tradução de McManus:</u> *Reddening of faces*
<u>Tradução de Meroney:</u> *(Ruamna dreach) Redness of face*
<u>Versão de LMB:</u> Vermelhidão da(s) face(s)

Bríatharogam Con Culainn: Bruth fergae
<u>Tradução de McManus:</u> *Glows of anger*
<u>Tradução de Meroney:</u> *(Bruth fergga .i. imdergadh) Glow of anger, i.e., reddening*
<u>Versão de LMB:</u> Arder de raiva / Incandescência da ira

Interpretação de McManus: *ruis – red* (vermelho)

Interpretação de Meroney: *ruis – redness* – rubor, vermelhidão

---

[79] "O Corvo das Batalhas" - Badb Catha, também conhecida como "O Corvo das Batalhas", é uma das deusas que integram o aspecto triplo da deusa celta Mórrígna – Mórrigan, a deusa feroz, com grande apetite sexual, que seduzia guerreiros, heróis e deuses, além de incitar às batalhas; Badb Catha, deusa que visitava os campos de batalhas antes e depois, é a deusa do flagelo e da tormenta, causando pânico nos guerreiros inimigos; Macha, associada ao cavalo, animal muito apreciado e respeitado pelos celtas, protegia as cavalarias. A deusa celta tripla Mórrígna também é chamada de "Rainhas Guerreiras" e "Rainhas Bruxas".

Muito interessante é o nome alternativo *raiti,* ou *raith;* duas pronúncias são dadas, uma está na lista de plantas em *Ancient Laws of Ireland* – rait *'bog-berry'* 'fruta-do-pântano', e raith *'fern'* 'samanbaia'. Outro nome obscuro de planta no irlandês antigo *roid(h)* associada com corante vermelho deve ter sido o intermediário entre *ruis* e *rait(h).* Inevitavelmente vem à mente os nomes germânicos para a runa R, inglês antigo *rád,* islandês antigo *reið*, que significa 'andar a cavalo, cavalgar'; galês *rat* R.

Interpretação de Boutet: *Ruis < Ruscia = Elder Tree* (sabugueiro), **Roudioscobies = "Red clustered Elder"* (agrupamento de sabugueiro vermelho) e/ou *Reusmen = "Sappy Alder"* (sabugueiro viçoso/cheio de seiva) e *Rusca = "Rowan"* (sorveira-brava) / *Reiia, Riia,* planeta Vênus.

Classe: Shrub tree – Árvore Arbustiva

Estação do ano: Verão

Domínio: Sol/fogo

Espiral da Vida: guerreiros, soldados, exploradores, aventureiros, disputas, embates

Palavras-chave: embate, disputa; aquele que se excede em suas razões e se envergonha, ou o nobre, forte e audacioso cavaleiro que salva; os guerreiros e cavaleiros

Shrub: Ruis mostra um indivíduo muito inteligente, criativo, dinâmico, que tem ideias inovadoras, maravilhosas e eficazes. Na profissão que escolheu, tem tudo para se destacar, alcançar boas posições dentro da empresa ou no mercado, e consequentemente, terá bons rendimentos, desde que aprenda a ser disciplinado, cumprindo prazos e compromissos, caso contrário, nunca se estabilizará em nenhuma atividade, seja como colaborador ou como autônomo.

Esse indivíduo está sempre otimista, motivado, não tem preguiça nem medo do trabalho árduo, porém não leva os cronogramas a sério, e acredita que por sua grande capacidade e conhecimento profissionais, suas falhas serão perdoadas, já que, inclusive, é indispensável.

Ocorre que ninguém aguenta ficar esperando um serviço ou produto indefinidamente, e é um erro imenso acreditar que ninguém pode fazer o que você faz, pois se um faz, todos podem fazer também.

Assim, se não se corrigir, perderá excelentes oportunidades de trabalho e de ganhos. Por outro lado, se aprender a se disciplinar e a cumprir prazos, crescerá cada vez mais na profissão, com ganhos equivalentes.

Outra análise para Ruis nessa posição fala de uma pessoa que ama a atividade profissional que escolheu, faz seu trabalho com dedicação, atenção, carinho, comprometimento, no entanto, nunca recebe quantia equivalente porque não sabe cobrar o valor correto pelo seu trabalho.

Assim, a pessoa começa a ficar frustrada, pois trabalha muito, abre mão de seu lazer e descanso para se dedicar ao trabalho, todos amam seus produtos e/ou serviços, mas o que ganha é sempre insuficiente para se manter adequadamente.

Precisa compreender que isso só ocorre por sua única e exclusiva responsabilidade, pois esse indivíduo não quer cobrar o valor que entende justo por receio dos clientes acharem caro e acabar por perder a clientela.

Ruis ensina que é necessário valorizar-se, valorizar seus conhecimentos, habilidades e o tempo que dedica às suas atividades, traduzindo essa valoração em quantias de dinheiro que pretende receber em troca de seus produtos ou serviços.

Essa troca deve ser justa, pois assim ambos os lados das relações comerciais ganham. Quando um bom serviço é prestado ou um bom produto é adquirido, quem recebe o serviço ou o produto fica satisfeito e retribui através do valor combinado com boa vontade, porque sabe que o que recebeu vale aquela soma.

Por outro lado, quando você sabe que produz ou trabalha com qualidade, que o valor fixado é justo ainda que seja um pouco acima do praticado pelo mercado, porque seus clientes terão inúmeros benefícios com seu trabalho, você deve receber a remuneração equivalente para que possa continuar mantendo a alta qualidade do serviço ou produto.

Não tenha medo de pedir o valor que entende justo por seus serviços/produtos. Caso os clientes não queiram pagar, significa que não estão preocupados com qualidade, e portanto, não são merecedores de receberem o que você produz.

Ao manter firme sua posição, você mostrará ao Universo, e consequentemente às pessoas, que você é digno e merecedor de receber o que pretende, e o Universo conspirará a seu favor. Você passará a atrair clientes que prezam pela boa qualidade de produtos e serviços, que saberão reconhecê-la em seu trabalho, e você passará a obter os ganhos que pretende, trabalhando com mais satisfação, alegria, amor.

Use Ruis como talismã para aprender a ser firme, digno, merecedor e principalmente, para se conscientizar de que só uma pessoa pode determinar o quanto seu trabalho vale: você.

Chieftain: Ruis indica que você está sendo atacado espiritualmente e precisa aprender a se defender com suas próprias armas, procurando restabelecer seu equilíbrio e bem-estar.

Seus guardiões podem ajudá-lo, entretanto, esse combate é somente seu e você precisa dar o primeiro passo, enfrentando o mal com coragem para se ver livre.

O conhecimento será o elemento principal para que possa superar essa demanda, e você deve procurá-lo na Magia, pois as religiões comuns não lhe trarão as respostas necessárias para seu crescimento espiritual, tampouco poderão dar-lhe estrutura para vencer este desafio.

Até encontrar uma tradição ou linha espiritual que forneça a sabedoria e a força necessárias, use Ruis como talismã para despertar em você a força do guerreiro espiritual, bem como para ajudá-lo a conceber a estratégia para superar esse embate.

Confie e mantenha o autocontrole, crie sua estratégia seguindo sua intuição e acredite no poder de Ruis, dos seus guardiões e dos deuses.

De qualquer forma, não esqueça que Ruis é a Ogam dos cavaleiros e guerreiros espirituais, aqueles que nasceram para combater e vencer qualquer batalha, guerra, disputa, discussão, etc. Permita que essa Ogam o conduza em direção à vitória, aflorando os dons necessários, que aliados ao conhecimento, permitirão que você supere com êxito esse obstáculo.

No entanto, Ruis diz que se você estiver gerando a confusão, logo será desmascarado e se envergonhará profundamente diante de todos. Se essa é a questão, procure adiantar-se e reconhecer seu erro, tomando providências para sanar todos os males que tenha causado. Se não agir com honestidade nesse momento, o resultado final será desastroso para você.

Peasant: Nessa posição, Ruis mostra que a pessoa a quem se refere é nobre, valorosa, digna, honesta, tem coração de cavaleiro e não o decepcionará.

É fiel, sincera, educada, culta, corajosa e muito jovial. Está sempre sorrindo, bem disposta e bem humorada, motivo pelo qual, parece mais jovem do que é.

É excelente companheira para todas as horas, especialmente se sua ajuda for solicitada para qualquer demanda que considere justa, e Ruis diz que essa pessoa é bastante justa, imparcial e muito correta em seus julgamentos.

Se vocês se gostam, não perca a chance de ficar ao seu lado, pois quando ama é verdadeira e o fará muito feliz, se for igualmente retribuída.

Herb: Ruis mostra um embate ou disputa à caminho, na qual você está ou estará envolvido. Você deve defender sua posição com honra e dignidade, sem se deixar dominar pela ira ou vingança, caso contrário, se excederá em suas razões e perderá seu direito, atraindo sobre si vergonha e remorso.

Essa situação de disputa, embaraço e/ou constrangimento provavelmente está ocorrendo ou em vias de ocorrer, porque você a desencadeou com suas ações no passado.

Portanto, ao invés de ficar contrariado e/ou tentar culpar alguém, compreenda que somos cem por cento responsáveis por todas as nossas experiências. Tudo em nossa vida são reações aos nossos atos. Você não é vítima, pelo contrário, é o autor dessa situação desconfortável e até vexatória que agora desaba sobre você.

Seja corajoso, aja com honestidade e hombridade, reconheça seus erros e procure repará-los. Enfrente as consequências de suas escolhas e tudo se resolverá mais rápido, afinal, Ruis lhe traz a oportunidade da libertação e recuperação da sua honra, desde que arque com a responsabilidade pelos seus atos pregressos. Por outro lado, enquanto tentar negar sua responsabilidade, a situação somente se agravará, tornando-se insustentável.

Ruis tem o nobre coração dos cavaleiros e ensina o perdão e o desapego. Perdoe e desligue-se mentalmente de quem o magoou, para ser livre e seguir seu caminho em paz. Não pense em vingança, pois o ódio cria laços tão profundos quanto o amor e atrairá mais reações dolorosas. Corrija seus erros e caminhe dignamente rumo ao futuro.

Perdoe a si mesmo por seus equívocos, procurando praticar o bem como forma de compensação e cura interior, e alcançará o equilíbrio. Esse é o caminho do guerreiro espiritual: curar e aprimorar a si mesmo em primeiro lugar; praticar o bem sempre, contribuindo para tornar as pessoas e o mundo melhores.

18.4 – Aicme Ailm

As Ogams desse Aicme são regidas pela estação do Outono e, portanto, estão sob o domínio do céu/ar.

Suas características principais são inteligência, brilhantismo intelectual, poder mental quase que ilimitado, e sabem fazer bom uso dele.

São extremamente lógicas, racionais, objetivas, rápidas de raciocínio e também em suas palavras, detentoras de grande poder de argumentação.

Comunicam-se e expressam-se bem, são persuasivas, principalmente através de suas palavras, sempre têm respostas prontas para qualquer pergunta ou observação.

Todavia, o dom da inteligência emocional não lhes pertence, deparando-se com dificuldades no campo emocional, não raro preferindo adotar postura fria e distante emocionalmente, uma vez que não conseguem controlar seus sentimentos da mesma forma que fazem com suas mentes.

Ao mesmo tempo que não gostam de ficar sozinhas, parece-lhes demasiadamente arriscado permitirem-se amar alguém, e principalmente, entregarem-se a esse amor, porque a falta de controle causa-lhes insegurança, deixando confusas e perturbadas, causando-lhes imenso desconforto.

Seu grande desafio é superar sua necessidade de autocontrole e de controle absoluto sobre suas vidas, compreendendo que o amor é a energia vital que nos anima e sem amor, nada faz sentido.

AILM – "O Despertar dos Dons"

Grafias: Ailme

Letra: A

Árvore no Auraicept: *fir tree/pine tree* – abeto/pinheiro

Árvore: *fir tree* – abeto *(Albies alba)* / *pine tree* – pinheiro *(Pinus sylvestris)*

São árvores que atingem alta estatura, cujos galhos crescem horizontalmente ou para cima. Os pinheiros são encontrados na Natureza em regiões montanhosas, próximos aos cumes. Suas raízes são muito profundas, com um ramo principal capaz de atingir grandes profundidades em busca de água, enquanto suas ramificações não se afastam muito do tronco, de forma que dificilmente prejudicam construções.

Bríatharogam Morainn mic Moín: Ardam íachta
<u>Tradução de McManus:</u> *Loudest groan*
<u>Tradução de Meroney:</u> *(Ardam iactach) Loudest of groans*
<u>Versão de LMB:</u> Gemido/suspiro mais ruidoso / O mais alto dos gemidos

Bríatharogam Maic ind Óc: Tosach frecrai
<u>Tradução de McManus:</u> *Beginning of an answer*
<u>Tradução de Meroney:</u> *(Tosach fregra) Idem*
<u>Versão de LMB:</u> Literalmente 'início de uma resposta', mas interpreto como 'encontrar o seu caminho, sua missão, um (novo) sentido para a vida'

Bríatharogam Con Culainn: Tosach garmae
<u>Tradução de McManus:</u> *Beginning of calling*
<u>Tradução de Meroney:</u> *(Tosach garma) Beginning of expressions*
<u>Versão de LMB:</u> Início do chamado/vocação / Início das expressões/manifestação/palavra

Interpretação de McManus: *Ailm - pine* - pinheiro

Interpretação de Meroney: *ailm - ?*
Todas as palavras-chave apontam para o poder – potestas, ou a posição do A ao invés do seu nome, conforme mostram as palavras-chave. Um comentarista

do *Book of Cendfáelad* explica porque o A é colocado em primeiro entre as letras e porque *emancoll* é posto por último: "Pois entre as letras é a mais antiga e entre as vogais é a mais nobre, e é a primeira expressão de tudo o que vem à vida, nomeadamente, 'a', e o choro de todos morrendo, a saber, *ach*". *Ach* - AE ou *emancoll.*

Interpretação de Boutet: *Ailm* < *Alamios* = *"Pine Tree"* (pinheiro), *"Scottish Pine"* (pinheiro escocês) e/ou *Aballos* = *"Apple Tree"* (macieira) / *Albiios/Albis* = *"Universe"* (universo), *"Cosmos".*

Classe: *Chieftain Tree* – Árvore Nobre

Estação do ano: Outono. Ailm marca o Equinócio de Outono

Domínio: céu/ar

Espiral da Vida: afloramento dos dons, da verdadeira vocação

Palavras-chave: seu verdadeiro dom ou vocação; despertar potenciais que sejam necessários

Ailm promove o despertar do principal dom, da verdadeiro vocação de cada um. Usada como talismã e em encantamentos, pode aflorar qualquer habilidade desejada ou necessária, pois todos possuem todos os potenciais dentro de si; se um faz, todos são capazes de fazer também.

Quando aparece em uma consulta, em qualquer posição, mostra que para solucionar a questão ou vencer o desafio, você precisa identificar qual(is) habilidade(s) é(são) necessária(s) para obter sucesso na questão apresentada, despertando-a, e Ailm o ajudará a fazer ambos.

Na posição chieftain, Ailm diz que a habilidade necessária é de cunho espiritual; na posição peasant, é de origem emocional; na posição shrub é(são) habilidade(s) física(s) ou material(is); e na posição herb é de cunho mental, intelectual, psicológico.

Use Ailm como talismã até conseguir identificar e despertar o potencial necessário e pratique encantamentos com essa Ogam, para ter sucesso em sua demanda.

Caso não se trate de um problema a ser solucionado, Ailm indica o despertar dos potenciais nos quatro níveis:

Chieftain: Essa Ogam indica o despertar da espiritualidade em sua vida, o qual você não deve ignorar, pois se não atender a essa necessidade do seu espírito em busca de conhecimento, aprimoramento, evolução através do encontro e reconexão com sua parcela divina e, consequentemente, com as divindades, bloqueará todas as áreas da sua vida.

Numa segunda análise, Ailm abençoa o indivíduo com equilíbrio, discernimento, bom senso para enxergar o que é bom e o que não é com precisão, fazendo escolhas acertadas em relação à questão ou à pessoa objeto da pergunta.

Ailm indica que intimamente, você sabe exatamente o que fazer e apenas desejava confirmar sua intuição. Está confirmada. Faça o que intuiu e não errará.

Peasant: Ailm aponta o afloramento do amor em seu coração, das emoções, dos sentimentos, seja através de alguém que surge, seja através de alguma experiência que o faça voltar-se para dentro de si mesmo.

Não fuja, tampouco negue seus sentimentos. Ailm diz que está na hora de você parar de fugir do seu coração, de fingir que está bem assim e não se importa em ficar sozinho.

Não é porque você teve um relacionamento que lhe causou dor que precisa condenar-se ao ostracismo. Não aja como covarde, porque você não é.

Amor é vida, é o maior e mais precioso tesouro que você levará consigo pela eternidade – o amor que cultiva e o amor que conquistou.

Use as Ogams do Aicme Beithe, bem como Edad para ajudá-lo a se livrar do medo de amar e se entregar, vivenciando essa experiência plenamente, permitindo-se ser feliz.

Shrub: Ailm representa o despertar de tudo o que é afeto e ligado ao corpo físico e ao mundo material, como a consciência corporal, o sexo, o desejo; a ambição material, a vontade de vencer na vida; destreza, força, agilidade, resistência, etc.

Deve trabalhar os potenciais físicos e do mundo material, caso contrário, causará desequilíbrio em todas as outras áreas da vida.

Eventualmente, Ailm nessa posição poderá mostrar o afloramento do dom de curar e da necessidade do seu empenho e aprimoramento para exercê-lo, através de terapias e medicinas alternativas. Dê preferência aos métodos de cura naturais como Fitoterapia, dentre outros.

Herb: O despertar da sua vocação profissional, do seu dom, daquilo que você nasceu para ser e fazer nesse mundo à título de trabalho.

Caso já exerça seu dom profissional, Ailm mostra o despertar da necessidade de se aprofundar, dedicando-se ao estudo e à aquisição de novos conhecimentos na área que já exerce, para aprimorar o que já existe, reinventar e tornar-se superior a si mesmo, até mesmo criando um novo método de trabalho.

Se não der vasão a esse impulso criativo, bloqueará todas as outras áreas de sua vida, além de se arrepender profundamente quando outra pessoa começar a praticar a sua ideia e você perceber que deixou de criar algo maravilhoso que lhe traria engrandecimento pessoal, reconhecimento social e aumento dos ganhos financeiros.

Saiba que essas inspirações vêm do Outro Mundo para nos abençoar porque nos mostramos merecedores, a ao mesmo para auxiliar na evolução da humanidade e do mundo em geral.

Quando negamos essas bênçãos, são encaminhadas a outras pessoas para que as concretizem, pois Gaia precisa que nos tornemos melhores para podermos salvá-la.

Negar esse presente anunciado por Ailm nessa posição é rejeitar a sorte e a fortuna. Portanto, não se lamente e nunca mais peça nada aos deuses.

Numa segunda análise, Ailm nessa posição também mostra o deslinde de um processo judicial cujo resultado será justo e correto, agraciando aquele que detém o direito (nesse caso, o direito divino, moral, e não necessariamente o que consta na lei, pois a Justiça dos homens é imperfeita).

ONN – *"Céu e Terra"*

Grafias: idem

Letra: O

Árvore no Auraicept: *furze* - tojo

Árvore: *gorse* – junco *(gênero Juncus)* / *furze tree* - tojo *(Ulex europaeus)*

O tojo é um arbusto que não cresce mais do que dois ou três metros, possui espinhos e sua florada é amarela, cujo perfume muito agradável pode ser sentido à distância.

Floresce o ano inteiro, mas na Primavera a floração se intensifica. Essa árvore pega fogo facilmente, embora suas sementes germinem mesmo depois de terem sido queimadas e a própria árvore costuma brotar novamente da raiz pouco tempo depois.

Quanto ao junco, nasce e cresce em locais inundados. Seus caules atingem cerca de um metro e meio e suas flores podem ser esverdeadas ou amarronzadas.

Os juncos são utilizados para tecer cestos, esteiras e assentos de cadeira. O papiro é uma espécie de junco. Antigamente, usava-se o miolo dos caules para fazer pavios de velas.

Ambas essas plantas estão associadas à Onn, cujo título é "Céu e Terra", pois essa Ogam, dentre outras características, é extremamente flexível e rege os opostos.

Bríatharogam Morainn mic Moín: **Congnaid ech**
<u>Tradução de McManus:</u> *Wounder of horses*
<u>Tradução de Meroney:</u> *(Idem) Helping (or helper) of horses*
<u>Versão de LMB:</u> Ferimento dos cavalos/Chicotear os cavalos / Ajudante de cavalos

Bríatharogam Maic ind Óc: **Féthem soíre**
<u>Tradução de McManus:</u> *Smoothest of craftsmanship*
<u>Tradução de Meroney:</u> *(Fethim sáire no fedem .i. onn .i. o) Smoothest of work, to wit, 'onn, i.e., O.*
<u>Versão de LMB:</u> Suavidade do artífice/artesão / Trabalho mais suave

Bríatharogam Con Culainn: *Lúth fían*
Tradução de McManus: *Sustaining equipment of warrior/hunting bands*
Tradução de Meroney: *(Lúth Fiann .i. fræch) Desire of the Fianna, to wit, heather*

Versão de LMB: Equipamento de sustentação (proteção) dos grupos guerreiros / de caçadores / Vontade de Fianna, a saber, urze

Interpretação de McManus: *Onn - ash-tree* – freixo

Interpretação de Meroney: *onn – wheel* – roda
Charles Graves deixou claro há muito tempo que "onn deve ter sido o nome da árvore freixo em irlandês, como era em galês e bretão". Por isso, a árvore freixo teria sido associada a essa ogam embora erroneamente. O Duil Feda explica: *".i. oinnaid in carpait .i. na roith ... ar is tri onn scribthar onnaid in carbait"*, "a saber, as *onnaid* da carruagem, isto é, as rodas, para elas é com onn [O] que *onnaid* são escritas". Considerando-se que *fonn* é 'fundação' e *fonnad* 'chassi de uma carruagem', as paráfrases parecem duplas: 'bases de uma carruagem = rodas = ajudante de cavalos'. E a palavra-chave 'Ajudante de cavalos' parece anterior à outras que são apresentadas, como por exemplo *'Conguinid ech .i. aiten'* – 'Ferimento de cavalos, que é, tojo'.

Interpretação de Boutet: *Onn* < *Odocos* = *"Ground Elder"* (sabugueiro de chão) / *Ogios* = *"youth"* (juventude), *Ogmio* = *"magic bond"* (ligação/união mágica/mística), *Odaccos, Udaccos* = *"host"* (anfitrião, estalajadeiro), *"husband"* (marido, cultivar).

Classse: *Herb Tree* – Árvore Trepadeira

Estação do ano: Outono

Domínio: céu/ar

Espiral da vida: versatilidade, flexibilidade, opostos que coexistem mas não se misturam e nem se complementam gerando tensão

Palavras-chave: versatilidade, flexibilidade, instabilidade, tensão

Herb: Onn, sem dúvida, é a Ogam da mutabilidade, flexibilidade, adaptabilidade, pois encaixa-se com espantosa facilidade em qualquer perfil, adapta-se com facilidade às mudanças e às novidades, aprendendo rapidamente qualquer ofício desde que seja necessário.

Ao mesmo tempo, também é a Ogam da instabilidade e da imprevisibilidade, pois o indivíduo a que se refere muda de opinião de um dia para outro; hoje adora maçãs, amanhã não suporta.

Portanto, quando Onn aparece nessa posição, sua mensagem é "esqueça as fórmulas decoradas, as frases prontas, as cenas ensaiadas, as coisas como costumavam ser e como você costumava fazer, pois não darão certo já que tudo está diferente a partir de agora".

Onn mostra uma mudança radical no rumo dos acontecimentos, algo repentino em seu caminho ou sobre a questão suscitada que o surpreenderá, pois você não está preparado. Para resolver esse desafio, você terá de agir como Onn e improvisar.

Onn é uma Ogam essencialmente mental e ao mesmo tempo em que traz instabilidade, concede-lhe a Arte do Improviso, dizendo que você terá ideias criativas e ao mesmo tempo absurdas, temerárias, arriscadas, porém extremamente eficazes, especialmente porque pegarão todos os envolvidos de surpresa, garantindo-lhe a vitória sobre a questão. Só o que precisa agora é ter coragem para pô-las em prática.

Você terá que resolver sozinho esse impasse, valendo-se além do improviso, da sua inteligência, do seu raciocínio, da lógica, pois é uma questão que somente você pode decidir e apenas conseguirá fazê-lo apoiando-se em suas próprias habilidades e em seu livre-arbítrio. Resumindo: ninguém poderá ajudá-lo, a não ser Onn e as outra Ogams.

Ato contínuo, Onn, que é uma Ogam extremamente independente e individualista, o aconselha a não compartilhar suas ideias inusitadas sobre como resolver o impasse com ninguém, pois certamente o desencorajarão, você ficará inseguro e porá tudo a perder. Onn diz que uma vez que você buscou a sabedoria das Árvores Sagradas através do Ogam, deve confiar e tudo dará certo.

Onn representa mentes brilhantes, consequentemente, está lançando seus lampejos de inteligência e genialidade sobre você e sobre a questão. Aproveite-os agora, pois Onn é um estado de espírito, e da mesma forma como aparece, tende a desaparecer.

Use Onn como talismã para aflorar mais rapidamente essas qualidades e para saber aplicá-las com eficiência, e obterá resultados surpreendentes.

Chieftain: Onn mostra que você tem grandes dúvidas acerca da espiritualidade, muitos questionamentos em relação à existência, à vida, são muitos pensamentos e nenhuma fé.

Você é uma pessoa bastante racional, que tem a necessidade de obter explicações científicas, e talvez até mesmo provas físicas sobre a existência ou não do Outro Mundo, dos deuses, dos espíritos, da vida após a vida.

Todavia, está sofrendo com esse racionalismo radical, pois sua fagulha divina, sua alma, está cansada de tanta lógica para tentar explicar fatos do dia a dia que não obedecem às leis impostas pelas ciências dos homens, teorias criadas por mentes céticas e materialistas incapazes de contemplar o dom espiritual da vida.

O caminho para resolver seu dilema é se propor de coração a encontrar uma crença, seita, filosofia espiritualista que lhe forneça material para estudo (elas existem, embora você ache que são bobagens), de forma que você poderá, finalmente, encontrar as respostas para suas inúmeras dúvidas e anseios, saciando assim tanto sua mente quanto seu espírito.

A Magia será, nesse caso, um bom caminho. Estude-a com a mente aberta, procure senti-la ao invés de tentar explicá-la através da nossa ciência que ainda está engatinhando ante a grandeza e à sabedoria da vida, dos universos, etc.

A Magia é como o amor: você não pensa sobre ele, você sente e deixa fluir; você não pode tocá-lo, não pode fazer experiências com ele e, no entanto, você sente a força que o amor imprime em seu ser, o quanto é imprescindível para a vida. A Magia é a expressão do amor do espírito por toda a existência. Sinta e deixe-a fluir em seu ser.

Peasant: Você tem se sentido mal, não tem mais a mesma vontade de perseguir suas metas, concretizar seus sonhos. Quando alcança seus objetivos, são vitórias bem menos saborosas. Tudo lhe parece monótono, sem graça, sem alegria. De repente, sua vida está triste e vazia.

É provável que esteja sentindo dores no corpo, mal-estar físico, pode ter desenvolvido depressão, síndrome do pânico, distúrbio alimentar. Talvez esteja sentindo-se extremamente cansado, suas noites de sono não repõem suas energias, tem pesadelos; por outro lado, talvez venha sofrendo de insônia.

Onn mostra que esse desânimo em relação à vida, essa falta de expectativa, de empolgação têm origem emocional.

Nessa posição, que é o campo emocional, Onn mostra sua dificuldade em se relacionar com as pessoas, principalmente sua indisposição para vivenciar relacionamentos amorosos verdadeiros, já que é muito prático, objetivo, racional e, consequentemente, tem medo de sentir, de se apaixonar, se entregar e perder o controle sobre si mesmo, o que o assusta bastante.

Eventualmente, pode até estar com alguém nesse momento, mas já está muito claro para você que esse relacionamento baseia-se na convergência de ideias, no companheirismo e amizade, e quase nada no emocional, fazendo-o sentir um deserto no coração, um abismo cuja escuridão cresce a cada dia, causando-lhe sofrimento insuportável.

Você nunca acreditou em seus próprios sentimentos e emoções, nunca quis acreditar que o outro poderia sentir o mesmo interesse e amor por você, e e preferiu ignorar o que havia em seu coração ao invés de deixar fluir, optando por ficar sozinho, ou por manter relacionamentos convenientes e controláveis.

Por outro lado, amar alguém que não pertença ao seu círculo familiar o fez sentir-se fragilizado, exposto, e essa ideia é incômoda, já que sempre esteve no controle de tudo em sua vida, especialmente do que sente e das circunstâncias.

Ocorre que a falta de amor verdadeiro e profundo ou um amor reprimido, está lhe fazendo extremamente mal, deixando-o literalmente doente.

O amor é a força da vida, é nossa energia vital básica, alimenta nosso espírito, nossa mente, torna os percalços do dia a dia suportáveis, torna a existência mais bela, dá sentido à vida.

Impedir que o amor floresça em seu coração, não se permitir estar disponível para amar e ser amado, ou não expressar o amor que sente por alguém, está minando seu espírito, destruindo sua vontade e alegria de viver, o está literalmente matando.

Comece a trabalhar sua área emocional imediatamente, se não quiser agravar seu quadro. Procure ajuda profissional se for o caso e use as Ogams Fern para aflorar sua segurança emocional e Quert para conseguir deixar fluir o amor verdadeiro em seu coração sem medo, primeiro por você mesmo, e então, estará pronto para o outro.

Shrub: Onn mostra que você é um profissional que tem dom para os negócios. É extremamente inteligente, competente no trabalho que escolheu fazer, consegue antever boas oportunidades, atrai boa clientela. Por isso, alcançará sucesso, reconhecimento, respeito em seu meio, conquistando alta posição na área a qual se dedicar.

Todavia, alerta para que defina uma atividade e se dedique com afinco, empreendendo todos os esforços, colocando o seu melhor nesse trabalho até que frutifique, ao invés de empreender duas ou mais atividades comerciais ao mesmo tempo, sob o pretexto de que se uma não der certo, haverá a outra.

Essa divisão de foco e energia poderá prejudicar o bom andamento do seu trabalho, condenando ambos a resultados medíocres.

Ou você acredita no seu potencial e no potencial do trabalho que escolheu exercer, ou opte por outra atividade, mas num primeiro momento, dedique-se a uma por vez, para obter o retorno que deseja. Quando essa atividade atingir seu potencial pleno, aí sim, poderá dedicar-se à sua próxima brilhante ideia, afinal, Onn mostra um empreendedor nato.

A consequência da sua paciência e persistência em cada atividade será a recompensa material, dinheiro, prosperidade, boa posição social, embora sua maior satisfação seja fazer o que gosta e ser um dos melhores nisso.

UR – "Poder Absoluto"

Grafias: Úr, Uir

Letra: U

Árvore no Auraicept: *heath* – brejo *(bog-mirtle tree* - murta-do-pântano)

Árvore: *heather tree* – urze *(Calluna vulgaris)* / murta-do-pântano *(Myrica gale)*

A árvore urze não costuma crescer mais do que quatro metros, prefere solos ácidos, pobres e bem drenados, por isso nasce entre as rochas. Precisa de muito Sol e, durante o Inverno, suas folhas adquirem tons de cobre ou púrpura. Suas flores são coloridas.

A murta-do-pântano ou *Myrica gale* cresce em solos encharcados, geralmente à beira de rios e não costuma atingir mais do que dois metros de altura. Suas folhas possuem uma resina de fragrância adocicada, utilizada na Europa e América do Norte como repelente de insetos, podendo ser aplicada diretamente sobre a pele. A murta é utilizada, ainda, para cosméticos e como condimento, além de aromatizante para cerveja.

Mais uma vez, ambas as árvores representam Ur, que rege as transformações repentinas e radicais.

Bríatharogam Morainn mic Moín: Úaraib adbaid
Tradução de McManus: *In cold dwellings*
Tradução de Meroney: *Idem*
Versão de LMB: Em habitações frias

Bríatharogam Maic ind Óc: Sílad cland
Tradução de McManus: *Propagation of plants*
Tradução de Meroney: *(Síladh clann) vide em interpretação*
Versão de LMB: Propagação de plantas

Bríatharogam Con Culainn: Forbbaid ambí
Tradução de McManus: *Shroud of a lifeless one*
Tradução de Meroney: *(Forbhaid ambí .i. úir) Shroud of the lifeless, i.e., soil*
Versão de LMB: Mortalha/sudário dos sem-vida / Solo/terra

Interpretação de McManus: *Úr – earth* - terra

Interpretação de Meroney: *úr* – *humus* – húmus

Além das metáforas 'morte, tumba, terra', em irlandês úr U 'húmus' é também 'umidade, chuva'; comparando, no manuscrito *Yellow Book of Lecan*, consta a designação para a letra latina U como *aqua et ignis* – água e fogo, e para a latina R como *pluvia* – chuva.

Interpretação de Boutet: *Ur < Uroica* = "Heather" (urze), *Ura* = "Olive-tree" (oliveira) / *Ur* = "(Sacred) fire" (fogo sagrado), *Uracca* = "Old woman" (mulher velha/ anciã), *"hag"*, *"witch"* - bruxa, feiticeira.

Classse: *Herb Tree* – Árvore Trepadeira

Estação do ano: Outono

Domínio: céu/ar

Espiral da vida: transformações repentinas, radicais e alheias à vontade; morte

Palavras-chave: transição, morte no sentido de perdas emocionais ou física

Ur, em qualquer posição que aparecer numa consulta, mostra uma transformação radical. Isso significa que se a situação, pessoa, problema, negócio, ideia a que se referir estiver ruim, ficará ótima; se estiver bem ou for positiva, ficará ruim ou dará errado; e se estiver estável ou estagnada, começará a se movimentar.

Onde Ur aparece sempre aponta mudanças, independentemente da nossa vontade e atuação.

Portanto, se estiver solicitando orientação sobre como agir ou o que fazer a respeito de algo ou alguém, Ur aconselha a não tomar nenhuma atitude nesse momento. Aguarde a conclusão da transformação que Ur anuncia, para somente então, agir ou não, conforme o caso.

Se você teve uma perda emocional e tem dificuldade em lidar com ela, use Ur em forma de talismã para compreender por que tal evento ocorreu, ajudando-o a administrá-lo, substituindo a dor e eventual revolta por conscientização, compreensão e desapego.

Herb: Nessa posição específica, Ur mostra alteração radical na maneira de pensar e de avaliar o mundo, a qual se refere à questão ou pessoa suscitada, gerando instabilidade.

Portanto, se você acha que conhece a pessoa ou situação sobre a qual perguntou, você não conhece mais, e antes de tomar qualquer atitude, reavalie a questão procurando enxergar as mudanças para somente depois pensar sobre o que fará.

Chieftain: Nessa posição, Ur indica transformação radical quanto à forma como você ou a pessoa em questão vê, sente e pratica a espiritualidade ou relativa à crença que mantém nesse momento.

Talvez suas crenças mudem; pode ser que decida buscar uma nova filosofia de vida ou religião; talvez veja coisas boas ou ruins em sua prática espiritual que antes não conseguia perceber; ou, ainda, se você não acredita na espiritualidade, Ur diz que passará a acreditar e vice-versa.

Apenas tenha em mente que não se deve confundir eventual decepção que um guia, mestre, orientador, chefe espiritual venha a lhe causar com todo o sistema de crença em si.

Se esse foi o caso, procure outro templo ou grupo para praticar sua espiritualidade, ao invés de se deixar desiludir em relação à crença em si, e principalmente, em relação à espiritualidade.

Lembre-se que seres humanos são passíveis de falhas, e atitudes menos dignas por parte do representante de determinada crença espiritual ou de um grupo, não podem condenar todo o sistema.

É preciso que você use seu discernimento e bom senso. Conserve sua fé nos deuses, na espiritualidade, em si mesmo e pratique sua crença como está em seu coração, seja em um grupo ou sozinho. Os deuses sempre estarão com você, independentemente de você estar ou não com eles.

Tratando-se de uma situação, Ur mostra que sofrerá mudança radical por força da espiritualidade; se estiver se conduzindo bem, surgirá um obstáculo que atrapalhará seu bom desfecho; se estiver ruim, surgirá oportunidade de resolvê-la de forma bastante positiva e dará tudo certo.

Peasant: Ur traz transformações severas no campo emocional da pessoa a qual se refere, e há algumas possibilidades: 1) essa pessoa está mentindo sobre o que sente e será desmascarada; 2) a pessoa ama mas está sob o poder de alguma magia negativa para afastá-la; 3) a pessoa não ama mas pode vir a amar.

De qualquer forma, Ur mostra que os sentimentos se tornarão o oposto do que se mostram no presente. O mesmo vale para uma situação, que se for negativa, os sentimentos dos envolvidos tornar-se-ão positivos e vice-versa, alterando drasticamente o rumo dos acontecimentos e o desfecho final. Onde há ódio, existirá amor; onde há amor, surgirá decepção; o que estava para se romper se unirá novamente; o que estava unido poderá se separar. Inimigos se tornarão amigos; amigos trairão e se tornarão inimigos.

Ur aconselha cautela sempre que sua situação no presente estiver equilibrada, pois surgirá uma novidade que não será bem-vinda.

Shrub: Ur alerta para uma mudança na área material, financeira, profissional ou física. Se está perguntando sobre um negócio que está em andamento, ele sofrerá alteração total, isto é, se está indo bem, começará a ir mal; se estiver mal, passará a ir bem.

Se está perguntando sobre dar início a um negócio, Ur diz que algo mudará no mundo material, financeiro, econômico que poderá se refletir negativamente no seu negócio, portanto, é melhor esperar que essa mudança ocorra para depois decidir se é bom ou não dar início a esse projeto.

Por fim, Ur pode se referir a algum problema de saúde que surgirá em breve ou acabou de surgir, e de certa forma trata-se de algo que estava em estado latente, que agora vem à tona para poder ser tratado e eliminado definitivamente, pois estava lhe causando mal-estar, indisposição e alguns outros sintomas físicos desconfortáveis, cuja causa, até esse momento, era desconhecida.

Ur anuncia um expurgo, uma purificação profunda, a cura. Não tenha medo por pior que seu problema físico possa parecer, pois após esse processo de expulsão do mal anunciado e fortalecido por essa Ogam, sua saúde plena será finalmente restituída e você ficará bem como há muito não se sentia.

EDAD – *"Liberdade Plena"*

Grafias: Eadha, Edha, Edhadh, Eadhadh, Eodha

Letra: E

Árvore no Auraicept: *aspen* ou *test tree* álamo ou choupo

Árvore: *aspen* ou *test tree* – álamo ou choupo tremedor *(Populus tremula)*

Essa árvore pertence ao gênero *Populus* e possui diversas espécies. No caso dessa Ogam, trata-se da *Populus tremula* ou álamo-tremedor, também chamado de choupo-tremedor.

O choupo é muito resistente, sobrevivendo em solos pobres, porém úmidos, mesmo em grandes altitudes. Por isso, é bastante comum em margens de rios, lagos, fontes e até nos pântanos.

Seu tronco é cinza ou verde acinzentado e ao envelhecer, adquire coloração escura, quase negra, devido ao líquen *Collema nigrenses* que se forma em seu tronco.

O choupo é dióico, ou seja, as árvores são femininas ou masculinas separadamente. Ambas produzem flores e dependem principalmente do vento para a polinização. Suas raízes são fortes e invasivas, por isso desaconselha-se que a árvore seja plantada próxima aos edifícios.

Como as raízes muitas vezes originam outras árvores, o álamo sobrevive a incêndios de grandes proporções. Em boas condições, pode atingir até vinte metros de altura. O fruto do choupo é uma cápsula de onde sai um tufo de pelos brancos, cuja dispersão é favorecida pelo vento.

A espécie *Populus tremula* representada por essa Ogam recebeu esse nome porque suas folhas vibram com a mais delicada brisa, produzindo agradável som, causando a impressão de que toda a árvore treme.

Bríatharogam Morainn mic Moín: **Érgnaid fid**
<u>Tradução de McManus:</u> *Discerning tree*
<u>Tradução de Meroney:</u> *(Idem) Distinguished wood*
<u>Versão de LMB:</u> Árvore perspicaz/sagaz / Madeira nobre/distinta

Bríatharogam Maic ind Óc: Commaín carat
Tradução de McManus: *Exchange of friends*
Tradução de Meroney: *(Comain carat .i. clesach uisce .i. éiccne) Exchange of friendes, i.e., tricky in water, i.e., (a variety of) salmon*
Versão de LMB: Permuta/troca de amigos (ou entre amigos?) / Troca de amigos, astuto na água, salmão

Bríatharogam Con Culainn: Bráthair bethi?
Tradução de McManus: *Brother of birch(?)*
Tradução de Meroney: *Brother of birch, to wit, yew*
Versão de LMB: Irmão da bétula / ..., a saber, teixo

Interpretação de McManus: *Edad – unknown* - desconhecido

Interpretação de Meroney: *edad - ?*
As palavras-chave para *edad* E, *idad* I, e *abad* EA são obscuras e confusas. A palavra-chave para E foi baseada em dois valores semânticos do irlandês antigo é(o), 'teixo' e 'salmão', mas quando essas ideias foram posteriormente transformadas em I e EA, novas palavras-chave não foram criadas somente para E.

No *Auraicept*, Calder traduziu as palavras-chave como sendo 'Madeira nobre', 'Planta ou árvore do mal', 'Planta da destruição', as quais são imprecisas.

Cormac baseou a palavra-chave *ærchaid fid* [.i.] *edath* em uma triste história sobre uma varinha de álamo tremedor chamada *fé*, a qual era usada para medir cadáveres e sepulturas. A verdade é que a vogal 'é' desse nome não se aplica a essa ogam.

O nome *edad,* sendo incompreensível, foi etimologizado como *ed hUath* 'espaço horrível (ou medida?)', *(f)é at hUath* 'infortúnio, eles são terríveis', e para Cormac como *adéitche* 'odioso' – daí a ficção *fé edath* 'infortúnio, a planta' foi assimilada como sendo a varinha de álamo-tremedor.

Interpretação de Boutet: *Elto* (Aspen, Poplar), *Edato* (Trembling Poplar), *Edenno* (Ivy - hera), *Educa* > *Ebuca* = "*Dwarf elder*" (sabugueiro-anão), *Ercus* (carvalho/ faia), *Edesno* > *Edenno* = "*Ivy*"/*Eidscos* = "*Moon*" (Lua), *Edrinos* = "*arbitrator*", "*judge*" (árbitro, julgador).

Classse: *Peasant tree* – Árvore Camponesa

Estação do ano: Outono

Domínio: céu/ar

Espiral da vida: afloramento e superação de medos, fobias, traumas; a cura de todos os medos

Palavras-chave: seus piores medos, receios, pesadelos, traumas

Peasant: Edad mostra seu pior medo, pesadelo ou trauma vindo à tona, trazendo-lhe angústia, desespero, desordens emocionais que provavelmente afetarão outras áreas de sua vida.

Ocorre que Edad surge como resposta ao seu anseio inconsciente de se libertar de um estado emocional que o faz viver prisioneiro, pois está cansado de 'sobreviver', por conta da sua passividade, conformismo, resignação, inação que seu medo gera.

Edad não é a causa desse medo, tampouco desse sofrimento que agora se apresenta, ela é apenas o poder que precipita esse processo essencialmente emocional e inevitável, capaz de remover a couraça que você vem usando para evitar, fugir, ignorar, negar esse medo, trauma ou pânico. Procure vivenciá-lo conscientemente para que termine o quanto antes e para que o medo seja definitivamente superado.

A boa notícia é que ao mesmo tempo em que o expõe ao seu terror, Edad lhe dá as armas para se erguer e lutar por si mesmo a fim de se livrar desse estado angustiante, desse cárcere em que se deixou colocar.

Não é uma experiência fácil, no entanto, seja corajoso enfrentando-a com hombridade e coragem. Aplique o poder das outras Ogams para lhe darem a força e o discernimento necessários, como as do Aicme Muin, e ao final, verá que Edad foi a melhor coisa que lhe aconteceu, pois você será plenamente livre.

Chieftain: Nessa posição, Edad mostra que o medo, pânico, pesadelos que lhe assaltam são de origem espiritual. Você está rodeado de espíritos pouco evoluídos que o estão atacando, incutindo em sua mente e coração terrores de todos os tipos para perturbá-lo, minando suas energias para prejudicá-lo.

Talvez estes espíritos infelizes sejam inimigos de outras vidas, talvez tenham sido enviados por alguém que pretende derrubá-lo, mas isso não importa. O importante é combater e vencer esse mal. Veja no Volume 3 as magias que você poderá praticar para se proteger, fortalecer e banir os seres sem luz do seu caminho, especialmente os talismás ogâmicos.

Além disso, é imprescindível que você mude totalmente seu modo de pensar, sentir e agir a partir de agora, pois enquanto continuar a alimentar atitudes, pensamentos e sentimentos negativos, tristes, indignos, continuará atraindo e sendo o alvo perfeito para seus algozes.

O primeiro passo para sua liberdade é aprimorar-se através do conhecimento espiritualista, além da prática do bem, inclusive pensar, sentir e falar coisas positivas, procurando sublimar pensamentos e sentimentos negativos, e nunca contribuir nem participar de fofocas e maledicências. O segundo passo é ser humilde e solícito, e o terceiro é ter coragem e enfrentar esse desafio.

Shrub: Edad alerta para um perigo que o atingirá fisicamente. Pode ser um acidente, doença, assalto, enfim, algo que colocará você ou alguém que você ama e está muito próximo a você em perigo.

Esse evento dificilmente poderá ser evitado, contudo, através da Magia é possível amenizá-lo razoavelmente. Aplique a Ogam Luis como talismã para proteger-se e para proteger aqueles que ama.

Além disso, seja cauteloso e pare de se expor ao perigo desnecessariamente, caso contrário, o desfecho poderá ser trágico. Mudando sua conduta agora, o mal poderá ser significativamente amainado, ainda que seja endereçado a alguém que lhe é próximo. Suas atitudes positivas e sua fé contribuirão definitivamente para ajudar.

Herb: Edad mostra alguma crença limitante que precisa ser reconhecida, aflorada, transmutada e/ou liberada, caso contrário, sua vida não fluirá como você deseja, seus planos fracassarão, seu trabalho continuará a não render bons frutos, não importa o quanto você se esforce e se dedique, seus problemas de saúde não terão fim.

Tudo isso está relacionado a esse padrão de crença ou a um conjunto de crenças extremamente limitantes e nocivas que o estão prejudicando há muito tempo.

É provável que tenham tido origem em sua infância ou juventude, e consequentemente, você não se lembra, mas tudo indica que manteve contato com alguma religião, filosofia de vida ou até mesmo trata-se de uma crença familiar e a forma como foi criado que o fez acreditar que não era merecedor ou digno de coisas boas, de amor, de dinheiro, de saúde, de ser feliz, independente, etc.

Essa crença ficou tão impregnada em seu ser, que se instalou no seu inconsciente e desde sempre vem destruindo sua vida. Tudo o que você faz pode caminhar bem num primeiro momento, mas na finalização, algum evento negativo acontece e o faz perder todo o trabalho, ou o impede de obter a recompensa esperada e almejada.

Outras vezes, você recebe a recompensa, que pode ser dinheiro, um bom cargo no trabalho, dentre outros, para em seguida, perder, ser roubado, ser demitido, ter de gastar com algum incidente, imprevisto, etc.

Edad mostra que para livrar-se definitivamente dessa verdadeira maldição que o persegue, é necessário um trabalho psicoterápico profundo com o objetivo de localizar essa crença negativa, trazê-la à tona e livrar-se dela, bem como, um trabalho de busca do conhecimento do espírito, do esclarecimento das leis que regem a vida espiritual e nosso mundo através de uma filosofia espiritualista precisa ser realizado, para que você instale crenças, referências, ideologias, padrões libertários e positivos, capazes de contribuir para esse processo de reversão e eliminação de todo o padrão limitante e negativo existente em seu ser.

Somente através do verdadeiro conhecimento sobre a espiritualidade e suas leis é que você poderá ser livre, e finalmente, alcançar e expressar todo o esplendor e brilhantismo do seu ser. Seja corajoso e use Edad como talismã para obter essa cura e libertação.

IDA – "Equilíbrio Universal"

Grafias: Idad, Ido, Idho, Ioho, Idhadh, Odha

Letra: I

Árvore no Auraicept: *yew* - teixo

Árvore: *yew tree* – teixo *(Taxus baccata)*
Essa árvore costuma atingir grande longevidade, tornando-se a mais velha dos bosques e florestas. Seus galhos crescem em direção ao solo, fincando e brotando novamente, originando novos troncos, o que demonstra o poder de auto-regeneração do teixo a elidir a ação do tempo. Suas sementes são extremamente tóxicas, motivo pelo qual foi associada à morte pelos celtas.

Bríatharogam Morainn mic Moín: **Sinem fedo**
Tradução de McManus: *Oldest tree*
Tradução de Meroney: *(Siniu fedhaib/Sinem fedha) Older than (or oldest of) letters*
Versão de LMB: A árvore mais velha / A mais velha das letras

Bríatharogam Maic ind Óc: **Caínem sen**
Tradução de McManus: *Fairest of the ancients*
Tradução de Meroney: *(Crinem feada no cláinem) Most withered of woods or crookedest*
Versão de LMB: O mais justo dos anciões / A mais murcha ou tortuosa dos bosques

Bríatharogam Con Culainn: **Lúth lobair?**
Tradução de McManus: *Energy of an infirm person(?)*
Tradução de Meroney: *(Idem) Desire (or feast) of an invalid, i.e., mast*
Versão de LMB: Energia de uma pessoa enferma / Desejo ou festa de um inválido, mastro (os mastros, como o Mastro de Maio, eram comuns nas celebrações celtas)

Interpretação de McManus: *Idad – yew-tree* - teixo

Interpretação de Meroney: *idad - ?*
'A mais murcha/tortuosa dos bosques' aparentemente remete à árvore teixo, mas não exclui a hera – *'ivy'*. O poema rúnico para OE, *unsmépe tréow* – 'uma árvore com casca enrugada' é um epíteto do nome rúnico de OE *éoh* – teixo, e para estes sinais eram concedidos muitos poderes, nomeadamente, EO, I e H. As grafias *ida, idha* e *Ida* apontariam para a inscrição *idu – ivy* – hera.

Análise de Boutet: *Iuos (Yew* – teixo), e/ou *Itus (Pine* – pinheiro) / *Itu* = "*weat*", "*corn*" (milho), *Itaus* = "*firebrand* (tição, incendiário)".

Classse: *Chieftain tree* – Árvore Nobre

Estação do ano: Outono. Ida marca o Samhuinn.

Domínio: céu/ar

Espiral da Vida: os anciãos, julgamento interno/divino, honrar compromissos, saldar débitos e encerrar uma fase para seguir adiante

Palavras-chave: tranquilidade, alento, os anciões que confortam com suas sábias palavras, paz de espírito

Chieftain: Enquanto Ogams como Straif, Ruis, Ur e Edad anunciam catástrofes e mudanças radicais, Ida traz alento, calmaria, serenidade, tranquilidade, consolo, paz. É como a avó que toma o neto em seus braços, embalando-o, acalentando-o, contando-lhe histórias até adormecer, fazendo-o sentir-se protegido e amado.

Ida aparece depois de uma longa caminhada, uma estafante jornada, um embate, um problema, informando que a fase difícil acabou, é hora de você obter o descanso necessário e merecido para recompor suas forças e seu ânimo.

Portanto, acalme-se, tranquilize-se, pode relaxar e baixar a guarda, pois nada de negativo o atingirá e não há mais nada a ser feito no momento quanto à questão suscitada.

Quando Ida aparece nessa posição, é como a bênção dos deuses recaindo sobre o seu ser e sobre o problema apresentado, indicando que a solução está nas mãos dos deuses e que o quer que aconteça, será por determinação do mundo espiritual.

Confie na sabedoria e equilíbrio divinos e deixe fluir, pois caso tente intervir de alguma forma agora, inevitavelmente impedirá que o milagre anunciado e intensificado por Ida se conclua.

Use Ida como talismã para prolongar o estado de paz de espírito e fé nos deuses.

Peasant: Esse é o momento propício para você voltar-se para dentro de si, isolando-se do mundo ao seu redor, revendo valores, crenças e sentimentos.

Ida traz alento, tranquilidade, paz ao seu coração como há muito você não sentia. Aproveite para curtir a si mesmo presenteando-se com atitudes simples que o fazem feliz como ir a um museu, ler um bom livro, assistir um filme que lhe agrade.

Se perguntou sobre um relacionamento, Ida verte suas bênçãos de tranquilidade sobre o casal, favorecendo o estado reflexivo de ambos, de forma que as discussões e brigas tendem a cessar, abrindo espaço para diálogos proveitosos.

Todavia, é interessante que ambos procurem pensar sobre o que desejam do relacionamento, bem como, um do outro, além de trabalharem para se reequilibrarem internamente, antes de tentarem decidir sobre a relação.

Procure permanecer um pouco mais consigo mesmo, calando a mente e o coração e você se surpreenderá como a solidão pode ser exatamente tudo o que precisa.

Use o talismã de Ida para prolongar seus efeitos calmantes e benfazejos sobre seu coração, e se for o caso, para estender essa paz ao outro.

Shrub: Se está pensando em dar início a algum negócio ou projeto, esse não é o melhor momento, pois Ida representa um período de calmaria, uma trégua onde quer que apareça, uma chance para parar e descansar, finalizações, encerramentos.

Nessa posição, Ida favorece o lazer, passeios, viagens, qualquer atividade que possa proporcionar relaxamento, alertando para o fato de que seu corpo físico precisa ter a chance de se recompor, caso contrário, poderá se desequilibrar (adoecer).

Pare de trabalhar ou, ao menos diminua o ritmo, e cuide-se um pouco. Brinque, ria, divirta-se, desligue-se um pouco das obrigações, rotinas de trabalho, dê atenção às pessoas que ama, procure conversar mais, interagir com indivíduos fora do seu ambiente profissional.

Essa pausa é necessária para sua saúde física, emocional e mental.

Herb: Nessa posição, Ida proporciona tranquilidade, equilíbrio e clareza mentais, estados esses que você não experimenta há muito, pois tem estado confuso, agitado por inúmeras ideias, obrigações, cobranças, compromissos que sobrecarregaram sua mente e seu psicológico a ponto de estafá-lo.

Ida traz alento, tranquilidade, quietude, silêncio, paz. Aproveite o poder dessa Ogam para se desligar do mundo ao seu redor por algum tempo, ainda que seja apenas por um final de semana, encontrando-se consigo mesmo, com seus reais anseios, desejos e sonhos.

Use Ida como talismã para ampliar esse poder tranquillizador e regenerador da mente, mantendo-a na mais perfeita harmonia e impassível à agitação e ao caos do mundo exterior.

18.5 – Aicme na Forfid

As Ogams desse Aicme são bastante distintas, a começar pelo fato de que, em que pese estarem ligadas ao Outono, na Roda Celta do Ano representam o período do Não-Tempo.

O Não-Tempo tem início no Samuinn, que é o final do ano, e perdura até a véspera do Solstício de Inverno, quando para o meu clã o ano começa. Esse período é como uma dimensão paralela de quase-existência ou semi-existência, podendo ser comparado à gestação em que o ser espiritual que retornará a esse mundo existe mas não individualmente, estando ligado à mãe até que seu corpo físico esteja completo para poder nascer em Gaia.

Por conseguinte, cada uma dessas Ogams representa e traz a energia de um dos cinco domínios da Magia, que são as águas primordiais/água, árvores/terra/madeira, Sol/fogo, céu/ar e céu/metal, além de representarem um dos cinco sentidos do espírito que são sentimento, corpo, percepção, intenção e consciência.

As personalidades mais exóticas encontram-se nesse Aicme, intimamente ligadas à essência dos domínios e a um dos cinco sentidos que cada Ogam representa, pertencentes que são ao Outro Mundo.

Por serem letras incorporadas posteriormente ao Beithe-Luis-Fern, são como crianças repletas de energia, vivacidade, promissoras e capazes de gerar grandes mudanças.

São inovadoras por excelência, representam o futuro, o que está por vir. Ao mesmo tempo, proporcionam conexão profunda com o mundo espiritual e com o que verdadeiramente somos – fagulhas divinas que habitam corpos físicos.

Essas Ogams regem pessoas autênticas, interessantes e são as que mais demonstram dificuldade para se adequarem ao mundo material e aos sistemas sociais, porque sentem profunda saudades do Outro Mundo, embora muitas vezes inconscientemente, tornando ainda mais complexa a compreensão deles mesmos e de tudo ao seu redor.

As Ogams da Forfeda são realmente incríveis, verdadeiras incógnitas: você nunca sabe o que virá delas, conquanto possa estar certo de que será algo completamente inusitado e surpreendente.

EBAD – "Animais Sagrados"

Grafias: Ébad, Ebadh, Ebhadh, Ebhad

Letras/ditongos: Ea/Éo/Ei/K/Ch (todos os ditongos iniciados por 'e')

Árvore no Auraicept: *"Ebad, ea, to wit, elecampane"*. "Ebad, ea, a saber, elefante".

Árvore: *beech tree* – faia *(Fagus sylvatica)*
São árvores de diversos gêneros, notadamente *Fagus* e *Nothofagus*.

A *fagus* é uma árvore de grandes dimensões que pode atingir mais de quarenta metros de altura e possui folhagem caduca. Seu porte é imponente, com tronco espesso que ramifica em altura elevada, formando copa espessa, alongada e arredondada.

Seus frutos são ricos em gordura e são bastante apreciados pela fauna, que os consomem além de utilizá-los para fazer suas reservas para o Inverno.

Bríatharogam Morainn mic Moín: Snámchaín feda
Tradução de McManus: *Fair-swimming letter*
Tradução de Meroney: *(Snamchain fheda / Snamchar fer / Snámchain) Calder proposed to read 'snámcham' 'Best swimming'*
Versão de LMB: Letra que nada razoavelmente / Melhor nadador

Bríatharogam Maic ind Óc: Cosc lobair
Tradução de McManus: *Admonishing(?) of an infirm person*
Tradução de Meroney: *(Idem) Corrective of a sick man*
Versão de LMB: Advertência/aviso de uma pessoa enferma / Corretivo para um homem doente

Bríatharogam Con Culainn: Caínem éco
Tradução de McManus: *Fairest fish*
Tradução de Meroney: *(Cáinem écco .i. éiccne) Most lovely of salmon, i.e., (another variety of) salmon*
Versão de LMB: Peixe mais justo/leal / O mais adorável dos salmões, salmão

Interpretação de McManus: *Ébad – unknown –* desconhecido

Interpretação de Meroney: *ebad - ?*
O nome em inglês antigo *íar* para a runa com valor IO é algum tipo de peixe – *byp - éa* fixa; e essa runa é meramente o sinal ogâmico para EA virado na vertical.

Interpretação de Boutet: *Choad < Xotia* = *"Coppice"*, *Xassanos < Cassanos > Cassinos* = *"Sessile Oak"* (carvalho séssil) e/ou *Ximalos (Hops) / Xaimon* = *"homeland"* (pátria, terra natal), *"fatherland"* (pátria), *Xrotta* = *"harp"*, *Xodonios* *"earthling"* (terrícola), *"earthly"* (terreno, mundano), *"mortal human"* (mortal).
Eadha < Esados = *"White Poplar"* (álamo branco) / *Eaecos* = *"Present dweller"* (habitante atual).

Classse: *Shrub Tree* – Árvore Arbustiva

Estação do ano: Outono. Ebad marca o início do Não-Tempo na Roda do Ano Celta do Clã Black

Domínio: águas primordiais/água

Dentre os cinco sentidos do ser: sentimento

Espiral da vida: os xamãs, pajés, feiticeiros e os animais sagrados

Palavras-chave: os xamãs, pajés, curandeiros, feiticeiros e os animais sagrados, bem como a habilidade de reconhecê-los e invocá-los para o que for necessário

Todas as Ogams do Aicme na Forfed não possuem o condão de prever acontecimentos. Seu dom é o de despertar potenciais específicos, ligados ao domínio e ao sentido do ser que representam, intuindo sobre como usá-los na questão apresentada, de forma a superar qualquer obstáculo e aprimorar-se.

Ebad pertence à segunda metade do Outono, e portanto está sob a égide do domínio do céu/metal (a primeira metade do Outono está sob a égide do céu/ar), embora seu domínio essencial seja o das águas primordiais, já que Ebad está conectada ao Aicme Beithe.

Essa é a Ogam que representa os animais sagrados, que para os celtas eram todos, embora alguns fossem dotados de características bastante especiais, conhecidos no Xamanismo como 'animais de poder' (no Xamanismo, existem muitos animais sagrados além dos animais de poder, como os animais totens, guias e guardiões espirituais, etc. Cada Tradição do Xamanismo trabalha com os animais sagrados atribuindo-lhes denominações próprias).

Ebad representa, ainda, os xamãs e pajés, que são bruxos ou feiticeiros que possuem dentre muitos poderes, o de viajar entre os mundos físico e espiritual, convocar a ajuda e os dons dos animais tanto do mundo espiritual como do mundo físico, com a finalidade de proteger, instruir, orientar, trazer a cura ou reequilíbrio, expulsar o mal, etc.

Portanto, em qualquer posição que Ebad apareça numa leitura, mostra que seu problema tem origem emocional, embora eventualmente possa ter atingido os outros corpos. Portanto, comece por dar atenção e tratar seu coração e seus sentimentos.

Num segundo momento, denota que para curar o emocional e encontrar a solução para sua demanda, você precisará invocar os animais sagrados, pois somente um animal de poder poderá intuí-lo, orientá-lo e conduzi-lo em direção à cura necessária.

Se você não conhece seu animal de poder, é interessante que venha a conhecê-lo para se conectar com ele. Todavia, há um encantamento xamânico próprio para esse fim, e não é o que está abaixo. O encantamento que segue serve tão somente para revelar através da Ogam Ebad qual animal sagrado se apresentou e emprestará seu poder para ajudá-lo nesse momento:

1) Prepare um talismã com essa Ogam (veja no capítulo sobre o Talismã de Fedelm);

2) Depois de preparado, faça a glannad por duas noites, deite-se cedo usando seu talismã e medite sobre os animais e sua força sem se prender a nenhum ser específico.

3) Imagine-se caminhando num bosque, pés descalços. Peça a autorização do guardião encantado daquele bosque para adentrar. Caminhe tranquilo e chame por Artio, a deusa-urso; Epona e Macha, as deusas-cavalo; Cernunos, o senhor dos animais, Mananán e os seres do mar. Se conhecer outros deuses celtas (conecte-se apenas com divindades celtas), chame-os e peça humildemente sua ajuda.

4) Chame pelo salmão do conhecimento e sabedoria, pelos gamos que trazem nobreza, pela corsa que traz velocidade, pelos pássaros capazes de conceder a visão ao longe, e assim por diante, sem fixar sua mente em nenhum animal, apenas medite rapidamente sobre as qualidades dos animais que lhe ocorrerem.

5) Quando entender que já está suficientemente conectado aos animais sagrados, silencie sua mente e continue andando pelo bosque, agora sem pensar em nenhum animal. Caminhe despreocupadamente até que algum apareça para você.

6) Se você já conhece seu animal de poder e ele aparecer, é porque ele mesmo o ajudará na questão suscitada. No entanto, pode aparecer outro animal, e nesse caso, será esse que emprestará as habilidades que você precisa agora.

7) Eventualmente, pode ocorrer de você ver os próprios deuses. Se isso ocorrer, é interessante você saber qual o animal associado a esse deus, como Epona e Macha - cavalo, Badb - corvo ou Artio – urso.

Entretanto, há deuses que regem grupos de animais como Cernunos ou Mananánn, mas mesmo quando os deuses aparecem, os animais também costumam se mostrar.

8) Quando vir o animal sagrado, procure se conectar com ele e ouça sua orientação. Agradeça, deixe o bosque e continue fazendo essa meditação enquanto perdurar seu problema, mas nas vezes seguintes, pode se conectar diretamente com o animal sagrado que se apresentou na primeira meditação e solicitar além de orientação, que lhe conceda suas habilidades, acompanhando-o para protegê-lo. Continue usando o talismã dessa Ogam por um ciclo lunar completo (durante todas as fases da Lua, até chegar na fase em que você iniciou esse trabalho mágico).

9) Ao solucionar sua pendência, e ou ao alcançar um ciclo lunar, agradeça o animal sagrado que o ajudou e queime o talismã, enterre-o em um jardim ou jogue em água corrente limpa (não no vaso sanitário, tem que ser no mar, rio ou cachoeira).

10) Repita esse encantamento e mantenha a glannad até que o animal sagrado apresente-se para você, pois nem sempre ele aparece na primeira vez em que se executa esse ritual.

É importante você procurar um xamã para que possa ser conduzido a encontrar o seu animal de poder, pois sua energia será essencial em seu caminho de agora em diante.

OIR – "A Ilha das Riquezas"[80]

Grafias: Óir, Ór

Letras/ditongos: Oi / Oe / Th (todos os ditongos iniciados por 'o')

Árvore no Auraicept: *spindletree* – evônimo *(Euonymus)*

Árvore: *spindletree* – evônimo *(Euonymus)*
Essa planta considerada arbusto, abriga várias espécies. Não atinge mais do que três metros de altura e precisa de solos bem drenados, porém não suporta a seca nem o Sol intenso. Sua madeira é lenhosa e é bastante utilizada como cerca viva, inclusive pela beleza de sua folhagem.

Bríatharogam Morainn mic Moín: Sruithem aicde
Tradução de McManus: *Most venerable substance*
Tradução de Meroney: *(Sruitem aicdi) Most venerable of materials*
Versão de LMB: A substância mais venerável / O mais venerável dos materiais

Bríatharogam Maic ind Óc: Lí crotha
Tradução de McManus: *Splendour of form*
Tradução de Meroney: *(Idem) Hue of ruddiness*
Versão de LMB: Esplendor da forma / Matiz de vermelhidão

Bríatharogam Con Culainn: -

Interpretação de McManus: *Óir – gold* - ouro

Interpretação de Meroney: *oir '?' –* anter *ór 'gold'* – ouro
Ambas as palavras-chave remetem a 'ouro', concernentes à sua vermelhidão a qual foi descrita em *sraiph*. A ideia de 'ouro' é encontrada em associação com a letra

---

[80] "A Ilha das Riquezas" – Segundo Charles Squire, na Mitologia Celta existe uma ilha de difícil acesso no Outro Mundo, onde há um castelo, embora acredito que fosse originalmente uma fortaleza, já que os celtas não construíram castelos, mas sim muitas fortalezas. Esse "castelo" era chamado Castelo Revolutente, Castelo das Quatro Esquinas, Castelo da Festança, Castelo Régio, Castelo de Vidro e Castelo das Riquezas, pois todos os desejos de seus moradores eram satisfeitos, o vinho nunca faltava, não havia alimento nem bebida que seus habitantes não vissem costumeiramente em sua mesa, havia boa música e boa poesia; não havia tristeza, doenças e nunca ninguém envelhecia.

latina Y, *aurum .i. ór;* galês *aur;* e os nomes germânicos para a runa F, isto é, inglês antigo *feoh,* nórdico antigo *fé,* islandês antigo *fé,* todas significando 'bens, ouro'.

Análise de Boutet: *Tharan < Taranos (gdl) || Tannos (brt)* = *"Holm Oak"* (carvalho verde, azinheira) e/ou *Thesmerion = "Hibiscus", "shrubby mallow"* (malva arbustiva)/ *Taranos < Tanaros = "thunder"* (trovão), *Thsotto = "compact lump"* (caroço compacto), *"ground hole"* (buraco na terra, cova).

Oir, Feorusoir < Uorosorios = "Spindle Tree" e *Oiniia / Uiniia = "Vine"* (videira) ou *Olloiacetos = "Mistletoe"* (visco branco) / *Oinalio = "Monad"* (mônada).

Classse: *Shrub Tree* – Árvore Arbustiva

Estação do ano: Outono – período do Não-Tempo

Domínio: árvores/terra/madeira

Dentre os cinco sentidos do ser: corpo

Espiral da vida: os bens materiais, posses, dinheiro

Palavras-chave: não-ação, estabilizar, preservação dos bens conquistados, estabilidade financeira; bens materiais, boa oportunidade de negócios, ganhos

Como ocorre com as Ogams do Aicme na Forfed, Oir não mostra o futuro, mas orienta qual atitude tomar no momento, bem como, concede potenciais que podem e devem ser aplicados para solucionar a questão apresentada.

Em que pese Oir pertencer à estação do Outono, e consequentemente, estar sob a égide do domínio do céu/metal, é uma Ogam que expressa o domínio das árvores/terra/madeira e está ligada ao Aicme Huath. Como tal, exige estabilidade, paciência, fixação e não-ação.

Assim, indica que você não deve tomar qualquer atitude, não pode mudar nada no seu modo de agir, caso contrário, poderá por tudo a perder, pois Oir diz que esse é um período de fixação e de estabilizar tudo quanto foi conquistado, ganho até agora, ainda que você ache pouco e sinta a necessidade de trabalhar e se empenhar mais.

Oir lhe diz para parar e esperar, ou no mínimo, para manter o ritmo e não fazer nada além do que já faz. Aguarde, aprenda a ter paciência e apenas observe, procurando não interferir, para que você possa assegurar o que já possui, evitando perdas materiais.

Secundariamente, Oir aponta para riquezas, ganhos materiais significativos, herança, lucros, ótimas oportunidades de trabalho e/ou de negócios, independentemente da posição em que aparecer.

Todavia, deverá aguardar com paciência o surgimento dessa oportunidade, fazendo exatamente o que tem feito até então, sem alterar nada, e quando esse presente surgir, se for o caso, você poderá tomar as atitudes necessárias no sentido de concretizá-lo. Não se preocupe, você identificará o presente de Oir quando surgir em seu caminho.

O período de não-ação, de estagnação que Oir anuncia costuma perdurar por um ciclo completo de lunações (cerca de vinte e oito noites). De qualquer forma, você saberá intuitivamente quanto tempo deverá permanecer aguardando, para que Oir possa gerar a estabilidade indicada, preparando o terreno para o próximo passo. A paciência deve ser um exercício constante em nossas vidas. Confie e aprenda com Oir, e não se arrependerá.

UILLEANN – *"A Fonte da Juventude"*

Grafias: Uilleand, Uillen, Uillind, Uillem

Letras/ditongos: Ui / Úa / Y (todos os ditongos iniciados por 'u')

Árvore no Auraicept: *"Uileann, that is, honeysuckle"*. "Uileann, que é, madressilva".

Árvore: *honeysuckle tree* – madressilva (*Lonicera spp*)

A madressilva atinge até dez metros de altura. Suas flores são brancas quando jovens, amarelando com o tempo, de odor doce e agradável.

Nativa da Europa, pode ser encontrada nas margens dos campos e matas. Muitas espécies de borboletas põem seus ovos na madressilva.

É utilizada na medicina para combater as anginas, a colibacilose e a tosse. Tem propriedades adstringentes, antissépticas, detersivas, diuréticas e sudoríficas.

Bríatharogam Morainn mic Moín: Túthmar fid
Tradução de McManus: *Fragrant tree*
Tradução de Meroney: *(Tutmur fid / Tutmar fear) Fragrant tree*
Versão de LMB: Árvore perfumada

Bríatharogam Maic ind Óc: Cubat oll
Tradução de McManus: *Great elbow/cubit*
Tradução de Meroney: *(Cubat n-oil / Cubat as comfort) Big elbow*
Versão de LMB: Grande cotovelo/ângulo/cúbito

Bríatharogam Con Culainn: -

Interpretação de McManus: *Uillem - elbow* - cotovelo

Interpretação de Meroney: *Uilleann – elbow* – cotovelo

A glosa de Cormac é bem clara: '*Uillind .i. uillin a fil and .i. dá cnáim no dá fid* - '*Uillend* [Y], que é, *uillin* 'cotovelo' é encontrado aqui, que equivale dizer 'dois ossos ou duas letras', pois Uilleann representa o ditongo UI. O caractere rúnico para Y é um dígrafo de U e I.

Interpretação de Boutet: *Peith / Pethbol* < **Petios* = *"Guelder rose"* (bola de neve), *"Snow ball tree"* (árvore bola de neve) / **Petisiaballos* = *"Little Apple Tree"* (pequena macieira) e/ou *Petteuroica* = *"Bog berry bush"* (baga do arbusto do pântano) se não *Periarios* = *"Pear-tree"* / *Parios* = *"cauldron"* (caldeirão), *Pacris* = *"Chakra"*, *Peisla* = *"thought"* (pensamento).

Uilléan < *Uillo* = *"Honeysuckle"* (madressilva), *"Woodbine"* (madressilva das boticas) e/ou *Uitu (Willow Bush* – arbusto salgueiro) / *Uilia* = *"will"* (vontade, arbítrio, desejo), *"want"* (desejo, carência, necessidade), *"honesty"* (honestidade), *Uilos* = *"horse"* (cavalo).

Classe: *Shrub Tree* – Árvore Arbustiva

Estação do ano: Outono – Não-Tempo

Domínio: Sol/fogo

Dentre os cinco sentidos do ser: intenção

Espiral da vida: livre-arbítrio, cura, regeneração e rejuvenescimento

Palavras-chave: livre-arbítrio, disposição, otimismo, cura, regeneração, rejuvenescimento

Como explicado acima, as Ogams do Aicme na Forfed não preveem o futuro, mas trazem potenciais que são úteis e até mesmo imprescindíveis para o bom resultado da questão suscitada.

Uilleann, embora esteja num Aicme de Outono que consequentemente está atrelado ao domínio do céu/metal, é uma Ogam ligada à energia do Aicme Muin e consequentemente, ao Sol/fogo, proporcionando energia vital ao consulente, disposição, otimismo, cura para todos os males, a bênção da recuperação, regeneração e rejuvenescimento.

Quando essa Ogam aparece, não só emana energias de cura, mas deixa a pessoa muito melhor do que se encontrava inclusive quando estava saudável, afinal, Uilleann é a Fonte de Juventude.

Assim, em qualquer posição Uilleann concede alegria, dinamismo, renovando a situação e a(s) pessoa(s) à(s) qual(is) se refere.

Essa Ogam também traz o livre-arbítrio, nosso dom mais precioso, porque permite ao consulente escolher o caminho e as ações no presente, os quais construirão o futuro. Portanto, diz que existe a opção de se envolver ou não nesse problema ou questão, pois essa responsabilidade não é diretamente sua, apesar de você poder optar por contribuir positivamente, ajudar se quiser. Apenas aja com cautela e bom senso, para não assumir um karma que não precisa lhe pertencer.

Para atrair e usufruir de todo o sublime manancial de cura, regeneração e rejuvenescimento que Uilleann emana, confeccione um talismã com essa Ogam e use-o por nove noites, a começar pela Lua Nova (veja sobre talismãs no capítulo do Talismã de Fedelm).

Por fim, Uillean como sentido do ser representa a intenção, dom esse que lhe permitirá conhecer a partir de agora, as reais intenções das pessoas ao seu redor acerca de qualquer assunto.

Para tanto, você pode confeccionar o talismã de Uilleann e consagrá-lo com esse objetivo. Observe que não se deve imprimir num mesmo talismã mais do que uma função para não gerar conflito de energias, o que pode desequilibrá-lo ao invés de ajudá-lo. Trabalhe os potenciais de Uilleann em momentos distintos.

PIN – "A Montanha das Fadas"

Grafias: Iphin, Iphín

Letras/ditongos: Ia / Ía / Io / P / Ph (todos os ditongos iniciados por 'i')

Árvore no Auraicept: *gooseberry / thorn* – groselheira ou espinheiro.

Árvore: *gooseberry tree* – groselheira (*Ribes*) ou *bird cherry tree* – cerejeira (*Prunus avium*) / *plum tree* – ameixeira (*Prunus cerasifera*) / *thorn tree* - espinheiro

A groselheira é um arbusto que atinge cerca de três metros. Existem várias espécies, dentre elas a groselheira negra, cujo fruto é o cassis, bem como a vermelha, cujo fruto é utilizado na fabricação de xaropes, refrescos e geléias especialmente no norte da Europa.

A cerejeira tem diversas espécies e precisa de clima frio para produzir. A cereja-doce (*P.avium*) é consumida ao natural quando madura, enquanto a cereja-ácida (*P.cerasus*) é usada no fabrico de licores como o kirsch e o marasquino.

A ameixeira comporta várias espécies. A *P.cerasifera* provavelmente originou-se na Ásia Central, propagando-se por toda a Europa. Pode atingir oito metros de altura, seus frutos são utilizados na culinária para temperar sopas e molhos quando colhidos verdes (na Primavera), ou quando colhidos vermelhos no Outono, são consumidos como frutas.

Bríatharogam Morainn mic Moín: *Milsem fedo*
Tradução de McManus: *Sweetest tree*
Tradução de Meroney: *(Millsim feda) Sweetest of woods*
Versão de LMB: A mais doce das árvores / A mais doce dos bosques

Bríatharogam Maic ind Óc: *Amram mlais*
Tradução de McManus: *Most wonderful taste*
Tradução de Meroney: *(Amram blais) Idem*
Versão de LMB: O sabor mais maravilhoso

Bríatharogam Con Culainn: -

Interpretação de McManus: *Iphín – spine/thorn?* – coluna vertebral/espinho

Interpretação de Meroney: Pin '?'
Ambas as palavras-chave foram criadas posteriormente, como uma variante de nome de planta, *spín(na)* 'groselheira'.

Interpretação de Boutet: *Ph, Féa, Phogos < Bagos* = "*Beech*" (faia), *Phalion* = "*wayfaring-tree*" (árvore do caminho) ou *Phrinio* = "*Plum-tree*" (ameixeira)/ *Phindon* = "*end*" (fim), *Phruda > Phroda* = "*cascading brook*" (riacho em cascata).
Pin < Spidna / Spina = "*Gooseberry*" (groselheira) e/ou *Iauga > Iouga* = "*Furze*" (tojo)/ *Ialos* = "*glade*" (clareira), *Iugon* = "*yoke*", "*yoga*".

Classe: *Shrub Tree* – Árvore Arbustiva

Estação do ano: Outono – Não-Tempo

Domínio: céu/ar

Dentre os cinco sentidos do ser: percepção

Espiral da vida: os desafios que escolhemos enfrentar; tesouros ocultos

Palavras-chave: os desafios e/ou obstáculos que você escolhe enfrentar e superar; necessidade de ação imediata; um tesouro oculto que você poderá descobrir se merecer

Pin, como as outras Ogams da Forfeda, não aborda o futuro mas o presente, trazendo-lhe potenciais a serem utilizados para a solução da questão apresentada.

Observe-se que Pin está atrelada à segunda metade do Outono - domínio do céu/metal, todavia, está conectada essencialmente ao Aicme Ailm, e portanto, é regida pelo domínio do céu/ar.

Pin é a "Montanha das Fadas", por conseguinte, é uma Ogam mágica e mística por natureza. Quando aparece em consulta, traz algumas orientações e potenciais.

Numa primeira análise, Pin alerta-o que faz-se necessário tomar uma atitude imediatamente ou a situação se agravará. Você não pode furtar-se, negar-se, omitir-se, ignorar a situação, deve expressar sua opinião, assumir uma posição clara em relação ao problema, adotar uma estratégia e entrar em ação urgentemente, pois sem sua intervenção, o que já está complicado tornar-se-á muito pior.

Se você não sabe o que fazer, peça aconselhamento às outras Ogams como Sail, Dur, Coll, Ailm, que certamente o intuirão mostrando-lhe opções, além de pedir orientação e proteção aos seus Guardiões Encantados e de Magia. Independentemente, Pin diz que qualquer coisa que você fizer será melhor do que não fazer nada.

Busque orientação junto às Árvores Sagradas, pois possuem o conhecimento de todas as Eras e podem ajudá-lo. Além disso, amplie sua visão acerca da questão através dos pássaros sagrados.

Para tanto, realize o ritual descrito em Ebad, mas ao invés de se dirigir a um bosque, dirija-se (espiritual e mentalmente) para o alto de uma montanha, conclamando os seres alados deste e do Outro Mundo que possuem a visão de longo alcance, pedindo que lhe concedam a visão ampliada e clara da situação, conduzindo-o à decisão certa sempre para o bem maior de todos os envolvidos.

Caso não haja nenhuma questão premente a ser resolvida, Pin diz que esse é um bom momento para você enfrentar um desafio ou superar um obstáculo que vem evitando. Com as habilidades de Pin e de outras Ogams como Ailm, que desperta habilidades, prepare-se, crie estratégias eficientes, enfrente o embate que vem adiando e supere de uma vez essa limitação. Você verá que não será tão difícil quanto imagina.

Outra interpretação, ainda, é aproveitar o dom da percepção que Pin lhe confere e investir no seu aprimoramento pessoal. Comece realizando a glannad e use o poder de Pin para sensibilizar sua percepção espiritual e física, realizando o ritual descrito em Ebad com os pássaros, para estreitar seu contato com o Outro Mundo, seus habitantes, os guardiões, seres encantados e deuses.

Por fim, a mensagem mais valiosa de Pin é sobre o tesouro escondido. Pin é a Ogam que representa as fadas. Para os celtas, as fadas não eram seres espirituais, mas sim raças de seres por vezes tão materiais quanto nós, seres humanos, embora algumas raças de fadas sejam um pouco mais sutis do que nós, inclusive não estando sujeitas à ação do tempo como ocorre com tudo em Gaia na nossa dimensão, não envelhecendo e vivendo por muitos e muitos séculos.

Nas montanhas das fadas ou sídhe (singular sídh), que eram um dos seus muitos habitats na Natureza, ou mesmo em suas terras mágicas (Terra-Sempre-Verde, Terra-Sob-As-Ondas, Terra-da-Planície-Maravilhosa, etc) esses seres misteriosos guardavam tesouros inimagináveis, como fontes de águas que poderiam curar (ou matar, dependendo da fonte); ervas, frutos e animais mágicos; tesouros em ouro, prata e pedras preciosas; taças que nas mãos certas e com a água certa, poderiam curar qualquer mal e até mesmo conceder a vida eterna (a lenda cristã do Graal foi copiada e distorcida pela igreja a partir desses artefatos mágicos celtas); instrumentos encantados cuja música fazia esquecer a tristeza, faziam as estações do ano mudarem, etc.

Sempre que Pin aparece, indica que existe um tesouro, uma recompensa, algo muito especial em seu caminho, que você somente poderá receber se continuar mostrando-se digno e merecedor.

Para conquistar o tesouro de Pin, que pode ser qualquer coisa importante para você (geralmente são valores espirituais mais do que materiais, como conhecimento, sabedoria, um mestre em seu caminho, a iluminação e ascensão espiritual, dons de Magia, amor verdadeiro), procure mostrar-se nobre e justo de coração, praticando o bem sempre que puder, e as fadas permitirão que esse presente anunciado por Pin chegue até você em breve.

EMANCOLL – "A Chama Divina"

Grafias: Eamancoll, Eamancholl, Emancholl, Amhancholl, Phagos

Letras/ditongos: Ae / Ai / X (todos os ditongos iniciados por 'a')

Árvore no Auraicept: -

Árvore: *elm tree* – olmo, ulmo ou ulmeiro *(Ulmus minor)*

O olmo pode atingir até trinta e sete metros, e é uma árvore longeva. Provavelmente, teve origem na Península Ibérica, espalhando-se pela Europa.

A casca do tronco possui propriedades anti-inflamatórias e é excelente para a cicatrização de ferimentos na pele. Suas folhas são usadas na alimentação de animais domésticos como cabras, coelhos e carneiros.

Bríatharogam Morainn mic Moín: Lúad sáethaig
Tradução de McManus: *Groan of a sick person*
Tradução de Meroney: *(Luad sǽthaig. uch no ach) Expression of a weary one, namely, 'uch' or 'ach'*
Versão de LMB: Gemido/suspiro de uma pessoa doente / Expressão de enfado, nomeada *uch* ou *ach*

Bríatharogam Maic ind Óc: Mol galraig
Tradução de McManus: *Groan of a sick person*
Tradução de Meroney: -
Versão de LMB: Gemido/suspiro de uma pessoa doente

Bríatharogam Con Culainn: -

Interpretação de McManus: *Emancholl – twin-of-hazel* – gêmea da aveleira

Interpretação de Meroney: *emancoll – double-C* – duplo C

Ambas as palavras-chave remetem ao CH, originalmente equivalente ao X grego.

Interpretação de Boutet: *'Xslemos,* de *Uxlemos "Moutain Elm"* (ulmeiro, olmmo), *"Wych-elm"* (olmo escocês), *"Scotish Elm"/ Xsulsigiactos = "hypnotism"* (hipnose) *Amancoll / Acmancholl < Uaenocoslos = "Wych-elm" / Aedus = "fiery"* (ardente, impetuoso, ígneo, fogoso)

Classe: *Peasant tree* – Árvore Camponesa

Estação do ano: Outono – Não-Tempo até a véspera do Solstício de Inverno

Domínio: céu/metal

Dentre os cinco sentidos do ser: consciência

Espiral da vida: o espírito no Outro Mundo prestes a reencarnar

Palavras-chave: desapego, perdão, viagens interiores ou externas, busca do aprendizado e de respostas

Como esclarecido acima, todas as Ogams do Aicme na Forfed não se prestam a prever o futuro, fornecendo orientação e potenciais que serão especialmente úteis e necessários no presente.

Emancoll pertence ao domínio do céu/metal, tanto por estar associada à segunda metade do Outono, quanto por estar ligada ao próprio Aicme na Forfid.

Numa consulta, inicialmente mostra que a ocasião é propícia para realizar uma análise pessoal e ser sincero consigo mesmo, reconhecendo o que está errado dentro e fora, o que lhe causa insatisfação e, consequentemente, o que precisa mudar em si e em sua vida. Obviamente, você sabe as respostas, apenas não quer enxergá-las, tampouco admiti-las.

Emancoll rege o quinto sentido do ser que é a consciência. Isso significa que você precisa se conscientizar primeiramente sobre você, quem é, quais são seus sonhos, desejos, anseios, necessidades, o que gosta, o que busca em si, nos outros e na vida, quais são seus objetivos, por que está neste mundo.

É um momento de interiorização profunda, de ficar só, de buscar dentro e não fora. Está tudo em você, todos os potenciais, todas as respostas e nada que venha do exterior lhe será útil. Na verdade, qualquer coisa que vier até você ao invés de aflorar, o atrapalhará.

Busque seus dons, seu conhecimento, seu potencial, sua essência. Agora é você com você mesmo. Exercite o desapego, livrando-se do supérfluo – material, emocional, mental e espiritual. Deixe o passado no passado, deixe ir quem deve ir, liberte as pessoas para ser livre, ame para ser amado, perdoe para ser perdoado.

Emancoll tem o poder da consciência que desperta, enxerga as verdades universais e espirituais, descortinando novos horizontes, transformando sua visão sobre si e sobre o mundo. Em Beithe há a oportunidade de coisas novas e de recomeço, mas você precisa primeiramente desfazer-se do velho. Afinal, um copo cheio não aceita mais líquido.

Use o poder das outras Ogams como nGetal, por exemplo, para conseguir se libertar de tudo o que não é mais necessário, de modo a dar início a uma nova fase em sua vida totalmente diferente. Se Emancoll apareceu, não perca essa chance maravilhosa e única de vida nova.

Coruja Celta, Bianca de Triana Franco.

Anexo 1

O Baralho "Ogam - O Oráculo Celta das Árvores" Inspirado no Livro de Kells

A cidade de Kells está localizada no Condado de Meathy, Irlanda, sendo conhecida à época de São Patrício pelos nomes latinizados de Cenondae e Kenlis. Kennansa era seu nome no irlandês antigo.

Atualmente, nada resta do famoso monastério de Cennanus ou Kells, a não ser três ruínas, sendo uma delas considerada a casa de outro monge bastante conhecido, São Columba.

Columba nasceu na Irlanda, no ano 521, e de acordo com as crônicas antigas, teria renunciado ao seu direito ao trono para se dedicar à sua vocação religiosa, falecendo em 597 na Escócia, onde deixou seu maior legado religioso.

O Livro de Kells é um manuscrito composto por 339 folhas feitas de pergaminho espesso, finamente esmaltado, medindo 13X9,5 polegadas ou 33,02X24,13cm. O número de linhas de texto por página não ultrapassa dezenove, ocupando um espaço de 10X7 polegadas ou 25,4X17,78cm[81].

Apesar de histórias atribuírem a criação do Livro de Kells a Columba, até hoje estudiosos discutem quando esse maravilhoso manuscrito teria sido escrito e iluminado, datando sua origem entre os séculos 6 a 9 da nossa Era.

"Iluminado" refere-se às iluminuras ou ricas ilustrações que a obra contém, pintadas pelos monges para ilustrar os textos das obras por eles produzidas, por vezes mesclando-se com o mesmo, e que tornam esses manuscritos cristãos antigos tão belos.

Consequentemente, não há como determinar se o Livro de Kells teria sido ou não escrito e iluminado no mosteiro de Kells, pois as últimas folhas do manuscrito, as quais se acredita poderiam dar notícia sobre sua autoria, as iluminuras e o local de sua origem, se perderam.

Todavia, muitos especialistas concordam que o Livro de Kells foi um trabalho contínuo realizado por mais de um escritor e iluminista, de forma que tanto as iluminuras quanto os textos possivelmente foram sendo complementados e acrescentados por alguns monges ao longo de dois ou três séculos.

---

[81] "The Book of Kells Described by Sir Edward Sullivan", versão digitalizada e disponibilizada pela Google, p.24.

A arte do Livro de Kells no baralho de Ogam

Segundo Johan A. Brunn, os padrões espiralados e entrelaçados usados nas iluminuras do Livro de Kells foram adotados a partir da Arte Celta que se desenvolveu nos séculos 2 e 3 desta Era no norte da Itália e sul da Gália, e que se tornou popular na Irlanda apenas no século 7[82].

Quanto às figuras dos animais usados principalmente para formar letras capitais, Brunn afirmou restar claro que o artista criador das iluminuras nunca pretendeu retratar animais como peixe, pavão, cavalo, cachorro, lebre, lontra, gato, rato, galo, lagarto, serpente ou dragão em suas formas naturais, optando por criá-los fortemente marcados pela irrealidade deliberada e totalmente distantes dos animais comumente usados pelos clérigos como o bezerro, o leão e a águia que são símbolos evangélicos, sendo a fauna encontrada no Livro de Kells mais afeta aos Colégios de Heráldica.

Segundo George Coffey[83], os padrões espiralados encontrados nas iluminuras deste livro são provenientes da Arte Celta da Idade do Bronze, a qual sofreu influência da Arte Pré-Céltica, conforme se observa no túmulo de New Grange na Irlanda, por exemplo.

Portanto, as iluminuras do Livro de Kells são a pura expressão da Arte Celta, sendo considerado um dos, senão o mais lindo livro do mundo.

Além disso, as iluminuras de Kells estão totalmente conectadas com a religião celta antiga, na medida em que trazem representações dos animais sagrados para os celtas, deixando de lado os animais tidos pela igreja católica como representativos, motivo pelo qual escolhi retratá-las no meu baralho de Ogam, a fim de torná-lo um oráculo realmente encantado, capaz de espelhar a grandeza dos povos celtas e das suas crenças em todos os sentidos.

Cada Aicme tem como *druim* ou "barra principal" onde são marcados os *flesc* ou entalhes que formam as *feda* ou letras, um animal sagrado para os celtas.

O Aicme Beithe tem como símbolo o Salmão do Conhecimento e Sabedoria; o Aicme Huath tem como símbolo o cavalo, considerado um animal sagrado por sua força, resistência e beleza, associado às deusas Macha (ilhas) e Epona (Gália); o Aicme Muin tem como símbolo o lobo, respeitado por sua ferocidade e coragem, considerado por muitas tribos celtas do continente europeu "o rei das florestas"; o Aicme Ailm tem como símbolo o pássaro, pois as aves inspiravam a visão do futuro, além de atuarem como mensageiras entre homens e deuses; e o Aicme na Forfed tem como símbolo a serpente, considerada uma criatura sagrada e encantada pertencente ao Outro Mundo, assim como os dragões, promovendo proteção e poder.

O baralho de Ogam, intitulado "Ogam – O Oráculo Celta das Árvores", pode ser adquirido em qualquer livraria física ou on line do Brasil, ou no site da Ogma Books – www.ogmabooks.com.br.

---

[82] "The Book of Kells Described by Sir Edward Sullivan", versão digitalizada e disponibilizada pela Google, p. 38 a 42.
[83] "The Bronze Age in Ireland", 1913, p. 38 da obra citada na referência anterior.

É composto por vinte e cinco cartas coloridas, tamanho 6x9cm com acabamento de alta qualidade que garante beleza e durabilidade, acompanhadas de um livreto com trinta e quatro páginas contendo consagração, limpeza, significados oraculares das Ogams resumidamente e métodos de leitura, além de ensinar a leitura com as cartas invertidas.

Seu manuseio é bastante fácil, pode ser mantido na bolsa, numa gaveta, etc, tornando-o um oráculo prático, indicado para consultas rápidas porém muito eficazes.

Para leituras mais completas, a utilização da presente obra é necessária e ajudará o praticante a tornar-se vidente de Ogam. À medida que estudar sobre o Ogam e praticar a leitura oracular, sua intuição aflorará mais e mais, tornando suas interpretações cada vez mais ricas e abrangentes.

Com estas obras – livro e baralho de Ogam, qualquer pessoa poderá ler e interpretar o Ogam sem dificuldade, pois mesmo quem nunca manteve contato com esse ou com nenhum outro oráculo, certamente conseguirá fazer uso do baralho de Ogam sempre que precisar ou desejar obter orientação, visão do futuro, aconselhamento.

As Cartas do baralho "Ogam – O Oráculo Celta das Árvores"

Coruja Celta, Bianca de Triana Franco.

Bibliografia Referenciada

Parte 1

Artigo *"Linguistas debatem a origem das línguas indo-europeias"*, The New York Times publicado pela *Folha de São Paulo, 07/03/2015*

BAIMA, Cesar. *Línguas indo-europeias teriam surgido no que hoje é a Turquia*, Jornal O Globo, 24/08/2012

BALTER, Michel. *Mysterious Indo-European homeland may have been in the steppes of Ukraine and Russia,* revista Science, 13/02/2015
_____. *An Earlier Birth for Indo-European Languages?,* revista Science, 26/11/2003

Breve Genealogia da Língua Latina, publicação IAC – Imagens da Antiguidade Clássica da USP – Universidade de São Paulo

Celtic Languages, Cambridge Encyclopaedia of Language, University of Cambridge

Ethnologue: Languages of the World, www.ethnologue.com
Esta instituição vem catalogando línguas mundiais desde 1951, além de encabeçar outros tipos de pesquisas envolvendo povos do mundo, sendo considerada atualmente por es- tudiosos e pesquisadores o banco de dados virtual mais abrangente e completo no que concerne a este tipo de estudo e catalogação.

GIBBONS, Ann. *Nomadic herders left a strong genetic mark on Europeans and Asians,* revista Science, 10/06/2015

GIBSON, Catriona/WODTKO, Dagmar S. *The background of the Celtic Languages: theories from Archaeology and Linguistics,* University of Wales, Centre for Advan- ced Welsh and Celtic Studies, National Library of Wales, Aberystwyth, 2013

HAMP, Eric P. *The Expansion of the Indo-European Languages: An Indo-Europeanist's Evolving View,* Victor H. Mair Editor, Sino-Platonic Papers, Department of East Asian Languages and Civilizations University of Pennsylvania, Philadelphia, USA

POWELL, Eric A. *Archaeologists digging a Bronze Age site on the russian steppes are using evidence from language and mythology to understand a remarkable discovery*, revista Archaeology, 17/09/2013

_____. *Telling Tales in Proto-Indo-European,* revista Archaeology

ROSA, Guilherme. *Língua ancestral do português se originou na Turquia,* revista Veja, 23/08/2012

Parte 2 a 4

ARMIT, Ian. *Celtic Scotland, ed. Batsford,* London, 2005

BLACK, Lady Mirian. *Bruxas Celtas,* 4a. edição, Ogma Books, São Paulo, 2018

BOUTET, Michel-Gérald. *Ptolomaist Celtiberians Across the Atlantic,* Midwestern Epigraphic Journal, Vol. 17, Number 1, 2003, p. 83-96, FMES, Laval, Québec, Canada
_____. *The Proto-Ogams – A tentative study of ogham – like marks in post – Neollithic cultures,* Midwestern Epigraphic Journal, Vol. 17, Number 2, 2003, p. 89-96, FMES, Laval, Québec, Canada
_____. *Southwestern Iberian Stones,* Midwestern Epigraphic Journal, Vols. 22-23, p. 114-116, Laval, Québec, Canada
_____. *On the Origins of the Oghamic Writing System,* Laval, Québec, Canada, 02/02/2008
_____. *The Philistine Script and Inscriptions* (Excerpts from The Celtic Connection Revisited, unpublished material, 2014)
_____. *Weißenhorn Tablets, Midwestern Epigraphic Society*, Laval, Québec, Canada.

BRASH, R. Richard. *On the Seskinan Ogham Inscriptions, County of Waterford, The Journal of the Historical and Archaeological Association of Ireland, Third Series, Vol. 1, no. 1 (1868),* Royal Society of Antiquaries of Ireland Stable, p. 118-130

CALDER, George. *Auraicept Na N-Éces – The Scholars Primer,* Edinburgh: John Grant, 1917

CONELLY, Clare Jeanne. *A Partial Reading of the Stones: a Comparative Analysis of Irish and Scotish Ogham Pillar Stones,* University of Wisconsin Milwaukee, *Theses and Dissertations, Paper* 799, 2015

DAY, Gordon M. *Western Abenaki Dictionary,* Mercury Series, Canadian Ethnology Service, paper 128, Canadian Museum of Civilization, Gatineau, Quebec, 1994

DEROLEZ, René. *Runica Manuscripta, The English Tradition,* publicado por Rijksunoversiteit Te Gent, "De Tempel", Tempelhof, Bélgica, 1954

_____.Ogam, *'Egyptian', 'African' and 'Gothic' alphabets* [Some remarks in connection with Codex Bernensis 207], in Scriptorium, Tome 5 n°1, 1951. p. 3-19

ECCOTT, David J. *The Ogams of the Sun Temple,* revista Migration Diffusion Vol. 6, Issue Number 23, 2005, UK

EVANS, J. Gwenogvryn. *Poems from the Book of Taliesin,* Wales, 1915

FALILEYEV, Alexander. *Etymological Glossary of Old Welsh,* Max Niemeyer Verlag Tübingen, Germany, 2000

FERGUSON, Sir Samuel. *Ogham Inscriptions in Ireland, Wales, and Scotland,* published by David Douglas, Edinburgh, 1887, Library of the University of Toronto (pre- sented by David Douglas in 1890)

FORSYTH, Katherine. *The ogham-inscribed spindle-whorl from Buckquoy: evidence for the Irish language in pre-Viking Orkney?,* in Proceedings of the Society of Antiquaries of Scotland 125 (1995), Society of Antiquaries of Scotland, p. 677-996

GRAVES, Robert. *The White Goddess: a historical grammar of poetic myth,* Farrar, Straus and Giroux, 2013

GRIFFITHS, Allan. *A family of names: Rune-names and Ogam-names and their relation to alphabet letter-names,* dissertation, Universiteit Leiden, Netherlands, 2013
_____. *Rune-names: the Irish connexion,* in "Runes and their secrets: studies in runology [Proceedings of the Fifth International Symposium on Runes and Runic Inscriptions, Jelling, 2000]", (eds) Marie Stoklund, Michael Lerche Nielsen, Bente Holmberg, Gillian Fellows-Jensen, Copenhagen, Museum Tusculanum Press, 2006, p. 86-116

HICKEY, Raymond. *The Languages of Ireland – An Integrated View,* revista Resear- ching the languages of Ireland, Uppsala Universitet, Studia Celtica Upsaliensia, 2011, p. 1-45

MACKILLOP, James. *Myths and Legends of the Celts,* Penguin Books, London, 2005

MATTHEWS, Caitlín. *Celtic Wisdom Sticks – An Ogam Oracle,* Connections Book Publishing, Oxford, 2001
_____. *The Ways of the Celtic Tradition,* Element, Dorset, 2003
_____. *O Livro Celta dos Mortos,* Madras, São Paulo, 2003

MATTHEWS, John and Caitlín. *The Encyclopaedia of Celtic Myth and Legend,* The Lyons Press, Connecticut, 2004

MCLEAN, Candon A. *Llfyr Taliesin - The Book of Taliesin, from W.F. Skene's The Four Ancient Books of Wales,* 1868

MCMANUS, Damian. *Ogam: Archaizing, Orthography and the Authenticity of the Manuscript Key to the Alphabet,* source *Ériu* Vol. 37 (1986), p. 9-31, published by Royal Irish Academy
_____. *Irish Letter-Names and Their Kennings,* source *Ériu* Vol. 39 (1988), p. 127-168, published by Royal Irish Academy
_____. *A Guide to Ogam,* ed. An Sagart, Co. Kerry, Ireland, 1997

MERONEY, Howard. *Early Irish Letter-Names,* source *Speculum,* Vol. 24, No. 1(Jan., 1949), published by The University of Chicago Press, p. 19-43

MESS, Bernard. *The Celts and the Origin of the Runic Script,* University of Melbourne, revista *Studia Neophilologica 71,* 1999, p. 143-155

MOUNTFORT, Paul Rhys. *Ogam – The Celtic Oracle of the Trees,* Destiny Books, Vermont, 2002

POWELL, T. G. E. *Os Celtas,* ed. Verbo, 1º Vol. Coleção "História Mundi", Lisboa, Portugal, 1965

RUTHERFORD, Ward. *Os Druidas,* Mercuryo, São Paulo, 1991

SQUIRE, Charles. *Mitos e Lenda Celtas,* 2ª. edição, Nova Era, Rio de Janeiro, 2004

STIFTER, David. *Old Celtic Languages,* Universität Wien, 2008

STRACHAN, John / O'KEEFFE, J.G. *The Táin Bó Cúailnge from the Yellow Book of Lecan,* Royal Irish Academy, Dublin: Hodges, Figgis & Co., Longon: Williams & Norgate

SWIFT, Catherine. *Ogham stones in Sligo and their context,* (edited by) M.A. Timoney "A celebration of Sligo, first essays for Sligo field club", Sligo, 2002, p. 127-139

_____. *Ogam stones and the earliest Irish Christians,* Departament of History at Maynooth University, 1997

Anexo 1

SULLIVAN, Sir Edward. *The Book of Kells,* versão digitalizada e disponibilizada pela Google.

Obras Lidas

CONWAY, D.J. By Oak, *Ash & Thorn – Modern Celtic Shamanism,* Llewellyn Publications, Minnesota, 2007

COSTA, Ana Elizabeth Cavalcanti da. *Sabedoria e Magia dos Celtas - Princípios do Druidismo,* Berkana, São Paulo, 2003

FEREZ, Osvaldo R. Ogham, *O Oráculo dos Druidas.* Publicação independente disponibilizada em e-book na Amazon – amazon.com.br, 2017

GRIFFEN, Toby D. *Ogam *P,* Celtic Studies Associatition of North America, Southern Illinois University Edwardsville
_____. *Ogam: Celtic or Pre-Celtic?,* Celtic Studies Association of North America, Southern Illinois University Edwardsville, 2001
_____. *On the Age of Ogam,* Celtic Studies Association of North America, Southern Illinois University Edwardsville, 2002

KNIGHT, Sirona. *Explorando o Druidismo Celta,* Madras, São Paulo, 2003

LAURIE, Erynn Rowan. *Ogam – Weaving Word Widom,* Megalithica Books, Stafford, 2007

LYNCH, Mary Pat, PHD. *The Three Cauldrons of Poesy: Dreams, Vision and Ancestry,* article presented at the IASD Conference, Montreal, 2008

MURRAY, Griffin / individual authors. *Medieval Treasures of County Kerry,* published by Kerry County Museum, 2010

MURRAY, Liz and Colin. *The Celtic Tree Oracle – A System of Divination,* St. Martin's Press, New York, 1988

NYLAND, Edo / Hinrichs, Ove. *A New Approach Towards Translating Ogam Scripts,* Sidney, B.C., Canada, 20/10/2004

Ó SEARCÓID, Mícheál. *The Irish Alphabet,* Roinn na Matamaitice, Coláiste na hOllscoile, Baile Átha Cliath, Éire

WEST, Andrew. *Proposal to define 21 variation sequences for Ogham letters,* Universal Multiple-Octet Coded Character Set / International Organization for Standardization / Organisation Internationale de Normalisation/ Международная организация по стандартизации, Working Group, 21/04/2016

A Magia como você nunca viu!